Stefan Weiss
Musikgeschichte Moderne und Postmoderne

Bärenreiter Studienbücher Musik

Herausgegeben von
Silke Leopold
und
Jutta Schmoll-Barthel

Band 23

Eine Musikgeschichte in 5 Bänden:

- Britta Sweers / Cristina Urchueguía: Musikgeschichte »Mittelalter« und »Renaissance«
- Kordula Knaus: Musikgeschichte »Barock«
- Melanie Unseld: Musikgeschichte »Klassik«
- Lorenz Luyken: Musikgeschichte »Romantik«
- Stefan Weiss: Musikgeschichte Moderne und Postmoderne

Diese neuartige Musikgeschichte geht unkonventionelle Wege und bietet Studierenden und allgemein an Musik Interessierten Orientierungswissen, konkrete Hör- und Verständnishilfen sowie vielseitige Perspektiven auf die Musik und Musikkultur vom Mittelalter bis zur Gegenwart. Musikgeschichte erzählen: Das heißt, über, vor allem aber von Musik sprechen und sie in ihre vielfältigen sozialen, kulturellen und politischen Kontexte einordnen. Nach einem Grundkonzept von Lorenz Luyken gehen die Autor*innen auf je eigene Weise und mit unterschiedlichen Ansätzen von der traditionellen, umstrittenen, aber immer noch weithin gebräuchlichen Epocheneinteilung aus, befragen die so bezeichneten Zeitabschnitte kritisch auf ihre Eigentümlichkeiten und fokussieren sich dabei auf eine Auswahl exemplarischer Kompositionen, um die musikalische Epoche auf möglichst vielen Ebenen bis hin zur einzelnen Werkbeschreibung anschaulich werden zu lassen.

Stefan Weiss

Musikgeschichte Moderne und Postmoderne

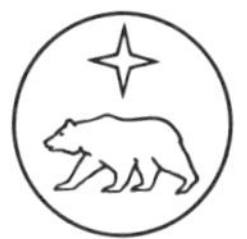

Bärenreiter
Kassel . Basel . London . New York . Praha

Auch als eBook erhältlich:
epdf: ISBN 978-3-7618-7136-2 · ISSN 2940-3421

Bibliografische Information der Deutschen Nationalbibliothek
Die Deutsche Nationalbibliothek verzeichnet diese Publikation
in der Deutschen Nationalbibliografie; detaillierte bibliografische Daten
sind im Internet über www.dnb.de abrufbar.

Umschlaggestaltung: +CHRISTOWZIK SCHEUCH DESIGN
Umschlagabbildung: August Macke, Farbige Komposition (Hommage à J. S. Bach), 1912, Ausschnitt (© akg-images)
Lektorat: Diana Rothaug
Korrektur: Daniel Lettgen
Notensatz: Tatjana Waßmann, Winnigstedt
Innengestaltung und Satz: Dorothea Willerding
Druck und Bindung: Beltz Grafische Betriebe GmbH, Bad Langensalza
ISBN 978-3-7618-2460-3 · ISSN 2940-3413
www.baerenreiter.com

Inhalt

Vorbemerkungen

Musik seit 1900 ist ein weites, buntes, aufregendes, oft beglückendes und mitunter anstrengendes Terrain. Nur ein kleiner Teil davon lässt sich im hier gegebenen, engen Rahmen ansprechen, wenn man wenigstens streckenweise auch die Details betrachten will. Mein Anliegen war es, das Terrain trotzdem nicht von vornherein unnötig zu verkleinern. Frühere Musikgeschichten vermitteln bisweilen den Eindruck, als habe aus dem 20. Jahrhundert nur Musik der jeweiligen Avantgarden bleibenden Wert. Für eine konzentrierte Darstellung hat ein derartig verengter Blickwinkel klare Vorteile, doch meine Wahrnehmung der Musikgeschichte seit 1900 ist eine andere. Seit Jahrzehnten sind es nicht mehr allein die Entwicklungswege der Neuen Musik, die Reflexionen historiographischer, literarischer und sogar philosophischer Art anregen, sondern zunehmend auch weite Bereiche der sogenannten populären Musikkultur, darunter vor allem Jazz und Rock. Dies gilt es anzuerkennen, wenn man die Musikgeschichte seit 1900 als Ganzes in den Blick nimmt. Eine integrative Betrachtung der meist getrennt voneinander geschriebenen Geschichten der Neuen Musik, des Jazz und des Rock wird, so hoffe ich, allen Leser:innen von Nutzen sein, die ein umfassenderes Bild von Musik des modernen und postmodernen Zeitalters gewinnen wollen. Die Konsequenz, dadurch manches von dem weglassen zu müssen, was man gemeinhin in einem der drei Bereiche für wichtig hält, musste ich in Kauf nehmen. Wer mehr Details sucht und Lücken füllen will, dem gibt das Literaturverzeichnis im Anhang entsprechende Anregungen.

Es gehört zu dem von Lorenz Luyken entworfenen Konzept dieser fünfbändigen Buchreihe zur Musikgeschichte, den Kategorien Stil, Form und Gattung jeweils ein Kapitel zu widmen. Für den vorliegenden Band schien es mir jedoch geboten, der seit 1900 vielfach differenzierten Kategorie des Stils – verstanden als charakteristische Konfiguration musikalischer Ausdrucksmittel – besonders viel Raum zu geben. Verteilt auf die Kapitel 3 bis 5 nimmt Stilgeschichtliches nun über die Hälfte des Buches ein und umschließt dabei auch das, was zu den Kategorien Form und Gattung zu sagen ist.

Sind diese letzteren Kapitel weitgehend chronologisch angeordnet, so erkunden die beiden ersten das Terrain im Hinblick auf zeitübergreifende Themen. Kapitel 1 und 2 bieten gewissermaßen eine Vogelflugsicht an, bevor

Kapitel 3 bis 5 zu Wanderungen auf dem Erdboden einladen. Die rasch wechselnden Perspektiven der beiden ersten Kapitel mögen Leser:innen, die sich in der Musik seit 1900 noch wenig auszukennen meinen, mitunter einiges abverlangen – doch waren sie erforderlich, um die hoch- und populärkulturellen Lager sinnfällig zusammenzudenken.

»Lager«? Gerade beim Verfassen der beiden Eingangskapitel mit ihren häufigen Perspektivwechseln wurde mir bewusst, wie unbefriedigend die im Deutschen verfügbaren sprachlichen Bezeichnungen zur Differenzierung der Musikkulturen sind. Ob man eine angeblich immer »unterhaltende« (U-) von einer vermeintlich stets »ernsten« (E-)Musik abgrenzt, »Kunstmusik« von einem offenbar nicht kunstfähigen Rest scheiden zu können glaubt oder akademische, hochkulturelle und populäre Zugänge unterstellt: Stets verführt nicht nur die binäre Opposition zu vorschnellen Urteilen, sondern auch die Benennungen selbst suggerieren bestimmte, unveränderlich scheinende Qualitäten, die als Trennkriterien oft untauglich sind. Mit diesem Mangel wird man leben müssen und auch können, solange man sich seiner bewusst ist. Wenn es im Text unumgänglich war, das eine »Lager«, den einen großen Bereich vom anderen abzugrenzen, habe ich terminologische Einheitlichkeit daher gar nicht erst angestrebt und mal den einen, mal den anderen Begriff benutzt: Es sind Verlegenheitsbezeichnungen, die immerhin den Vorteil haben, dass sie im Sprachgebrauch verankert sind und daher das Gemeinte zuverlässig aufrufen.

Mit den durch Einzelbesprechungen herausgehobenen Werken soll ausdrücklich nicht so etwas wie ein Kanon der Musik seit 1900 angedeutet sein. Einige der ausgewählten Kompositionen werden zwar seit Jahrzehnten genannt, wenn es darum geht, kanonische »Meisterwerke« der jeweiligen Stile und Genres hervorzuheben (Igor Strawinskys *Sacre du printemps*, Miles Davis' *Kind of Blue*, das Beatles-Album *Revolver*), andere jedoch (Duke Ellingtons Aufnahme von *Tiger Rag*, Joni Mitchells *Little Green*, Bernhard Langs *Monadologie XXXII*) mögen Leserinnen und Leser überraschen, die hier vor allem Kanonisiertes erwarten. Die hier besprochenen Werke wurden zu dem Zweck ausgewählt, das im jeweils vorangegangenen Textteil Mitgeteilte beispielhaft zu vertiefen und damit anzudeuten, worauf es sich auch bei anderen Kompositionen und Aufnahmen zu hören lohnen könnte. Neben diesen ausführlicher gewürdigten Beispielen enthalten die Kapitel etliche knappere Hinweise auch zu anderen Werken. In der Ära der Streamingdienste ist der Zugang zu entsprechenden Tonaufnahmen in den meisten Fällen leicht möglich; Schwierigkeiten ergeben sich höchstens da, wo konkrete frühe Schallplattenaufnahmen besprochen werden. Die Jazz- und Swingbands der 1920er- bis 1940er-Jahre neigten nämlich dazu, ihre Repertoirestücke mehrfach einzuspielen, und derartige Differenzen sind auf den gängigen Streamingportalen bisher kaum ersichtlich. Daher sind in diesen Fällen das Label und die Katalognummer angegeben, die das Auffinden etwa in der online-Datenbank »The Great 78 Project« erleichtern und als Einladung zu ausgiebigem Hören gedacht sind. Ohne Letzteres bliebe die Lektüre auch dieses Buches über Musik seit 1900 nur trockene Theorie.

Kapitel 1

Moderne und Postmoderne als Epochenbegriffe

Das unübersichtliche Musikjahrhundert

Wie schwer es ist, das musikalisch so vielgestaltige 20. (und frühe 21.) Jahrhundert auf den Nenner eines einzigen Epochenbegriffs zu bringen, kann eine Probe aus der Mitte des Zeitraums illustrieren, dem Jahrfünft zwischen 1945 und 1950. In diesen wenigen Jahren entstehen unter anderem die spätromantischen *Metamorphosen* für Orchester von Richard Strauss, die neoklassizistische *Symphony in Three Movements* von Igor Strawinsky (beide 1945) und die zwölftönige, dem Expressionismus verpflichtete Kantate *A Survivor from Warsaw* von Arnold Schönberg (1947). Neben diesen Werken einer älteren Komponistengeneration weist Olivier Messiaens Klavierstück *Mode de valeurs et d'intensités* (1949) den Weg in die Zukunft der Seriellen Musik, während die Tonbandkomposition *Symphonie pour un homme seul* (1950) von Pierre Henry und Pierre Schaeffer, ein erstes Ergebnis der Musique concrète, das Genre der Akustischen Kunst begründet. In enger chronologischer Nachbarschaft dazu erscheinen schließlich Schallplattenaufnahmen wie Louis Jordans *Caldonia* (1945), ein direkter Vorläufer des Rock'n' Roll, oder Miles Davis' *Birth of the Cool* (1949/50), ein Wendepunkt der Jazzgeschichte. Bereits in diesem engen zeitlichen Rahmen, und unter Beschränkung nur auf den historisch und sozial zusammenhängenden Kulturraum Westeuropas und der USA, lassen diese sieben Werke ein denkbar disparates Gesamtbild entstehen. Ähnlich buntscheckig anmutende Sammlungen von Proben ließen sich auch aus den meisten anderen Fünfjahresabschnitten des 20. Jahrhunderts anlegen.

Damit muss nicht gleich jede Hoffnung schwinden, einen verbindenden musikalischen Charakter des 20. Jahrhunderts ausmachen zu können, so wie er für das »barocke« 17., das »vorklassische und klassische« 18. oder das »romantische« 19. Jahrhundert vermittelbar ist. Zwar ist nicht zu leugnen, dass sich die repräsentative Prozession weniger, kunstübergreifender Epochenbegriffe bald nach 1900 in zahllose kleinere Grüppchen auflöst. Die Fahnen einiger von ihnen wehen durch den vorangegangenen Absatz: Spätromantik,

Neoklassizismus, Expressionismus, Serielle Musik, Musique concrète, Akustische Kunst, Rock'n' Roll, Jazz, Cool – mühelos ließe sich, wenn man den Rest des 20. Jahrhunderts hinzunimmt, diese Liste auf die zehnfache Länge bringen. Der immer schnelleren Verzweigung der Stile hat weder die Musikgeschichtsschreibung noch der allgemeine Sprachgebrauch einen einzigen Begriff entgegensetzen können, der den Gesamtzeitraum sinnfällig als Epoche charakterisierte und dabei noch Brücken zu den anderen Künsten des gleichen Zeitraums ermöglichte. Wohl am verbreitetsten ist der Begriff »Neue Musik«, der sich aber schon durch die Wortwahl als ausschließlich für die Tonkunst zuständig zu erkennen gibt; allenfalls in der Architektur gibt es mit dem »Neuen Bauen« eine vergleichbare Bezeichnung. Als Epochenbegriff ist »Neue Musik« aber noch aus einem anderen Grund problematisch. Wer die Zeit seit etwa 1900 als Epoche der »Neuen Musik« bezeichnet, legt sich Scheuklappen an, die das Feld dessen, was im 20. Jahrhundert akzeptable, repräsentative oder auch nur interessante Musik sei, von vornherein stark verengen.

Vielmehr scheint gerade die angedeutete Vielfalt besonders charakteristisch für das 20. und frühe 21. Jahrhundert zu sein. Die Pluralität, durch die sich diese Epoche von allen vorherigen musikalisch abhebt, kennzeichnet nämlich auch alle anderen Künste des Zeitraums. Die fortschreitende Akzeptanz und Anerkennung des Disparaten ist der vielleicht bedeutendste Prozess, den die letzten etwa 120 Jahre gebracht haben, wenn auch unter vielerlei Gegenströmungen, die auf Begradigung und Vereinheitlichung drangen und immer wieder drängen. Dieser Prozess vollzog sich gesellschaftlich, aber – parallel und als widerspruchsreicher Kontrapunkt dazu – auch in den Künsten. Und selbst, wenn es bei manchen Unbehagen auslösen sollte, ist kaum ein Begriffspaar so geeignet, diesen Prozess abzubilden, wie dasjenige aus Moderne und Postmoderne.

»Neue Musik« als Kampfbegriff der »Moderne«

»Neue Musik« dagegen ist ein Terminus, der zur Propagierung nur einer bestimmten Form musikalischer Modernisierung geprägt wurde. Der Musikschriftsteller Paul Bekker, der diesen Begriff 1918 mit einem – später in Form eines kleinen Buchs gedruckten – Vortrag in den Diskurs einführte, umschrieb mit ihm eine Enklave, die sich vom damaligen Hauptstrom des Komponierens abgekoppelt hatte. Während das etablierte »öffentliche Musikleben«, so Bekkers Formulierung, von Geschäftstüchtigkeit, Charakterlosigkeit und erschöpfter Produktionskraft geprägt sei, zeichne sich eine produktive Wende unter anderem bei Claude Debussy, Ferruccio Busoni, Franz Schreker, Arnold Schönberg

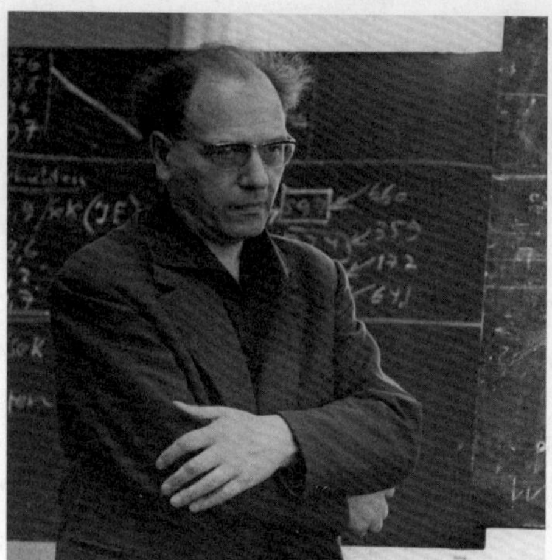

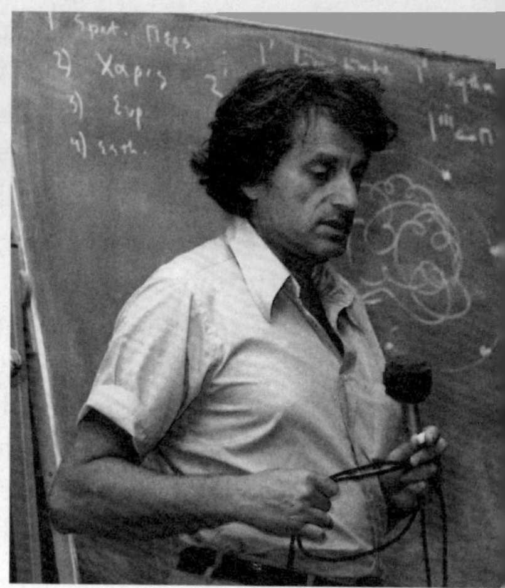

und Gustav Mahler ab. Diese Komponisten seien sich »in einem einig […]: in der Ablehnung des heutigen Zustandes unserer musikalischen Kultur, in dem Wunsch nach ihrer Erneuerung aus dem Geiste einer neuzeitlichen Anschauung vom Sinn und Wesen der Musik überhaupt«.[1]

Von Anfang an also haftete dem Begriff der Neuen Musik neben dem innovativen ein distanzierendes Moment an. Wenngleich die Ablehnung des Bestehenden auch zu früheren Zeiten ein Movens der Kompositionsgeschichte war, so hatte sie sich doch nie zuvor auf den gesamten »Zustand unserer musikalischen Kultur« erstreckt und implizit das Publikum eingeschlossen. Die Kompromisslosigkeit, mit der man diesen neuen Ansatz mitunter vertrat, sollte langfristig dazu führen, dass die Ablehnung eine gegenseitige wurde. Zahllos sind die Versuche, dem zu begegnen und das Publikum mit besonderen, über das herkömmliche Konzertformat hinausgehenden Vermittlungsformen an Neue Musik heranzuführen. Neue Musik im Bekker'schen Sinne entwickelte sich jedoch zu einer hochspezialisierten Kunst, die nur vergleichsweise wenige Musikinteressierte erreichte – auch wenn sie diese nicht weniger tief berühren kann als andere Arten von Musik deren Anhänger. Dass eine solche Sparte es schaffen konnte, die Musikgeschichtsschreibung des 20. Jahrhunderts zu dominieren, gehört zur »modernen« Seite dieser Epoche.

Der Begriff »modern« bedarf dabei einer Klärung, denn ähnlich wie »romantisch« hat er voneinander abweichende Konnotationen nicht nur in den Kunstdiskursen, sondern auch im alltäglichen Sprachgebrauch. Verwendet man ihn hier häufig bloß als Synonym für das jeweils Neue und Aktuelle – und dies nicht erst seit dem 20. Jahrhundert –, so bezeichnet ein anderes Verständnis

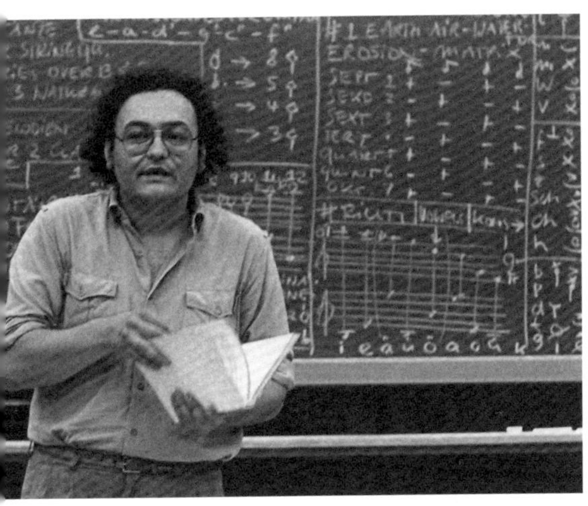

Abbildung 1a–c: Komponisten bei den Darmstädter Ferienkursen für Neue Musik – Olivier Messiaen 1961, Iannis Xenakis 1974, Walter Zimmermann 1982

von »modern«, das bisweilen im musikwissenschaftlichen Diskurs begegnet, lediglich bestimmte Erscheinungen der Zeit um 1900, insbesondere das Komponieren von Gustav Mahler, Max Reger und Richard Strauss bis zu dessen Oper *Elektra* (1909).[2] Ist die eine Verwendung des Begriffs entschieden zu groß und unspezifisch, so umreißt die andere ein vergleichsweise winziges Terrain. Wenn hier im Folgenden von Moderne die Rede ist, ist also keine dieser Auffassungen des Begriffs gemeint.

Einen sehr klaren und lesenswerten Versuch, »Moderne« im Kontext von »Postmoderne« zu definieren, hat der Philosoph Wolfgang Welsch unternommen; in seinem Sinne verwende ich den Begriff im vorliegenden Buch. Als grundlegend für den neuzeitlichen Modernebegriff benennt Welsch den Versuch, die ganze Welt »nach den Maximen der Klarheit und Deutlichkeit strukturieren und institutionalisieren« zu können, das Zurückführen aller Erscheinungen auf ein einheitliches Grundprinzip. »Man spürt in den Schriften der frühen Neuzeit insgesamt einen solchen Impetus, die ganze Welt in eine des Lichts und der universellen Durchsichtigkeit zu transformieren. […] Ein Neubau der Welt im ganzen ist die innerste Hoffnung dieser Neuzeit.« Erstmals im 17. Jahrhundert formuliert, sei das Denkmodell bis ins 20. Jahrhundert gleich geblieben, auch wenn die jeweils als einheitsstiftend verstandenen Prinzipien sich mit der Zeit änderten: »Ob Hegelsche Teleologisierung der Geschichte im Namen des Geistes, Marxsche Erlösung der Menschheit durch die Revolution des Proletariats, kapitalistisches Programm des größtmöglichen Reichtums aller oder aktuelle Technik-Euphorie: Stets soll das neue Paradigma *alle* Probleme lösen, *nichts* verschonen.«[3]

An derartigen Paradigmen ist auch die Kompositionsgeschichte des 20. Jahrhunderts, besonders seiner ersten 75 Jahre, reich: Stilbezeichnungen, die wie Kampfbegriffe gegeneinander ins Feld geführt wurden, legen davon ebenso Zeugnis ab wie Manifeste und Werkkommentare, die die jeweils neuen Prinzipien darlegten. Musikgeschichte ließ sich unter diesem Blickwinkel als Chronik eines unablässigen Fortschreitens schreiben und lesen, und es ist nur zu verständlich, dass die »Darmstädter Ferienkurse für Neue Musik« in den ersten Jahrzehnten nach dem Zweiten Weltkrieg als »Zenit der Moderne«[4] wahrgenommen wurden und werden: Nie zuvor und wohl auch nie wieder seitdem haben Komponierende auf einer derart breiten Front versucht, ihr Tun an rational vermittelbare Prinzipien zu koppeln (Abbildung 1). Im Idealfall – wie etwa bei Karlheinz Stockhausens elektronischer *Studie II* (1954) – war dasselbe kompositorische Grundprinzip verantwortlich sowohl für die großformale Architektur als auch für die kleinsten Einheiten des Werks, die Dauern der Töne und deren quasi »atomare« Zusammensetzung aus Teiltönen. Auch im Serialismus Darmstädter Prägung gab es zwar nicht das eine Paradigma, das auf Dauer Gültigkeit gehabt hätte, sondern mehrere, die einander ablösten; gemein war ihnen aber, dass sie sich als jeweils neue Stadien eines einheitlichen Fortschrittsprozesses aufeinander bezogen – eine scheinbar perfekte, oder nach den Maßstäben der Moderne perfektionierte Kunstentwicklung. Ein Anhänger dieser Tendenz hätte um das Jahr 1960 mit Recht die 150 Jahre alten Worte E. T. A. Hoffmanns derart abwandeln können: »Die Musik ist die modernste aller Künste – fast möchte man sagen: allein rein modern.«[5]

Postmoderne Korrekturen

Es mag sein, dass die Neue Musik den Stoff für das stringenteste und heroischste musikgeschichtliche Narrativ liefert, das das 20. Jahrhundert zu bieten hat. Vor dem Hintergrund der Tatsache, dass Musik es lange schwer hatte, überhaupt als selbstständige Kunst wahrgenommen zu werden, ist das verständlich. Die Minderwertigkeitskomplexe dieser Kunst rührten daher, dass sie auf keine repräsentativen antiken Muster zurückgreifen konnte und im Verlauf ihrer Geschichte immer wieder Gefahr lief, als schmückendes Beiwerk abgetan zu werden. Eine rationale Ordnung wie die, die sich der Serialismus zu eigen machte, verbürgte dagegen eine geradezu wissenschaftlich-intellektuelle Dimension. Mit der Vermeidung konventionellen Wohlklangs schien gleichzeitig ein probates Mittel gefunden, den immer noch virulenten Verdacht zu durchkreuzen, dass Musik eine rein kulinarische Angelegenheit sei. Eine zentrale

Botschaft der Neuen Musik war daher vor allem die Autonomie der Musik als Kunstform: einer Kunst, die völlig eigenen Regeln gehorchte und sich in dieser Radikalität um 1950 neu konstituiert hatte. Der Alleinvertretungsanspruch jedoch – Neue Musik als *die* Musik des 20. Jahrhunderts – war nie mehr als eine Konvention. Dies schrittweise zu erkennen, bedurfte es aller sechs Jahrzehnte seit 1960. Heute ist Musik »die postmodernste aller Künste – fast möchte man sagen: wie alle anderen Künste auch«.

»Gegen diese Einheitsmoderne«, schreibt Welsch weiter, »wendet sich die Postmoderne radikal. Die Postmoderne beginnt, wo das Ganze aufhört. Sie tritt für die Beachtung der Unterschiede, der einschneidenden Differenzen der Wirklichkeit, in der Kultur, zwischen den Menschen ein«.[6] In der Tat mehren sich ab 1960 auch im Umfeld der Neuen Musik selbst die Anzeichen, dass die Illusion eines einheitlichen Ganzen schwindet. Zu spüren ist dies an einer zunehmenden »Stillosigkeit«: Das betrifft das einzelne Werk, das nun tendenziell deutlich weniger auf jene Reinheit abzielt, die den Einheitsvorstellungen der seriellen Methode entspricht. Sie betrifft aber auch die Gesamtsituation, in der die Zugehörigkeit zu einem je aktuellen Stilkonzept an Bedeutung verliert, und sei es nur dadurch, dass die miteinander koexistierenden Stile sich bis zur Unübersichtlichkeit und Zusammenhanglosigkeit häufen.

Wenn ein neuer Mainstream sich nicht mehr abzeichnet, ist das ein Anzeichen dafür, dass Innovation im Sinne der Moderne mehr und mehr zur Privatsache Einzelner wird. War Komposition vor 1900 noch eine von einer breiten Mehrheit getragene »common practice« (so die englischsprachige Lehrbuchbezeichnung für den Epochenzusammenhang von Barock bis Spätromantik) und hatte sie sich anschließend bis etwa um 1960 in kleinere, miteinander rivalisierende Tendenzen aufgespalten, die jede für sich Legitimität und manchmal auch Vorherrschaft beanspruchten, ist Komposition seit den 1960er-Jahren radikaler individualisiert als je zuvor. Natürlich könnten sich Komponist:innen auch weiterhin jederzeit zu Gruppen zusammenschließen, und sei es nur, um eine stärkere Medienpräsenz zu erlangen, aber dieser Weg wird nur noch selten erfolgreich beschritten. Selbst wenn sich genügend Gemeinsamkeiten finden ließen, die eine Gruppenbildung rechtfertigten, dürfte es schwerfallen, überzeugend wie ehedem Bekker zu benennen, von welcher anderen Gruppe man sich damit abhebt.

Gleichwohl ist Postmoderne nach Welsch keine Negation der Moderne, sondern deren Korrektur. Dies schließt das Weiterleben bestimmter moderner Prinzipien genauso mit ein wie die Neubewertung vormals belächelter oder kaum ernst genommener Erscheinungen. In der Welt der Neuen Musik betraf das zunächst solche Ausdrucksmittel, die im modernen Geist als abgebraucht abgelehnt worden waren, da sie – mit Bekkers Worten – das tradierte »öffentliche Musikleben« charakterisiert hatten. Unter postmodernen Vorzeichen griffen Komponist:innen solche Ausdrucksmittel, die man im Impetus der Moderne verworfen hatte, wieder auf, in erster Linie Elemente der Dur-Moll-Tonalität und die Rhythmik des Akzentstufentaktes. Eine Aufwertung erfuhren ab den 1960er-Jahren aber auch bestimmte Erscheinungen dessen, was man als populäre Musik bezeichnet und im Umfeld der Neuen Musik kaum anders als mit Geringschätzung betrachtet hatte. Zwar fehlt für die Musik ein postmodernes Manifest, das demjenigen des Literaturwissenschaftlers Leslie Fiedler an die Seite zu stellen wäre. (Fiedler hatte 1968 in seinem Vortrag »Cross the Border – Close the Gap« die Grenzen zwischen hochliterarischer Produktion und Trivialliteratur infrage gestellt.) Doch auch ohne ein entsprechendes Manifest reflektiert die musikalische Hochkultur seit den 1960er-Jahren Erzeugnisse der Populärkultur in einem Maße, das sich ihre Akteurinnen und Akteure vorher nicht gestatteten. Analoges gilt für die umgekehrte Richtung.

Spätestens dadurch aber gerät sogenannte populäre Musik nicht nur als gelegentliche Ideenlieferantin für Neue Musik, sondern als musikalischer Kernbestand eigenen Rechts ins Blickfeld. Der Klang des 20. Jahrhunderts setzt sich nicht allein aus kanonisierten Werken akademischer Komponist:innen zusammen, sondern ist unzweifelhaft von Musiker:innen wie Duke Ellington, Edith Piaf, Kraftwerk oder Madonna geprägt: Es bedarf nur wenige Takte der mit ihnen jeweils verbundenen Musik, um ein bestimmtes Segment der Epoche zuverlässig zu beschwören. Bedeutsam erscheint aber vor allem, dass diese und andere Künstler:innen der Populärkultur längst zum Gegenstand intensiver forschender und künstlerischer Auseinandersetzung der Nachwelt geworden sind. Die kulturelle Bedeutung einer gegebenen Musik ergibt sich nicht allein aus der Komplexität ihrer kompositorischen Faktur, sondern auch aus dem Ausmaß der Reflexion, die sie inspiriert.

Inwieweit sich auch die Geschichte populärer Musik im 20. Jahrhundert über die Konzepte »Moderne« oder »Postmoderne« begreifen lässt, ist nicht im Handstreich zu klären. Das moderne Denken in Tendenzen und Stilen, die einander in generischer, dem Fortschritt verpflichteter Folge ablösen, ist allerdings lange auch in diesem Bereich ebenso selbstverständlich wie in der Kunstmusik. Im Jazz etwa ist bis um 1965 eine klare Abfolge stilistischer Modelle zu verzeichnen, unter denen sich bezeichnenderweise auch der Oberbegriff des »Modern Jazz« befindet. Die Zeit danach brachte nicht nur (wie in der Neuen Musik) eine Stagnation in der Neuentwicklung benennbarer Tendenzen, sondern auch eine postmoderne Durchmischung der Stile, die vor allem im »Fusion«, einer Verbindung von Jazz und Rock, deutlich wurde. Aber auch in der Rockmusik selbst ist das Moment der Pluralisierung um die Mitte der 1960er-Jahre evident. In den Aufnahmen der Beatles wird Stilvielfalt in jedem neuen Album seit *Revolver* (1966) zelebriert, im epochemachenden *Sgt. Pepper's Lonely Hearts Club Band* (1967) mit seinem collagierenden Cover auch optisch. Nimmt man die folgenden Jahrzehnte hinzu, verdichtet sich der Eindruck, dass – wie beim Jazz und wie bei der akademischen Kunstmusik – auch im Rock auf eine »modernistische« Phase, die von Innovationen aller Art geprägt ist, eine Phase folgt, in der die kreativen Energien verstärkt vom Vergangenen zehren, vom immer anderen Abmischen lange vertrauter Ausdrucksmittel. Der Popmusik-Kritiker Simon Reynolds hat dafür den Begriff der »Retromanie« geprägt,[7] der an reine Nostalgie denken lassen könnte. Dort aber, wo es nicht um bloße Stilmaskerade geht, sondern um eine Verbindung zwischen den Zeiten und Kulturen, spiegeln derlei Erscheinungen auch im Rock den postmodernen Grundzug des ausgehenden 20. und anbrechenden 21. Jahrhunderts wider.

Kapitel 2
Grundfragen zur Musik seit 1900

Warum man sie ernst nimmt: Relevanz

So vielfältig wie die Epoche selbst sind auch die Gründe, aus denen man der Musik in den letzten 120 Jahren Relevanz für die jeweilige Gegenwart zusprach. Zwei Perspektiven auf die Bedeutung von Musik, durchaus gegensätzlicher Natur, seien dafür exemplarisch herausgegriffen: die Perspektive des Individuums auf der einen Seite (Ich) und diejenige der Gesellschaft bzw. des Kollektivs auf der anderen (Welt). In beiden knüpfte das 20. Jahrhundert an die romantische Epoche an, entwickelte aber die Rollen, die man der Musik zusprach, auf besondere Weise weiter.

Musik und Ich

Dass der Musik im Verlauf des 20. Jahrhunderts eine so große Bedeutung für die Persönlichkeitsbildung zuwachsen würde, war am Anfang des Zeitraums nicht abzusehen. Zwar gehörte das besondere Vermögen von Musik, ihre Hörer:innen in andere Welten zu entführen und damit der realen Welt zumindest für die Dauer ihres Erklingens zu entziehen, zum Erbe des romantischen Musikdiskurses. Musik als Medium der Selbst-Bildung war daher im 20. Jahrhundert nichts grundsätzlich Neues. Dies kann jedoch nicht darüber hinwegtäuschen, dass diejenige Musik, der dieses Vermögen zugesprochen wurde, im 19. Jahrhundert eine Angelegenheit privilegierter Schichten gewesen war. Selbst dort war der Zugang zu Musik in der Regel nicht permanent gegeben, und die Auswahlmöglichkeiten bestimmter Erscheinungsformen von Musik entsprechend begrenzt. Beides änderte sich im neuen Jahrhundert grundlegend und mit stetig wachsender Geschwindigkeit.

Wer um 1900 Musik hören wollte, hatte im Wesentlichen zwei Möglichkeiten: Er musste sie entweder selbst ausführen, was eine entsprechende Ausbildung voraussetzte, oder einen der verhältnismäßig wenigen öffentlichen Orte besuchen, an denen zu bestimmten Gelegenheiten Musik dargeboten wurde. Am Ende des hier betrachteten Zeitraums hat sich die Situation grundsätzlich gewandelt: Längst ist es schwer geworden, sich der Begegnung mit Musik für größere Zeiträume zu entziehen. Durch die Serienproduktion von Tonträgern (seit ca. 1900), die neuen Massenmedien Rundfunk (1920er-) und Fernsehen (1950er-Jahre), durch die expandierende Unterhaltungselektronik mit den Möglichkeiten des eigenen Überspielens von Musik auf Tonband, Musikkassette und Compact Disc (1950er- bis 1990er-Jahre) und nicht zuletzt durch das Internet (2000er-Jahre) hat sich Musik dem Stadium permanenter Verfügbarkeit für alle angenähert. Mit Erfindungen wie dem Autoradio und dem Walkman wurde Musikhören auch in Phasen individueller Mobilität möglich, ob es sich nun um eine Fernreise oder einen Spaziergang handelt. Mit Smartphone und Bluetooth-Lautsprecher lassen sich heute überall und jederzeit professionelle Aufnahmen von Werken nicht nur der eigenen Gegenwart, sondern aus allen musikgeschichtlichen Epochen abspielen.

An der Wertschätzung von Musik hat diese Allgegenwart wenig geändert, doch wurde es mit ihrem Fortschreiten immer notwendiger auszuwählen, mit *welcher* Musik man sich umgab. Der individuelle Musikgeschmack, der sich am Anfang des 20. Jahrhunderts vielleicht an der eigenen Notenbibliothek, dann lange Zeit an der Schallplatten- und CD-Sammlung ablesen ließ und heute an Playlists, ist Teil des Ausweises der eigenen Identität und im sozialen Gefüge Erkennungszeichen unter Gleichgesinnten. Musik erfüllt diese Funktion im 21. Jahrhundert stärker als andere Künste, da sie Eigenschaften besitzt, die diesen fehlen: Sie kann, anders als Bildende Kunst, nach Hause und auf allen Wegen mitgenommen werden – beinahe ohne Qualitätsverlust, die entsprechende Ausstattung vorausgesetzt. Sie entfaltet, anders als Literatur, per Mausklick in Sekundenbruchteilen eine Präsenz, der sich niemand entziehen kann. Sie füllt den Raum – auch den urbanen – markanter als jedes Objekt, bleibt dabei aber flüchtig und kann, wenn gewünscht, sofort verschwinden oder durch eine andere Musik ersetzt werden. Diese Beschreibung, die primär an der Rezeption unterhaltender Musik orientiert ist, kann gleichwohl auch für »Ernste« Musik durchgespielt werden und bleibt dabei stimmig. Selbst Menschen, die nur selten Bücher lesen oder Kunstausstellungen besuchen, setzen sich Musik tagtäglich aus, und sei es nur, indem sie ihr als Soundtrack von Filmen oder Computerspielen begegnen.

Die bewusste Entscheidung, sich mit einer bestimmten Musik zu umgeben – vielleicht sogar, indem man sie selbst macht –, heißt, einen Teil der eigenen Persönlichkeit nach außen hör- und sichtbar werden zu lassen und sich dadurch in seiner Umwelt zu positionieren. Diese Möglichkeit wurde seit den 1950er-Jahren zunehmend für die Altersgruppen interessant, für die Persönlichkeitsentwicklung primär an der Tagesordnung stand und steht, nämlich Jugendliche und junge Erwachsene. Dass diese damals – zunächst vorwiegend in westlichen Industrienationen – mit wachsendem allgemeinem Wohlstand eine beträchtliche Kaufkraft erlangten, begünstigte eine rasche Expansion und Diversifikation des Markts populärer Musik. Während die generationsgebundenen Trends einander ablösten, wurden Songs und Stile zu akustischen Chiffren bestimmter Jahre und Jahrzehnte und damit aus der Rückschau für viele Menschen zur klanglichen Erinnerung an die eigene Jugendzeit. Möglicherweise auch deshalb erwiesen sich große Segmente dieser oft als Wegwerfprodukt für Teenager geringgeschätzten Musik als unerwartet langlebig. Nicht wenige Rock-Idole der 1960er- und 1970er-Jahre gehen noch im Rentenalter auf Tournee und treten dabei nicht nur vor solchen Menschen auf, die sich für ihre Musik schon vor Jahrzehnten begeistert hatten, als sie selbst noch jung waren.

Hinter der von Musik abgeleiteten und durch Musik ausgedrückten Identität stehen oft größere Kategorien, die einer Einordnungen in »Szenen«, Gruppierungen von Gleichgesinnten, dienen. Musik stellt dann nur einen Teilaspekt eines umfangreichen Habitus dar, der auch zum Beispiel Präferenzen für einen bestimmten Kleidungsstil oder eine politische Tendenz umfassen kann. Unterhalb der großen Kategorien wie Rock, Jazz und Ernste Musik, die in diesem Buch im Zentrum stehen, sind weitere, mehr oder weniger grundsätzliche Entscheidungen angesiedelt, etwa für die Zugehörigkeit zu Mods oder Rockern in den 1960er-, Punks oder Poppern in den 1980er-, Emos und Metal-Anhängern in den 2000er-Jahren, die Präferenz für Traditional versus Modern Jazz oder für Klassische Moderne versus Avantgarde im akademischen Lager.

Bei alldem ist es nicht zuletzt die im 20. Jahrhundert fortschreitende Pluralität der Musik, die es erlaubt, den eigenen Musikgeschmack individuell zu konfigurieren. Akademische Komposition, Jazz und Rock haben sich im Verlauf der Epoche weit verzweigt, und selbst die Entscheidung für eine dieser großen Kategorien ist im 21. Jahrhundert häufig keine bindende mehr. Anders als die primär an das Wort gebundenen Kunstformen Literatur und Film überquert Musik sprachliche und kulturelle Grenzen vergleichsweise leicht. Das vielzitierte Diktum Joseph Haydns, seine Kunst sei eine Sprache, die man in der ganzen Welt verstehe, bewahrheitet sich im Zeitalter der Globalisierung, in der auch Musik weit entfernter Länder und Kulturen große Hörerkreise erreicht. Als Bezeichnung für einen derartigen musikkulturellen Pluralismus fungiert seit den 1980er-Jahren »Weltmusik«, ein Begriff, dem am Ende eines von Kriegen und Rassismus geprägten Jahrhunderts und am Beginn eines neuen, das zusätzlich vor ökologischen Aufgaben globalen Ausmaßes steht, etwas Versöhnlich-Integratives anhaftet. Dass Hörer:innen die kulturellen Konnotationen der jeweiligen Musik dabei durchschauen und sie in diesem Sinne wirklich »verstehen«, ist keine notwendige Vorbedingung für Identifikation, da sich mit einer Präferenz für »Weltmusik« übergeordnete Werte wie Pluralität und Offenheit ausdrücken lassen.

Was hier zuvorderst mit Blick auf die Hörer:innen formuliert wurde, lässt sich auf den Spezialfall der kreativen Musiker:innen übertragen. Gerade diese fanden bereits lange vor der Einführung von YouTube Mittel und Wege, um über die anerzogene musikalische Prägung hinaus nach Inspiration zu suchen. Der französische Komponist Darius Milhaud verarbeitete populärmusikalische Eindrücke von Aufenthalten in Süd- und Nordamerika (etwa im Ballett *Le Bœuf sur le toit*, 1919), sein sowjetischer Kollege Dmitri Schostakowitsch ließ sich von traditioneller jüdischer Musik inspirieren (etwa im 2. Klaviertrio, 1944). An klassischer indischer Musik interessierte Olivier Messiaen (etwa im *Quatuor pour la fin du temps*, 1941) primär die Rhythmik, während George Harrison, der Leadgitarrist der Beatles, ihr auch klangliche und formale Anregungen verdankte (so in *Love You To* auf dem Album *Revolver*, 1966). Mit afrikanischer Musik setzten sich in unterschiedlicher Intensität etwa Steve Reich (Komposition *Drumming*, 1971), Mick Fleetwood (Album *The Visitor*, 1981) und das Kronos Quartet (Album *Pieces of Africa*, 1992) auseinander. Die sich anbietenden Beispiele werden häufiger und mit Blick auf die jeweils miteinander verknoteten Einflussfäden bunter, je näher man der Gegenwart kommt.

Musik und Welt

Wenn die Romangestalt Lodovico Settembrini im vierten Kapitel von Thomas Manns *Zauberberg* (1924) Musik als »politisch verdächtig« bezeichnet, so deutet sich darin die Kehrseite der auf die Persönlichkeit bezogenen Perspektive an. Als virtueller Rückzugsort des Individuums birgt Musik die Gefahr, zum Medium des Eskapismus zu werden und die Menschen, die sich ihr hingeben, Gesellschaft, Welt und die eigene Verantwortung für beides vergessen zu lassen – dagegen bezieht Settembrini Stellung. Das 20. Jahrhundert hat dem Bild einer solchermaßen »politisch verdächtig« gewordenen Musik Gegenentwürfe an die Seite gestellt, die gerade das gesellschaftsverändernde Potenzial dieser Kunstform in den Vordergrund rücken. Musik erlangt im 20. Jahrhundert auf unterschiedlichen Wegen politische Bedeutung, sie wird als Mittel der Bewusstseinsbildung ernst genommen und Gegenstand erbitterter Debatten. Wo dies geschieht, können auch die Akteure des Musiklebens nicht im Unpolitischen verharren, sondern geraten ins Kreuzfeuer widerstrebender politisch-gesellschaftlicher Interessen.

Als Erbe des Jahrhunderts der Nationalstaaten fuhr das 20. Jahrhundert vor allem in seiner ersten Hälfte fort, nationale Antagonismen auch auf die Künste zu übertragen. Der Import einer als fremd verstandenen Musik wurde zum Problem, wenn ein Konflikt mit dem exportierenden Land bestand; markante Stationen sind in erster Linie die beiden Weltkriege. In Deutschland forderte 1918 der Musikkritiker Walter Niemann, die Aufführungen von russischer Musik zu unterlassen, denn: »Zweifellos hat die ganz unsinnige Überschätzung russischer Musik […] dazu beigetragen, jenen ›russischen Größenwahn‹ des im Kern so weichen, gutherzigen und musikalisch hochbegabten russischen Volkes zu stärken, der für Rußlands Krieg gegen Deutschland mitbestimmend geworden ist.«[1] Und in Frankreich hatte Claude Debussy im Jahr 1915 an Igor Strawinsky geschrieben: »In diesen letzten Jahren, als ich fühlte, wie der österreichisch-deutsche Gifthauch sich über die Kunst ausbreitete, hätte ich gewünscht, mehr Autorität zu besitzen, um meine Besorgnis über die Gefahr, in die wir achtlos hineinliefen, herauszuschreien. Wie konnten wir übersehen, dass diese Menschen die Zerstörung unserer Kunst betrieben, genau wie sie die Zerstörung unseres Landes planten?« Debussy knüpft an diese Beobachtung die Nachricht, er habe als Reaktion auf den Kriegsausbruch zwei Sonaten »in unserer alten Form«[2] komponiert: Gemeint sind seine Sonaten für Violoncello und Klavier und für Flöte, Viola und Harfe, auf deren gedruckten Titelblättern Debussy hinter seinem Namen den demonstrativen Zusatz »Musicien Français« anbringen ließ. Wie Niemann sah Debussy einen direkten Zusammenhang zwischen musikalischem Export und politischer Aggression; als notwendige Reaktion erachteten beide die radikale Rückbesinnung auf die eigene nationale Kultur.

Nach dem Ende des Ersten Weltkriegs kam für die europäischen Musikdiskurse die neue Frage hinzu, ob die aktuellen Entwicklungen der populären Musik die je eigene Hochkultur beleben oder gefährden würden. Dabei wurde im Wesentlichen die Bereitschaft verhandelt, die eigene Musikanschauung auf dem Weg einer Integration des Fremden zu modernisieren, denn die damals neue und zunehmend erfolgreiche Form der Unterhaltungsmusik kam nicht aus Europa, sondern aus den USA. Der französische Literat Jean Cocteau war vom segensreichen Einfluss des Jazz überzeugt. Seine noch vor Kriegsende veröffentlichte Aphorismensammlung *Le Coq et l'Arlequin* (*Hahn und Harlekin*, 1918), die er im Untertitel »Reflexionen um die Musik« nannte, fordert eine umfassende Erneuerung der französischen Musik, die sich nicht nur von deutschen, sondern auch von den in den letzten 20 Jahren hinzugetretenen russischen Vorbildern befreien solle. Wenn Cocteau »Musik, in der man sich lange treiben lässt«, und »Musik, die man sich in den Händen anhört« – also in konzentrierter Versenkung in das Dargebotene –, in Bausch und Bogen verwirft, meint er die hochreflexive, weltanschaulich aufgeladene und symbolistisch verrätselte Tonkunst der letzten etwa 30 Jahre, darunter auch die seines

Landsmanns Claude Debussy. Statt ihrer entwirft er »eine Musik, die fest auf Erden steht, *eine Alltagsmusik*«, »*Musik, auf der man geht*«, eine Kunst ohne die Möglichkeit romantischer Weltflucht. Zur Verdeutlichung dient ihm »ein bestimmter amerikanischer Tanz, den ich im Casino de Paris gesehen habe« – einer »Music Hall«, in der 1917 das erste Auftreten einer Jazzband in Frankreich stattgefunden hatte. Voller Bewunderung für das Unkonventionelle und Zeitgemäße dieser Musik schreibt der Autor, sie habe der früheren französischen Unterhaltungsmusik eines Jacques Offenbach in etwa das voraus, »was ein Tank [Panzer] verglichen mit einer Kalesche Anno 1870 sein kann«. Von einer derartigen Inspiration sei die Erneuerung der Kunst wie der Gesellschaft zu erwarten: »Die Revue, der Zirkus, die amerikanischen Negerorchester befruchten den Künstler ebenso wie das Leben. [...] Diese Schauspiele sind keine Kunst. Sie regen an wie Maschinen, Tiere, Landschaften, Gefahren.«[3] Unter Cocteaus Einfluss schlossen sich damals in Paris die Komponist:innen Georges Auric, Louis Durey, Arthur Honegger, Darius Milhaud, Francis Poulenc und Germaine Tailleferre als Gruppe »Les Six« zusammen, deren spezifisch französische Modernität in den 1920er-Jahren zum großen Teil im Vermögen gesehen wurde, Momente von Kunst- und Unterhaltungsmusik miteinander zu verschmelzen.

Unter denen, die eine Integration des Populären ablehnten, weil sie darin eine Gefahr für die eigene Kultur vermuteten, war der deutsche Komponist Hans Pfitzner. Seiner erstmals 1919 erschienenen polemischen Schrift *Die neue Ästhetik der musikalischen Impotenz* fügte er im Rahmen einer Neuausgabe 1926 ein Vorwort hinzu, das alle diejenigen Ängste ausspricht, die Nationalkonservative wie er vor den Neuerungen der Gegenwart hatten. Die deutsche Musik erscheint hier von zwei Richtungen in die Zange genommen: Auf der einen Seite stehe die beim Publikum beliebte »Jazz-Foxtrott-Flut, der musikalische Ausdruck des Amerikanismus«, auf der anderen Seite die »international-atonale Strömung«,[4] die zwar keinerlei nennenswerten Publikumszuspruch verbuchen könne, dafür aber von der modernistischen Kritik propagiert werde. Bemerkenswert ist, dass Pfitzner damit bereits 1926 – wenn auch mit pejorativer Wortwahl – die beiden Bereiche präzise benennt, in die sich die Gesamtheit der zeitgenössischen Musik für die nächsten Jahrzehnte zu teilen im Begriff ist, und dass er keinen davon als legitimen Erben der »deutschen« Musik gelten lassen will. Wenn auch spätere Ästhetiken die beiden Bereiche strikt zu trennen suchten: Hier sind sie vereint, als gemeinsames Feindbild eines Denkens, das dem Zustand der Musik hohe Relevanz für das Konzept einer deutschen Gesellschaft zuspricht.

In einer aufschlussreichen Passage enthüllt Pfitzner seine Sicht auf »so ein amerikanisches Jazzband-Conzert«, das er im Kontext einer bereits seit Lan-

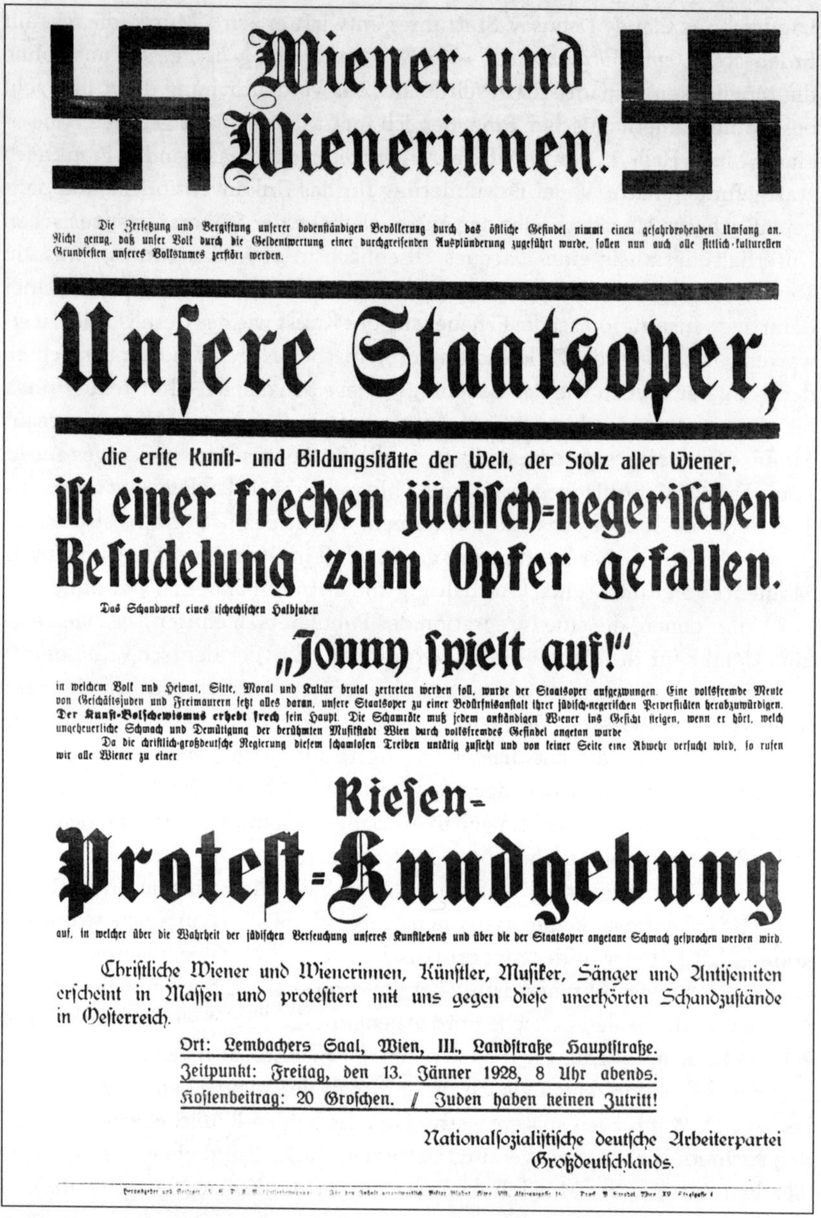

Wiener und Wienerinnen!

Die Zersetzung und Vergiftung unserer bodenständigen Bevölkerung durch das östliche Gesindel nimmt einen gefahrdrohenden Umfang an. Nicht genug, daß unser Volk durch die Geldentwertung einer durchgreifenden Ausplünderung zugeführt wurde, sollen nun auch alle sittlich-kulturellen Grundfesten unseres Volkstumes zerstört werden.

Unsere Staatsoper,

die erste Kunst- und Bildungsstätte der Welt, der Stolz aller Wiener,

ist einer frechen jüdisch-negerischen Besudelung zum Opfer gefallen.

Das Schandwerk eines tschechischen Halbjuden

„Jonny spielt auf!"

in welchem Volk und Heimat, Sitte, Moral und Kultur brutal zertreten werden soll, wurde der Staatsoper aufgezwungen. Eine volksfremde Meute von Geschäftsjuden und Freimaurern setzt alles daran, unsere Staatsoper zu einer Bedürfnisanstalt ihrer jüdisch-negerischen Perversitäten herabzuwürdigen. Der **Kunst-Bolschewismus erhebt frech** sein Haupt. Die Schamröte muß jedem anständigen Wiener ins Gesicht steigen, wenn er hört, welch ungeheuerliche Schmach und Demütigung der berühmten Musikstadt Wien durch volksfremdes Gesindel angetan wurde

Da die christlich-großdeutsche Regierung diesem schamlosen Treiben untätig zusieht und von keiner Seite eine Abwehr versucht wird, so rufen wir alle Wiener zu einer

Riesen-Protest-Kundgebung

auf, in welcher über die Wahrheit der jüdischen Verseuchung unseres Kunstlebens und über die der Staatsoper angetane Schmach gesprochen werden wird.

Christliche Wiener und Wienerinnen, Künstler, Musiker, Sänger und Antisemiten erscheint in Massen und protestiert mit uns gegen diese unerhörten Schandzustände in Oesterreich.

Ort: Lembachers Saal, Wien, III., Landstraße Hauptstraße.
Zeitpunkt: Freitag, den 13. Jänner 1928, 8 Uhr abends.
Kostenbeitrag: 20 Groschen. / Juden haben keinen Zutritt!

Nationalsozialistische deutsche Arbeiterpartei
Großdeutschlands.

Abbildung 2: Plakat der NSDAP gegen Ernst Kreneks Oper *Jonny spielt auf*, Wien 1928 gem existierenden Parallelwelt der Vergnügungskultur ansiedelt. Dabei sei der Jazzclub gefährlicher als »Cirkus, Wintergarten und ähnliche Institute«, die älteren deutschen Orte der populären Musikkultur: »So lange das eine Welt für sich war, mit *seinem* Publikum und seinen *Künstlern*, und die eigentliche hohe Kunst der Conzerte und Theater scharf getrennt daneben und darüber bestand, konnte die Existenz der ersteren ja einem nichts anhaben. Man konnte jene aufsuchen und diese meiden, und schied sich somit von einer anderen Welt los, die seinige aufzusuchen, die immer vorhanden war. Jetzt sehe ich die eine Welt ganz verschwinden und die andere auftauchen – ja, sie ist schon da und tritt ihren Siegeszug durch Europa an, alles zermalmend – die amerikanischen Tanks der Geisterschlacht gegen europäische Kultur!«[5] Wieder stehen die amerikanischen Panzer als Metaphern für den Jazz, nur diesmal als ausschließlich bedrohliche, und nicht – wie bei Cocteau – zugleich bewunderte Maschinen. Bei Pfitzner sind die Tanks 1926 Sinnbilder für einen Eroberungskrieg, den die Hochkultur zu verlieren im Begriff ist.

Ernst Krenek: *Jonny spielt auf*

Oper in zwei Teilen op. 45, Text vom Komponisten • Entstehung: Kassel, Herbst 1925 – Juni 1926 • Uraufführung: 10. Februar 1927, Stadttheater Leipzig, Regie: Walther Brügmann, musikalische Leitung: Gustav Brecher

Wie eine Bestätigung aller Befürchtungen Pfitzners muss es gewirkt haben, dass im Jahr darauf Ernst Kreneks Oper *Jonny spielt auf* zum Sensationserfolg des deutschen Musiklebens wurde. Es hat wohl kaum eine andere Oper im 20. Jahrhundert gegeben, die es so bald nach ihrer Uraufführung schaffte, von nahezu allen deutschsprachigen Musiktheaterbühnen übernommen und zum Kassenschlager zu werden. Doch auch dadurch machte diese Oper von sich reden, dass sie so offen zum Widerspruch reizte, Protestkundgebungen verursachte (Abbildung 2) und in der NS-Zeit ins Zentrum der Hetze gegen sogenannte »Entartete Musik« geriet. Skandalös erschien die Handlung, die bürgerlichen Moralvorstellungen auf der ganzen Linie widersprach; skandalös erschien die Musik, die vom Idiom US-amerikanischer Modetänze durchsetzt war. Und skandalös erschien vor allem eine zentrale, vom Komponisten emphatisch herausgehobene Szene, die den von Cocteau ersehnten und von Pfitzner befürchteten Machtwechsel im Reich der Musik proklamierte. In dieser sechsten Szene der Oper eignet sich die Titelfigur, der schwarze Jazzmusiker Jonny, die Amati-Geige des bürgerlichen Violinvirtuosen Daniello an und verkündet mit Blick auf das Instrument: »Mir gehört alles, was gut ist in der Welt.

Die alte Welt hat es erzeugt, sie weiß damit nichts mehr zu tun. Da kommt die neue Welt übers Meer gefahren mit Glanz. Und erbt das alte Europa durch den Tanz« (II. Teil, T. 894 ff., Notenbeispiel 1).

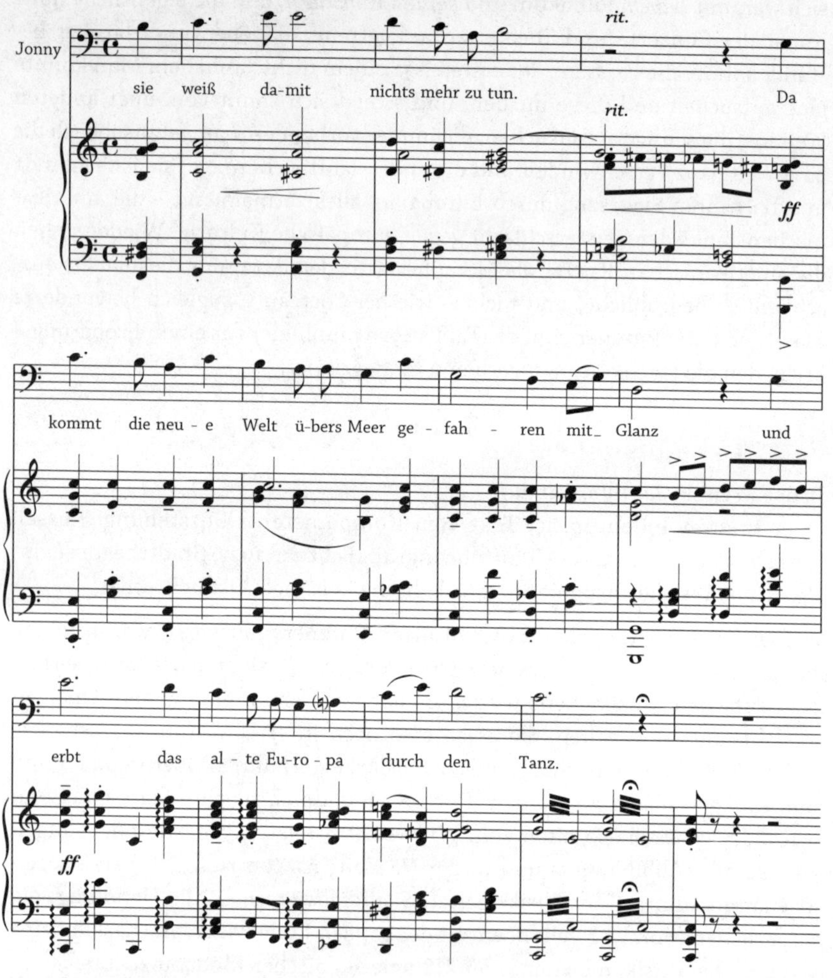

Notenbeispiel 1: Ernst Krenek: *Jonny spielt auf*, Klavierauszug, II. Teil, T. 901–912

Es ist eine für das schillernde Wesen dieser Oper bezeichnende Frage, inwieweit sie überhaupt so etwas wie eine Botschaft enthält. Auch unter Befürwortern des *Jonny* war die Auffassung verbreitet, »daß hinter diesem bunten Geschehen nicht mehr gesucht werden darf als eine witzige und spannende Unterhaltung, bei der das Moment der Überraschung eine Hauptrolle spielt. Mit irgendwie ›ethischen‹ Maßstäben darf man selbstverständlich nicht an die Betrachtung dieser Handlung herangehen«.[6] Dem mochte sich jedoch ein Großteil der ablehnenden Kritik nicht anschließen, ebenso wenig der Komponist selbst, der »meinte, ein ernsthaftes Stück vorgelegt zu haben, das verdiente, ernst genommen zu werden«.[7] Die Ambivalenz ist unauflösbar: *Jonny* knüpft einerseits an das aus dem späten 19. Jahrhundert fortgeführte Genre der Künstleroper an, in dem das potenziell tragische Verhältnis von Künstler und Gesellschaft verhandelt wird, andererseits verkörpert sie das für die 1920er-Jahre neue Genre der Zeitoper, das typischerweise Werte und Diskursgegenstände der Vergangenheit ironisch umdeutet oder gar radikal verwirft, zugunsten einer authentischen Widerspiegelung des »Tempos der Zeit«.

Und so ist auch das vieldiskutierte Triumphlied des Jonny in der sechsten Szene sicher zum Teil Parodie. Dass Krenek sich der Titelfigur seiner Oper mit einem vertieften Verständnis ihrer Problematik genähert, dass er sich bemüht hätte, Jonnys Anderssein als Resultat rassistischer Zuschreibungen zu reflektieren, lässt sich nicht behaupten. Kreneks Jonny, über den es in den Bühnenanweisungen heißt, dass sich seine »tierisch-sinnlich-wütende Fratze« beim Anblick eines Geldscheines in »breites Grinsen« verwandele (I, T. 934) und dass er gelegentlich »wie eben ein Neger [...] herumtanzt« (II, T. 853), ist eine Karikatur, die kaum ein Klischee ausspart. Entsprechend ließe sich auch die Musik des Triumphliedes verstehen. Fraglos vermittelt die satte, choralhafte Blechbläserbegleitung mit ihrer Steigerung zum C-Dur-Fortissimo die Vorstellung von Größe und Triumph, und so beteuert es auch die Bühnenanweisung an dieser Stelle: »Jonny sehr feierlich bewegt. Er erlebt den großen Moment, die Vision seiner Bestimmung« (II, T. 884). Im Kontext der bisherigen Entwicklung – oder eher Nicht-Entwicklung – der Titelfigur, die eben noch »eine triumphierende Zirkusattitüde ad spectatores« ausgeführt hatte (II, T. 883), ist die Diagnose einer Parodie fast unausweichlich. Durchkreuzt wird diese allerdings von einer – in der gesamten Oper nur hier anzutreffenden – Wendung in die Sphäre des Religiösen, denn Jonny singt »im Ton eines Neger-Spirituals« (II, T. 884).

Ist der Spiritual-Ton nur ein weiterer klischeehafter Baustein in der Karikatur des schwarzen Musikers oder markiert er den Moment, an dem tiefste Überzeugungen zutage treten? Die Verschränkung der Genres Künstler- und Zeitoper, die *Jonny spielt auf* realisiert, lässt an dieser Stelle beide Ansichten zu. Wenn jedoch am Ende der Oper (II, T. 2323) das Triumphlied im Chor textlich wie musikalisch wiederkehrt, nicht im Spiritual-Ton, sondern im beschleunigten Foxtrott-Tempo mit motorischer Schlagzeugbegleitung, kann eigentlich kein Zweifel über die anvisierte Botschaft bleiben. Bühnentechnisch stellte sich

Krenek hier vor, dass in einer Bahnhofshalle zahlreiche »Menschen [...] die Treppe herunterkommen und zu tanzen beginnen« (II, T. 2182), während Jonny in ihrer Mitte auf einem leuchtenden rotierenden Globus steht und die Geige spielt (II, T. 2254). Unverkennbar weist dieses Finale – innerhalb der Mauern eines Opernhauses angesiedelt, aber ausgestattet mit den Zügen einer Revue, wie sie die damalige Unterhaltungskultur der Großstädte prägte – auf den Anbruch einer neuen Weltordnung der Musik hin.

Dass Krenek die Oper als ernsthaft verteidigte, hängt weniger mit der Gestalt der Titelfigur zusammen als mit derjenigen des Max, eines Komponisten dezidiert hochkultureller Prägung. Für Krenek, der Max als »eine stark autobiographische Figur« beschrieben hat, war dieser »der verlegene, gehemmte, grübelnde Intellektuelle Mitteleuropas, als solcher entgegengesetzt den glücklicheren, unmittelbaren Typen der westlichen Welt«.[8] Für Max fungiert Jonny, dem er in der Handlung der Oper nie bewusst begegnet, als Alter Ego, indem Jonny jene Momente der Freiheit und des Lebens im Augenblick realisiert, die Max ersehnt, aber sich nicht erlauben kann oder will: Max ist ganz Geist, Jonny ganz Körper. Am Beispiel dieser Konstellation legt die Künstleroper *Jonny* die Problematik des modernen Menschen offen, die eigene Identität zu konstruieren. Max ist zu menschenscheu, um überhaupt zu realisieren, dass sich seine spätromantisch-hermetische Musik von der Gesellschaft entfremdet. In der siebten Szene hätte er um ein Haar erleben können, wie die Radio hörende Hotelgesellschaft erst der Übertragung einer seiner Arien lauscht und direkt danach einer Nummer von Jonnys Jazzband – und beim Beginn der letzteren in den kollektiven Stoßseufzer »Gott sei Dank« ausbricht (II, T. 1413). Da Max zuvor davonstürmt, bleibt ihm diese ernüchternde Erkenntnis für den Moment erspart – nicht so Krenek, der sein Bemühen um die »richtige« musikalische Positionierung ausführlich reflektiert hat. In der 1948 publizierten *Selbstdarstellung* diskutiert er die mannigfaltigen stilistischen Volten seines Œuvres als Marksteine einer fortwährenden Suche nach dem richtigen Weg. 1920 etwa will der 20-Jährige erkannt haben, dass er, um seinen Ehrgeiz zu befriedigen, »die Grenzen des gemäßigten Modernismus, in welchem ich erzogen worden war, würde weit hinter mir lassen müssen«. Vier Jahre später findet er diesen Vorsatz »unhaltbar [...]. Im Lichte meiner neuen Einstellung sollte Musik sich den wohlverstandenen Bedürfnissen der Gemeinschaft, für die sie geschrieben war, anpassen, sie sollte nützlich, unterhaltend, praktisch sein«. Doch 1928 passt auch dieser Schuh nicht mehr: »Nach langem Überlegen und gründlicher Gewissenserforschung beschloß ich, mich der Zwölftontechnik zu verschreiben.«[9]

In der Oper *Jonny spielt auf*, die dem mittleren dieser drei Zeitabschnitte angehört, kam Krenek zumindest dem Vorsatz nach, in seiner Musik »unterhaltend« zu sein. Dass man im akademischen Lager über diesen Einbruch des Populären in die ureigene Bastion des Opernrepertoires nicht beglückt war, war vorauszusehen. Aber noch von einer anderen Seite wurde und wird Kreneks Oper bis heute abgelehnt. Der Jazz, so heißt es, der in dieser Oper praktiziert wird – und ihr Libretto nennt »Jazz« häufig bei diesem Namen –, sei kein echter Jazz, von dem Krenek überhaupt nur eine sehr unvollkommene Vorstellung gehabt habe, sondern lediglich ein Reflex der damaligen kommerziellen Schlagermusik. Das Wesen des Jazz, so die Vorbehalte, erschöpfe sich nicht in synkopierten Rhythmen und gelegentlichen Blue Notes, sondern erfordere zwingend das Moment der Improvisation, das Krenek im *Jonny* nicht einbezogen habe. Tatsächlich enthält *Jonny* keine Improvisationen, doch wäre es töricht, Krenek daraus einen Vorwurf zu machen. Kein Musiker eines Opernorchesters hätte 1927 jazztypisch improvisieren können, und gleichzeitig nannte man im damaligen Europa eben nicht nur die »authentische« Improvisationskunst aus den Klubs in Harlem, sondern auch alle Arten von synkopierter Tanzmusik beim Namen »Jazz«. Schließlich heißt es im *Jonny* nicht »und erbt das alte Europa durch den Jazz«, sondern »... durch den *Tanz*«. (Im Bemühen um die eigene körperliche Neuerfindung nahm Krenek 1925 übrigens selbst Tanzunterricht.) Gemessen an der Rezeption des Werks war es offensichtlich 1927 bereits ein mutiger Schritt, die Idiome des modernen Gesellschaftstanzes, die rhythmisch wie harmonisch mit dem Jazz aufs Engste zusammenhängen, auf die Opernbühne zu bringen. Wem nützt also die Kritik daran, dass hier nicht auch noch improvisiert wird, wie es sich gehöre? Dieser Streit weist indes deutlich über Krenek und die deutschen 1920er-Jahre hinaus, und er belegt, wie hart umkämpft die Kategorie »Stil« als Korrelat von Lebensführung und Weltanschauung im 20. Jahrhundert sein konnte. Noch im 21. Jahrhundert wird vielerorts auf das Recht eines »echten« Jazz, diesen Namen allein zu tragen, gegenüber Mischformen beharrt. An deutschen Musikhochschulen begegnet man diesem Problem seit einigen Jahren durch die Einrichtung von Studiengängen namens »Jazz und jazzverwandte Musik« – sichtbares Zeichen dafür, dass der Streit noch lange nicht beigelegt ist, wohl aber eine gewisse Offenheit gegenüber dem »Anderen« gefunden wurde.

Bei aller Verschiedenheit im Einzelnen sind die Schriften von Cocteau und Pfitzner Beispiele für einen dezidiert modernen Musikdiskurs, da sie in einer als krisenhaft empfundenen historischen Situation das Steuer herumzureißen und ihre Leser:innen auf das jeweils als richtig empfundene *eine* Konzept einzuschwören suchen. Bis weit ins 20. Jahrhundert hinein beeinflussen derartige Konzepte dort, wo politische Systeme miteinander im Wettbewerb stehen, die Entwicklung der Musik. Insbesondere totalitäre Regime wie der NS-Staat oder die Sowjetunion betonten den Vorrang des jeweils eigenen nationalen musikalischen Erbes, um daraus eine Verpflichtung für alle Akteursgruppen des Musiklebens – von den Komponierenden über die Musikwirtschaft bis zu den Endverbraucher:innen – abzuleiten und durchzusetzen. Im Deutschland der NS-Zeit wurde die Reichsmusikkammer eingerichtet, vorgeblich, um berufsständische Interessen der Musikschaffenden zu vertreten, vor allem aber, um eine umfassende Kontrolle der NSDAP auch über das Musikleben zu ermöglichen und dort die Rassenideologie der Nazis durchzusetzen. Jüdische Musiker:innen durften der Reichsmusikkammer nicht beitreten und hatten damit faktisch Berufsverbot.

Drakonische Maßnahmen wie diese lassen bei aller ideologischer Engstirnigkeit erkennen, welches Gewicht man der jeweils »richtigen« Musik als Movens, Stabilisator oder Aushängeschild einer Gesellschaft im 20. Jahrhundert beimaß. Die Überzeugung, dass die im eigenen Land entwickelte oder produzierte Musik sich positiv auf die Einstellung zu diesem Land auswirken könne, ist nicht nur in totalitären Staaten, sondern auch im Musikdiskurs liberaler Demokratien verbreitet. Sichtbar wird das an diplomatischen Bemühungen um Kulturexport, mit dem sich die sogenannte Soft Power eines Landes im Ausland ausdrückt. Die US-Regierung hatte längst den Wert des Jazz für die eigene Reputation erkannt, als sie 1956 das Dizzy Gillespie Orchestra auf eine Tournee durch Pakistan, den Iran, Libanon, Syrien, Jugoslawien, Griechenland und die Türkei entsandte. In den Begleittexten zu den dabei entstandenen Live-Alben (*Dizzy Gillespie: World Statesman* und *Dizzy in Greece*) lobte der Jazzhistoriker Marshall Winslow Stearns, der die Tour mit Vorträgen begleitet hatte, diese »first state department tour in jazz history« als Botschafterin für Werte wie liberale Demokratie, Rassengleichheit (Gillespies Band enthielt acht schwarze und vier weiße Musiker:innen) sowie Frauenrechte (unter den Mitwirkenden war die Posaunistin Melba Liston, als Frau eine Rarität in der damaligen Jazzszene). Die Auditorien im Nahen Osten, so Stearns, »associate this music with the relaxed and generous side of American life«, und das Zusammenspiel der Band verkörpere »a new kind of freedom. Maybe that is why jazz is America's best-loved cultural export«.[10]

Auch für die Auslandsrepräsentation der Bundesrepublik Deutschland spielte der Jazz eine wichtige Rolle. Das Goethe-Institut schickte erst das Albert Mangelsdorff Quartett (1964), dann das Klaus Doldinger Quartett (1969) auf Asien-Tour. Im Chile der Militärdiktatur Augusto Pinochets veranstaltete das

Goethe-Institut ebenfalls Konzerte mit diesen und anderen deutschen Jazzern, wobei es gelang, diese Musik als »eigene«, von US-amerikanischen Vorbildern emanzipierte Kunst erscheinen zu lassen, als experimentellen »jazz europeo«. Indem sie diese Art Jazz und – in geringerem Ausmaß – akademische Avantgarde als musikalische Visitenkarte hinterließ, statt etwa allein auf den deutschen Kunstmusikkanon von Bach bis Brahms zu vertrauen, stellte sich die BRD als weltoffen dar und hoffte gleichzeitig, zu einer langfristigen demokratischen Veränderung Chiles beitragen zu können.[11]

Wonach man sie beurteilt: Wertvorstellungen

Je relevanter ein Konzept erscheint, desto erbitterter können die Debatten über seine Realisierung verlaufen. Musik ist im 20. und 21. Jahrhundert in vielfältige Diskurse eingebunden, und die Werturteile, die über einzelne Werke und Personen gefällt wurden, sind nicht immer leicht nachvollziehbar. Im Bewusstsein der offensichtlichen Unterschiede in den hier betrachteten Bereichen der akademischen Komposition, des Rock und des Jazz versucht dieses Kapitel, einige gemeinsame Elemente der je einschlägigen Wertediskurse zu identifizieren und zu diskutieren. Die einzelnen Abschnitte gruppieren meist antagonistisch gebrauchte Begriffe, mit deren Hilfe sich im betrachteten Zeitraum Wertvorstellungen über Musik aus unterschiedlichen Bereichen ausdrücken lassen.

Popularität und Hermetik, gesellschaftliche Verantwortung und Isolation

An die Beliebtheit einer gegebenen Musik beim Publikum knüpft sich eine Reihe von teilweise widersprüchlichen Wertvorstellungen. Wer eine Musik als populär bezeichnet, bescheinigt ihr zwar eine hohe Akzeptanz, drückt damit oft aber auch eine negative Bewertung aus: Dem Populären wird im kritischen Diskurs der Moderne häufig gerade aufgrund seiner Massenakzeptanz geistige Wertlosigkeit unterstellt. Umgekehrt kann es auch eine Musik zu hoher kritischer Wertschätzung bringen, die aufgrund ihrer schweren Zugänglichkeit (Hermetik) ein nur sehr kleines Publikum erreicht – etwa dann, wenn es gelingt, ihr einen besonderen Reiz zuzuschreiben, der der Masse unzugänglich bleibt, während er sich dem Ausnahmehörer erschließt. Der Soziologe Pierre Bourdieu deutete die speziell in den oberen Bevölkerungsschichten verbreitete Bereitschaft, sich mit hermetischer Kunst auseinanderzusetzen, als Strategie zur Akkumulation »kulturellen Kapitals« und als Mittel zur Distinktion (Abgrenzung) von anderen. Die Dichotomie zwischen den Wertvorstellungen Popularität und

Hermetik ist dabei jedoch nur bei oberflächlicher Betrachtung fest an die beiden großen Bereiche der Pop- bzw. der Hochkultur gekoppelt; tatsächlich wird sie sowohl im E- als auch im U-Bereich immer wieder neu verhandelt.

Paradigmatisch für das Verhältnis »ernster« zeitgenössischer Musik zum Publikum erscheinen manche Aussagen Arnold Schönbergs. »Rücksicht auf den Hörer«, schrieb er 1918 an den befreundeten Komponisten und Dirigenten Alexander von Zemlinsky, »kenne ich so wenig, wie er die Rücksicht auf mich kennt. Ich weiß nur, daß er vorhanden ist und, soweit er nicht aus akustischen Gründen ›unentbehrlich‹ ist (weil's im leeren Saal nicht klingt), mich stört«.[12] Und 1946 heißt es im Aufsatz *Herz und Hirn in der Musik*: »Diejenigen, die komponieren, um anderen zu gefallen, und an das Publikum denken, sind keine wirklichen Künstler. Sie gehören nicht zu den Menschen, die es treibt, etwas zu sagen, ganz gleich, ob es jemanden gibt, dem es gefällt, oder nicht, und sogar, wenn es ihnen selbst nicht gefällt. [...] Sie sind lediglich mehr oder weniger geschickte Unterhalter, die das Komponieren aufgeben würden, wenn sie keine Zuhörer finden könnten.«[13] In solchen Aussagen lebt ein romantisches Kunstverständnis fort, dem zufolge der Künstler als Einsamer keinem existierenden Geschmack, sondern nur seiner eigenen Vision verpflichtet ist.

In der Zwischenkriegszeit erschien eine solche heroisch konnotierte Auffassung vom Künstlertum allerdings vielerorts modernisierungsbedürftig. So setzt das damals mit Paul Hindemith verbundene Komponistenbild an die Stelle des genialen Schöpfers den Typus des Handwerkers. Hindemith rechtfertigte seine außerordentliche Produktivität nicht mit der standardisierten romantischen Vorstellung von einer beständig aus dem Inneren hervorsprudelnden Inspiration, sondern mit dem Bedarf seines Kundenkreises. Diesen sah er freilich nicht durch das Massenpublikum abgebildet, sondern durch Musiker:innen, die nach neuen und guten Sonaten und Konzerten für ihr Instrument, nach Chorwerken und Liedern verlangten.

Weitere Kreise als das Hindemith'sche Handwerksethos zog die Auffassung, dass sich schöpferische Künstler kraft ihrer besonderen Gaben in den Dienst der Gesamtgesellschaft stellen und mithin alle Phantasien über hermetische Kunst beiseite legen sollten. Im deutschsprachigen Raum war es Schönbergs Schüler Hanns Eisler, der, vom Ideal des Kommunismus durchdrungen, bereits in den 1920er-Jahren die Komponierenden zu dieser Aufgabe mahnte. Als Argument diente Eisler der bereits damals in Deutschland festzustellende Rückgang eines Publikums für zeitgenössische Musik der akademischen Tradition. Die Schuld daran schrieb er den Komponisten zu, da diese sich von gesellschaftlichen Entwicklungen abgekoppelt und hermetische Musik produziert hätten. »Es gibt bis heute keinen wirklich revolutionären Musiker«, schrieb er 1927, »keinen

Komponisten, der ein wirklich revolutionäres Werk geschaffen hätte. [...] 1918 bis 1923, zur Zeit der Inflation, der Spartakus-Kämpfe, Räterepublik München, [...] rauften sich die Musiker nur wegen rein technischer Dinge. Keinen gab es, der auch nur einen Hauch vom Atem dieser Zeit verspürt hätte. Die Folge dieser ›Zeitlosigkeit‹ und Borniertheit der Musik ist: Die moderne Musik hat kein Publikum; niemand will sie. Dem Proletariat ist sie als Privatangelegenheit gut erzogener Leute gleichgültig. Die Bourgeoisie sucht stärkere Reiz- und Unterhaltungsmittel. Die moderne Musik [...] ist ideenlos und gemeinschaftslos. Eine Kunst, die ihre Gemeinschaft verliert, verliert sich selbst«.[14]

Als Ideal hielt Eisler den deutschen Musiker:innen in jenen Jahren das Musikleben der Sowjetunion vor. In einer 1931 publizierten Skizze der »Situation der Musik in der Sowjetunion« notierte er die folgenden Gegenüberstellungen: »In Deutschland: Musik ist unwichtig, ein Musiker ist ein harmloser Narr. / In der Sowjetunion: Musik ist wichtig, der hervorragendste Abschnitt an der Kulturfront.« Oder: »In Deutschland: Krise der Produktion, alle Künstler kämpfen untereinander, Wirrwarr der Stile, Flucht des Publikums vor der modernen Musik. / In der Sowjetunion: Assoziation der proletarischen Musiker, Versuch, gemeinsam den Weg zu einer neuen Musik zu finden, neue Methoden zu finden, mit der Wirklichkeit Schritt zu halten.« Die Kehrseite dieser Modernisierung, nämlich eine weitgehende Unterdrückung künstlerischer Freiheiten, schien Eisler nicht zu ahnen, obwohl er schon damals bemerkte, dass in Moskau und Leningrad »Schlagermusik [...] aufs schärfste bekämpft« wurde – eine Maßnahme, mit der er sich implizit einverstanden erklärte.[15] Binnen weniger Jahre war es im sozialistischen Lager jedoch nicht mehr nur die – aus Eislers Sicht offenbar zu vernachlässigende – Schlagermusik, die unterdrückt wurde, sondern auch vieles andere mehr. Die Komponistenverbände, die 1932 in der Sowjetunion und nach 1945 auch in den von dieser dominierten Satellitenstaaten wie der Volksrepublik Polen, der Deutschen Demokratischen Republik usw. eingerichtet wurden, folgten dem Prinzip der engen Koppelung von Förderung und Überwachung. Die von Eisler idealisierte umfangreiche Versorgung junger Komponisten mit staatlichen Aufträgen im Sozialismus barg als Kehrseite die Möglichkeit jederzeitiger Bestrafung von Fehlverhalten in sich – der Komponistenverband diente für all diese Zwecke als Schaltstelle. Als 1948 wegen des empfundenen Ausbleibens entsprechender künstlerischer Resultate ein Exempel statuiert wurde, hatte das für einige der damals berühmtesten sowjetischen Komponisten gravierende Konsequenzen, die bis zum Aufführungsverbot einzelner Werke und zum Verlust der bis dahin erlangten beruflichen Positionen reichten. Nach dem Krieg in die DDR übergesiedelt, war auch Eisler selbst von der Beschneidung künstlerischer Freiheiten betroffen, als ideologiegeleitete Kritik am Libretto die Komposition seiner Oper *Johann Faustus* verhinderte.

Dass diese Vorgänge mit dem Beginn des Kalten Krieges zusammenfielen, dem Ost-West-Konflikt, prägte den westlichen Kunstdiskurs entscheidend zugunsten denkbar hermetischer Kunstformen. Das Gegenbild zur sowjetischen, auf Zugänglichkeit gerichteten Kunstdoktrin war weitestgehende künstlerische Freiheit, und so hinterließ die westliche Neue Musik der 1950er-Jahre oftmals den Eindruck von Unzugänglichkeit. Ihre Legitimation bezog diese Haltung aus der 1949 in Buchform veröffentlichten *Philosophie der neuen Musik* Theodor W. Adornos. Als Apologetik der Musik Schönbergs und seines Kreises, der sogenannten Zweiten Wiener Schule, angelegt, betont Adornos Schrift die gesellschaftliche Notwendigkeit dieser Musik. Indem die Gesellschaft des spätbürgerlichen Kapitalismus die Musik mehr und mehr zur bloßen Ware gemacht und den Gesetzen von Angebot und Nachfrage unterworfen habe, sei die Unterhaltungsmusik erstarkt und habe die Ernste Musik an Substanz eingebüßt. Schönberg habe dagegen Autonomie bewahrt und – um den Preis des Publikumsverlusts – das ureigene Vermögen von Musik gegen die Bestrebungen der bürgerlichen Gesellschaft gerettet, dieses zu vernichten: »Die unerbittliche Musik vertritt die gesellschaftliche Wahrheit gegen die Gesellschaft.«[16] Wenn Adorno mit dieser Diagnose die Erkenntnis begründete, die »Isolierung der radikalen modernen Musik rührt nicht von ihrem asozialen, sondern ihrem sozialen Gehalt her«,[17] konnte er damit in den 1950er-Jahren vielleicht nicht das Gros der westlichen Hörer:innen überzeugen; wohl aber prägte er den dort herrschenden Musikdiskurs und mit ihm das Wertesystem der Neuen Musik des Westens.

So wie Adornos Position mit dem Beginn des Kalten Krieges Verbreitung erlangte, so wurde sie nach dessen Ende hinterfragt, vor allem mit Blick auf ihre Auswirkungen. Der Musikwissenschaftler Richard Taruskin beschrieb diese Position 2001 als eine »musical aesthetic [...] that nurtured self-regard and social indifference, and placed the highest value on *l'audace, toujours l'audace*«. Gehätschelt von der Kritik und finanziert von Institutionen des öffentlichen Rechts wie den westdeutschen Rundfunkstationen hätten Komponisten wie Karlheinz Stockhausen in den 1950er-Jahren »in effect the aesthetic of spoiled brats« kultiviert.[18] Taruskins Auffassung einer primär sozialen Legitimation der Komposition wurde von den Akteuren der Avantgarde als verengt zurückgewiesen, doch beweist das verstärkte Nachdenken über Konzepte wie »Diesseitigkeit« (Titel eines Themenheftes des Neue-Musik-Fachblatts *Positionen* 2012) oder »Weltbezüge in Neuer Musik« (Titel eines Sammelbandes des Instituts für Neue Musik und Musikerziehung Darmstadt von 2015), dass das Problem am Anfang des 21. Jahrhunderts auch innerhalb der Institutionen erkannt wurde.

Taruskins Kritik geht auch dort nicht ins Leere, wo Komponist:innen ihr Tun dezidiert als gesellschaftskritisch verstanden. Weite Teile der bundesdeutschen Neuen-Musik-Szene der 1970er- und 1980er-Jahre, der Zeit zwischen der 68er-Bewegung und der Neuen Friedensbewegung, waren politisiert, doch in die relevanten Diskurse konnten entsprechende Werke kraft ihrer für fachlich Uneingeweihte kaum zu entschlüsselnden Sprache nicht eingreifen. Hans Werner Henze glaubte seiner Oper *Die englische Katze* (1983) die Publikation eines erklärenden, 440 Seiten starken Arbeitstagebuchs voranschicken zu müssen, um verstanden zu werden; die darin offenbarten Bezüge der Oper zum politischen Hintergrund ihrer Entstehungszeit (unter anderem zum RAF-Terrorismus) bleiben trotzdem schwer nachvollziehbar. Für Helmut Lachenmann wiederum war 1972 eine Musik, die auf die Verkündung einer politischen Botschaft abzielt, zu einer bloß reaktionären Wirkung verdammt, da sie auf »Klischees der kleinbürgerlichen Ästhetik« angewiesen sei: »Von revolutionärem Geist und Willen kann Musik glaubwürdig zeugen, […] indem sie anhand konkreter Alternativen Kommunikation selbst aufs Spiel setzt und Reflexion und kritisches Verhalten nicht bequem vorexerziert, sondern mit aller Konsequenz herausfordert.«[19] Lachenmanns Kompositionen dieser Jahre, von ihm selbst mit dem Oberbegriff der *Musique concrète instrumentale* bezeichnet, erfüllen diese Aufgabenstellung durch die fast ausschließliche Verwendung unkonventioneller, geräuschhafter Methoden instrumentaler Tonerzeugung und praktizieren damit eine »permanente Negation und ernsthafte Störung des ästhetisch Verfestigten«. Mit Blick auf eine gesellschaftliche Wirksamkeit seiner Musik erhoffte sich der Komponist, dass »sich der Hörer davon treffen und über den ästhetischen Erfahrungsbereich hinaus in seinem existentiellen Bewußtsein so provozieren und infizieren läßt, daß ihm die Erfahrung solcher Freiheit (durchs Anti-System) als wesentliche Notwendigkeit und Voraussetzung humanen Daseins überhaupt bewußt wird; einer Freiheit, deren Unterdrückung, wie sie gegenwärtig allenthalben organisiert ist, es zu bekämpfen gilt«.[20] Hier wird das Beharren auf einem hermetischen Standpunkt geradezu zur Voraussetzung dafür erklärt, durch Komponieren gesellschaftsverändernd zu wirken. Darin, dass Hermetik im westeuropäischen Musikdiskurs begünstigt und im osteuropäischen als die Ästhetik des politischen Gegners verteufelt wurde, liegt die fortdauernde Erbschaft des politischen Ost-West-Konflikts für die akademische Komposition.

In diese Debatten wurden auch populäre Genres hineingezogen. Eine 1966 in der DDR erschienene Monographie über den Jazz lobt diese Musik, da sie sich aus der Kultur der nordamerikanischen Arbeiter:innen entwickelt habe, und tadelt sie dort, wo sie über diese Wurzeln hinausweist und hermetisch wird. Das, was im Westen damals unter dem Begriff des »Modern Jazz« zusammengefasst wurde, erscheint in dieser Publikation unter dem abwertenden Begriff des »snobistischen Jazz« – ein Stil, der durch die Auffassung, Musik sei ein selbstgenügsames Spiel (»l'art pour l'art«), den Kontakt zu denjenigen Schichten verloren habe, die ihn eigentlich hervorgebracht hatten.[21] Für die Rockmusik ergibt sich das gleiche Bild: Die Beatles wurden auch in linientreuer DDR-Musikgeschichtsschreibung für ihre frühe Schaffensphase bewundert, »als sie noch ›A Hard Day's Night‹ sangen und sich ihre besten Titel durch eine realistischere Widerspiegelung des Lebens der werktätigen Schichten [...] von den Massenproduktionen der kapitalistischen Schlagerindustrie abhoben«.[22] Dadurch seien sie allerdings »der kapitalistischen Gesellschaft unangenehm« geworden und folgerichtig von der dortigen Kulturindustrie in die Hermetik getrieben worden: Mit Blick auf eine zustimmende westdeutsche Rezension geißelt der DDR-Autor die dortige Wertschätzung von aus seiner Sicht hermetischen Songs wie *Nowhere Man* (als »ein Spiel mit dem Nichts«) und *Eleanor Rigby* (über »die Vereinsamung des Menschen, die Kommunikationslosigkeit, die Sinnlosigkeit seines Trachtens«).[23]

Die jeweilige Auf- und Abwertung von Hermetik und Popularität allein an politische Diskurse zu knüpfen griffe indes zu kurz. Das romantische Künstlerbild eines Arnold Schönberg wird als alternative Rolle auch in Jazz und Rock angenommen, also selbst in Bereichen, in denen man eigentlich von der Notwendigkeit einer guten Verkäuflichkeit der »Ware« Musik ausgehen sollte. Es begegnet im Kontext des Wertdiskurses um Originalität und Standardisierung (siehe unten) als Teil des Bestrebens, sich dem »Kommerz« zu entziehen und mit unkonventionellen Mitteln gegen seine Dominanz zur Wehr zu setzen (»Indie Rock«). Auch gereifte Künstler, die aufgrund eines bereits erreichten Status über eine relative Unabhängigkeit von den Mechanismen des Musiklebens verfügen, wenden sich – wenn auch oft nur für gewisse Zeit – vom Ideal der Popularität zugunsten von eher hermetischen Ausdruckswelten ab. Dass in einschlägigen Fällen der Zuspruch des Publikums und die Bewertung durch die Kritik auseinanderklaffen, erinnert an die Verhältnisse in der Ernsten Musik.

Dmitri Schostakowitsch: *Lady Macbeth von Mzensk (Ledi Makbet Mcenskogo uezda)* op. 29

Oper in vier Akten, Text von Alexandr Preis und vom Komponisten nach einer Novelle von Nikolai Leskow • Entstehung: Sowjetunion (Leningrad, Moskau, Tiflis), Oktober 1930 – Dezember 1932 • Uraufführung: 22. Januar 1934, Kleines Operntheater Leningrad, Regie: Nikolai Smolitsch, musikalische Leitung: Samuil Samossud

Als Legitimation für die staatliche Reglementierung der Musik diente in der Sowjetunion wiederholt die Diagnose einer angeblich fehlenden Publikumsorientierung der Komponisten. Nicht zufällig steht der Hinweis auf das Publikum an erster Stelle des vielleicht bekanntesten Dokuments der Repression von Musik durch den sowjetischen Parteiapparat, des redaktionellen *Prawda*-Artikels »Chaos statt Musik«, der sich am 28. Januar 1936 gegen die Oper *Lady Macbeth von Mzensk* von Dmitri Schostakowitsch richtete. »Gemeinsam mit dem allgemeinen kulturellen Wachstum in unserem Land wuchs auch das Bedürfnis nach guter Musik«, beginnt der Text. »Nie zuvor und nirgendwo sonst hatten Komponisten ein so dankbares Publikum vor sich.« Während angeblich die »Volksmassen [...] gute Lieder und gleichfalls auch gute Instrumentalwerke, gute Opern« erwarteten, habe der Komponist Schostakowitsch sich jedoch im sogenannten Formalismus ergangen.[24] Als formalistisch wurden im sowjetischen Musikdiskurs jener Jahre Werke abgelehnt, die aufgrund ihrer Ausdrucksmittel dem Massenpublikum unzugänglich und nur den Eingeweihten verständlich schienen. Als erstrebenswertes Gegenteil einer solchen Kunst der Hermetik imaginierte der Diskurs der Stalin-Zeit unter dem Etikett des Sozialistischen Realismus eine Musik, die parteilich – das heißt den Sozialismus unterstützend – und »volksnah« – in den Ausdrucksmitteln allgemeinverständlich und bei den Massen beliebt – sein sollte.

In einer Zeit, in der die Bedeutung der Begriffe »Realismus« und »Formalismus« für die Musik noch kaum geklärt waren, kam das an der Oper *Lady Macbeth von Mzensk* statuierte Exempel einem Ruf zur Ordnung gleich, der Schostakowitsch an den Pranger stellte und etliche seiner Kolleg:innen zutiefst verunsicherte, zumal noch im selben Jahr der Große Terror, eine brutale Verfolgung angeblicher Regimegegner, die Sowjetunion durchzog. »Dies ist ein ausgeklügeltes Spiel, das böse enden kann«, drohte der *Prawda*-Artikel,[25] und ließ für den noch nicht 30-jährigen Komponisten Lagerhaft oder Schlimmeres befürchten. Bis auf einen temporären Reputationsverlust blieb Schostakowitsch damals zwar unbehelligt, doch waren die künstlerischen Folgen gewichtig: Die *Lady Macbeth* blieb in seinem Heimatland fortan bis 1962 (nach ihrer Überarbeitung zu *Katerina Ismailowa* op. 114) unaufgeführt, sein Opernerstling *Die Nase* (nach Gogol, 1928) sogar bis 1972. Das Opernschaffen von Schostakowitsch war damit de facto beendet; eine weitere Oper hat er in den ihm noch verbliebenen fast 40 Schaffensjahren bis zu seinem Tod 1975 nicht vollendet.

Die Vernichtung der *Lady Macbeth von Mzensk* durch die *Prawda* gründete sich auf eine Verquickung von Popularitätsdiskurs und Ideologie. Zur Last legte man dem Werk unter anderem den offensichtlichen Erfolg, den es im Westen hatte, vor allem in den USA, wo es 1935 zu Inszenierungen in Cleveland,

New York und Philadelphia gekommen war. Dass die Oper – so die Vermutung der *Prawda* – »den pervertierten Geschmack des bourgeoisen Publikums durch ihre zuckende, kreischende, neurasthenische Musik kitzelt«,[26] machte sie automatisch verdächtig. Die Folgerung, sie sei im kapitalistischen Ausland gerade wegen ihrer angeblichen Hermetik auf perverse Weise zu Beliebtheit gekommen, während sie in der sowjetischen Heimat das Publikum kaltlasse, entpuppt sich beim Studium der Quellen indes als bloße Suggestion: Als Kopfgeburt lässt sich die ebenso sangliche wie leidenschaftlich-bewegte Oper kaum reklamieren, und tatsächlich war die *Lady Macbeth* auch in der Sowjetunion in den ersten zwei Jahren ihres Bühnendaseins ein Erfolg gewesen, beim Publikum nicht weniger als bei der Kritik. Wem sie aber ausgesprochen missfiel war Josef Stalin selbst, der zwei Tage vor dem Erscheinen des Leitartikels eine Vorstellung in Moskau besucht und wenig amüsiert bereits vor ihrem Ende verlassen hatte. »Chaos statt Musik« dokumentiert also weniger die öffentliche Meinung der Sowjetunion als vielmehr das ideologisch motivierte Geschmacksurteil von Stalin selbst, das durch die Veröffentlichung in der *Prawda* landesweite Verbreitung und bindende Kraft erhielt.

Anstößig an der *Lady Macbeth* war aus Stalins Sicht zum einen die Handlung, insbesondere die Charakterisierung der Titelfigur Katerina Ismailowa. Schostakowitschs Oper zeigt, wie die Frau eines reichen Gutsbesitzers im zaristischen Russland der 1860er-Jahre zur Mörderin wird, um der erdrückenden Atmosphäre ihrer Ehe entgehen und sexuelle Erfüllung an der Seite ihres Geliebten finden und fortsetzen zu können. Zum anderen war es die Tonsprache dieser Oper, die die *Prawda* mit ablehnenden, dabei zutiefst laienhaften Worten der Lächerlichkeit preiszugeben versuchte. Statt »Musik« hatte Stalin nur »Chaos« gehört, oder, wie es der Artikel durchdekliniert, »Gepolter, Geknirsche, Gekreisch«, »Geschrei«, »Lärm« usw. Die von Stalin abgelehnten Aspekte, die Lenkung der Publikumssympathie auf einen »unmoralischen« Charakter sowie die »unreine« Musik, hängen indes zusammen und erschließen sogar – sicher entgegen den Intentionen des anonymen *Prawda*-Autors – einiges von dem Wesen der *Lady Macbeth* als eines Schlüsselwerks der Operngeschichte des 20. Jahrhunderts.

Auch wenn der Begriff des Lärms es suggeriert, enthält die Musik der *Lady Macbeth* keine futuristischen Geräuschanteile, und der Begriff des Jazz muss schon sehr weit gefasst sein, um ihn – wie in der *Prawda* geschehen – sinnvoll auf diese Oper beziehen zu können. (In dieser Hinsicht ist sie noch einmal Meilen von Kreneks *Jonny spielt auf* entfernt.) Als »Chaos« kann sie jedoch dem erscheinen, der in ihr nach Maß und stilistischer Geschlossenheit sucht. *Lady Macbeth* ist angefüllt mit Inkommensurablem und Inkongruentem; charakteristisch für sie ist das manchmal unvermittelte Nebeneinander von Tragik und Burleske, von im Sinne der Operntradition »schönen«, an Puccinis Ausdruckswelt gemahnenden Stellen und erschreckenden Klangbildern. Die der Heldin Katerina zugeordnete Musik ist durchtränkt von großer Opernlyrik; emotionale und tragische Größe haben etwa ihr Auftrittsmonolog gleich am Beginn der Oper oder die große Arie im dritten Bild (Ziffer 140–152), die ihre Einsamkeit und unerfülltes Verlangen ausdrücken. Ihr gegenüber steht die Welt der Gutsbesitzerfamilie mit dem beherrschenden Tyrannen, dem Schwiegervater Boris. Seine schwerfällig-stumpfe Auftrittsmusik (Ziffer 15) unterstreicht sowohl den beschränkten Blickwinkel seiner Welt (in die die Erinnerung an ein Pilzgericht wie eine plötzlich belebende Verheißung grotesk hereinbricht, Ziffer 16) als auch seine Gewaltbereitschaft. Letztere realisiert sich am deutlichsten in einer über 150 Takte dauernden Passage des 2. Aktes, in der er Katerinas Geliebten Sergei züchtigt. Wie Peitschenschläge instrumentiert sind die abgerissenen Akkorde von Trompeten, Posaunen und Tuba, fast 300 mit unbarmherziger Gleichmäßigkeit aufeinanderfolgende Cluster-Hiebe, zusammengesetzt aus den Tönen *c*, *cis*, *d*, *dis* und *e* (Ziffer 232–245). Tragische Ironie liegt darin, dass Boris und Sergei letztlich Männer vom gleichen Schlage sind, sodass echte Hoffnung für Katerina sich nirgends einstellt. Dort, wo er mit ihr erstmals allein ist, gibt sich Sergei musikalisch mit einer Folge beschwingter, aber banaler Melodien als prinzipienloser Herzensbrecher zu erkennen (ab Ziffer 162) – der Kontrast zum hohen Opernstil der Katerina-Partie könnte nicht größer sein. In dieser strategischen Abkehr von stilistischer Geschlossenheit zeigt sich die Beeinflussung Schostakowitschs durch Gustav Mahler, der zwar nie eine Oper geschrieben, aber das Komponieren einer Sinfonie mit dem Aufbau einer ganzen Welt mit all ihren Antagonismen verglichen hatte. Dieses Prinzip wird Schostakowitsch nach 1936, als ihm das Opernschreiben nicht mehr möglich schien, in der seinem Vorbild ureigensten Gattung weiterdenken, der Sinfonie.

Breite Beachtung, nicht nur in der *Prawda*, hat in der Rezeption der Oper insbesondere die Sexszene im 3. Bild erfahren; ein US-amerikanischer Kritiker fand dafür die Bezeichnung »Pornophonie«.[27] Als weiteres Beispiel der für *Lady Macbeth* typischen Widersprüche enthält diese Szene musikalisch sowohl Elemente ekstatischer Steigerung als auch solche von motorischer, physischer Gewalt (Ziffer 183–190). Die Ausdrucksmittel wie die erhaltenen Bühnenanweisungen lassen hier eigentlich nur den Schluss zu, dass es sich um eine Vergewaltigung handelt; mit dieser Interpretation inkongruent sind aber sowohl die ebenfalls in der Szene enthaltene Komik (Posaunen-Glissandi abwärts bei Ziffer 190–192 als Zeichen der Erschlaffung »danach«) als auch die Suggestion aufrichtiger Liebe, die Katerina ihrem Vergewaltiger in späteren Szenen entgegenbringt. Als Schostakowitsch seine Oper in den 1950er-Jahren für eine Wiederaufführung bearbeitete, strich er unter anderem diese Szene. Dieser größte Eingriff, den er sich bei der Neufassung leistete, kam der dramaturgischen Folgerichtigkeit des Werks zustatten; im westlichen Operndiskurs jedoch erschien der Schnitt als ein Einknicken vor der Staats- und Parteigewalt, weshalb sich in dieser Hemisphäre – und in postsowjetischer Zeit nahezu überall – die erste Fassung wieder durchsetzte. Dass sie es war, die Stalin verabscheute und unterdrückte, verlieh ihr das Moment des Widerständigen, was für den Bühnenerfolg der Oper gerade im Westen wichtiger wurde als Stilreinheit und Handlungsstringenz. Der Oper *Lady Macbeth* ist das Wissen um ihre Zensur als Subtext eingeschrieben, und in der langfristigen Rezeption begründete der *Prawda*-Artikel »Chaos statt Musik«, so paradox es scheinen mag, ihre Popularität.

Originalität und Standardisierung

Seit der Geniezeit des späten 18. Jahrhunderts ist »Originalität« ein zentraler Wert der Kunst- und Musikgeschichtsschreibung. Im 20. Jahrhundert wird er für alle Genres in Anspruch genommen, auch diejenigen der populären Musik: Überdauern vor dem Angesicht der Ewigkeit, so der Konsens, werden nicht die Epigonen, sondern die »Originalgenies«. »Standardisierung« ist hingegen als kunstfern konnotiert, eine Sache der Ökonomie. Wo dieser Begriff im Musikdiskurs begegnet, dient er oft der Disqualifizierung der jeweils gemeinten Erscheinung als kommerziell und damit kunstfern (siehe oben über Popularität und Hermetik). Wer etwa das Genre des Rocksongs in Bausch und Bogen ablehnt, führt als Begründung meist die dort anzutreffende Standardisierung an, die die Themen der Liedtexte (Liebe) ebenso betrifft wie die musikalischen Ausdrucksmittel in Harmonik (tonale Grundstufen), Rhythmus (begrenztes Vokabular in ständiger Wiederholung, ohne Aussicht auf Differenzierung des Metrums oder Tempos) und Form (Dauer von drei bis vier Minuten).

Derartige Konventionen – auch als Klischees bezeichnet – sind nicht von der Hand zu weisen, und doch existieren Standards auch für die akademische Musik und selbst für die Avantgarden, die sich im Zeichen des Fortschritts Originalität und Konventionsbruch auf die Fahne schrieben. Wie der Musikwissenschaftler Frank Hentschel mit Blick auf große Teile der Neuen Musik nach 1950 treffend beobachtet: »Indem der Konventionsbruch zur Norm wird, führt er sich *ad absurdum*. Die Hörer, die ein Komponist wie Lachenmann faktisch erreicht, erwarten von seiner Musik genau das, was sie ihnen bietet.«[28] Grund genug also, bei der Anwendung dieser Kriterien zur Bestimmung von Wert und Unwert von Musik eine gewisse Skepsis zu wahren und sie als das Resultat von präferenzgeleiteten Zuschreibungen sichtbar zu machen.

Die Diagnose von Originalität in der Musik ist nicht, wie man vielleicht vermuten könnte, auf abseits stehende, einsam die Konventionen brechende Individualist:innen beschränkt, sondern begründet sich oft unausgesprochen über die Zugehörigkeit zu einer bestimmten Bewegung, vorausgesetzt, diese wird selbst als originelle Erscheinung aufgefasst. In solchen Fällen bringt die Zuordnung zu einem als neu empfundenen Trend in der Regel einen Rezeptionsvorteil: den Anschein zeittypischer Authentizität, der denjenigen Zeitgenossen abgeht, die sich demselben Trend verweigern und im Bestehenden verharren. Der Einzelne partizipiert also von der Originalität eines kollektiven »Neuen«, sei dieses nun eine künstlerische Strömung – wie Expressionismus, Neue Sachlichkeit, Swing, Rhythm and Blues, Bebop, Aleatorik, Beat usw. – oder eine personelle Gruppierung, die sich durch räumliche Nähe konstituiert – wie Zweite Wiener Schule, Les Six, West Coast Jazz, New York School, Mersey Beat usw. Wer sich abseits solcher Etikettierungen bewegt, hat es in der Regel schwerer, wahrgenommen zu werden. Mitunter werden solche Künstler:innen erst nach langen Jahren des Schaffens im Verborgenen »entdeckt« (Charles Ives, Giacinto Scelsi, Conlon Nancarrow oder Galina Ustwolskaja).

Standardisierung wiederum, wiewohl als Wertkriterium selten gewürdigt, vermag einen Grad von Ökonomie und Verlässlichkeit zu schaffen, die manche Musik überhaupt erst ermöglicht. Gäbe es im Jazz keine »Standards«, wäre das spontane Zusammenspiel in Jam Sessions nicht möglich, das an der Wiege des Bebop und damit des Modern Jazz steht. Denn allein dadurch, dass mehr oder weniger alle, auch die einander noch nicht bekannten Musiker, die in einem Klub zufällig zusammenkommen, über ein gleiches Repertoire von Songs wie *Tiger Rag* oder *How High the Moon* verfügen, kann ein improvisatorisches Zusammenspiel gelingen und gegebenenfalls als originell gewürdigt werden. Die Kritik an Standardisierung richtet sich entsprechend meist auch nicht gegen diese allgegenwärtigen musizierpraktischen Vorzüge, sondern setzt etwa dort an, wo der eigene Erfolg ausbleibt, weil das Publikum ein bereits Vorhandenes dem Neuen vorzieht. Dann erfolgt Kritik auch innerhalb der eigenen Terrains. Innerhalb der Rockmusik etwa ist die »Independent«-Bewegung (Indie Rock, auch Alternative Rock) um 1980 als Reaktion gegen die Marktbeherrschung durch die großen Plattenlabels zu verstehen; der Begriff bezeichnet die Unabhängigkeit von der Standardisierung musikalischen Ausdrucks, die diese Labels zum Zweck der Gewinnmaximierung betrieben. Die Abtrennung (Sezession) vom Standard und die Stilisierung des eigenen Tuns zu einer neuen Richtung – einer Alternative zum Mainstream – ist hier wie in der akademischen

Komposition das Mittel, Originalität zu postulieren. Dass einige der unter dem Indie-Begriff firmierenden Bands im Verlauf ihrer Karrieren so großen Erfolg hatten, dass sie zu einem Major Label wechselten (zum Beispiel Nirvana), ist Teil der im Musikbetrieb wirksamen Dialektik des Erfolgs: Der sogenannte Mainstream wird nicht selten mit dem unausgesprochenen Ziel verteufelt, ihn irgendwann selbst zu verkörpern.

Mit Blick auf die Ernste Musik war von Paul Bekkers Kritik von 1918 schon die Rede, die den herrschenden Musikbetrieb als verknöchert und als dem Neuen gegenüber verschlossen charakterisierte (siehe S. 11 ff.). Bei aller Verschiedenheit im Einzelnen, gerade auch in Fragen des Stils, ist es seitdem das Kennzeichen Neuer Musik geblieben, den Mainstream zu verwerfen und nach radikaler Originalität zu suchen. Als paradigmatisch für dieses – offenbar durch die Zeiten höchst stabile – Rollenverständnis der Künstler kann eine Äußerung des Komponisten Claus-Steffen Mahnkopf von 1998 stehen, der 80 Jahre nach Bekkers Schrift eine gallig-ironisierende Diagnose des Publikumsgeschmacks seiner eigenen Gegenwart formulierte: »Kunst muß schnuckelig und *soft* sein, etwas zum Liebhaben, gleich importierten Plüschtieren. Doch mehr denn je hätten die Künstler die Aufgabe, den Menschen nicht zu geben, wonach sie verlangen, sondern wessen sie bedürfen«.[29] Die zugehörige Strategie der musikalischen Moderne besteht in der Vermeidung »verbrauchter« Ausdrucksmittel. Bereits ab 1910 hatte das Beispiel Arnold Schönbergs den Weg zu einer Vermeidung der Dur-Moll-Tonalität gewiesen. Mit der Schönberg-Kritik der Avantgardisten um Pierre Boulez kam in den 1950er-Jahren die Vermeidung weiterer Konventionen hinzu, die Schönberg noch unangetastet gelassen hatte, namentlich bis dahin gültige Standards auf dem Gebiet des Rhythmus und der Form. Tonalität, Akzentstufentakt, rhythmische Topoi, tradierte Formen, ein nachvollziehbares Wort-Ton-Verhältnis – sie alle fanden sich nach und nach in jenem imaginären »Kanon des Verbotenen« wieder, den Adorno in seiner *Philosophie der neuen Musik* 1949 diagnostizierte.[30] In der Neuen Musik waren sie tabuisiert, und den Menschen »zu geben, wonach sie verlangen«, hätte Tabubruch bedeutet. Der Gedanke, dass die Vermeidung des Standardisierten und dadurch Verbrauchten ein unhintergehbares Wertkriterium sei, dominierte hier den Diskurs, bis postmoderne Perspektiven ab den späten 1960er-Jahren diese scheinbare Sicherheit ins Wanken brachten.

Klang und Konzept

Es gibt Komponisten, die man eher mit einem neuen Konzept von Musik verbindet, als dass man einen Begriff vom Klang ihrer Kunst hat. Dass Ferruccio Busoni in keiner Darstellung über den Beginn der Neuen Musik fehlt, verdankt sich nicht in erster Linie seiner Musik, sondern seinem manifestartigen Büchlein *Entwurf einer neuen Ästhetik der Tonkunst* (1907, zweite, erweiterte Ausgabe 1916). Joseph Matthias Hauer ist im Neue-Musik-Diskurs als derjenige Wiener Komponist bekannt, der mit Arnold Schönberg um das Erfindungsrecht an der Zwölftonmusik stritt. Dass er diesbezüglich ein eigenes Konzept verfolgte, gehört zum musikgeschichtlichen Basiswissen; von seinen Kompositionen spricht kaum jemand. Wie die Musik des italienischen Futuristen Luigi Russolo geklungen hat, lässt sich aus den wenigen und völlig unzulänglichen originalen Tonaufnahmen und späteren fragwürdigen Rekonstruktionen kaum erahnen, doch die Fotografien der eigens für diese Musik gebauten Geräuschinstrumente (»intonarumori«) nötigen bis heute Bewunderung ab. Musik im 20. Jahrhundert ist nicht nur in ihrer klingenden Realität interessant, sondern auch im virtuellen Stadium des spekulativen Entwurfes.

Würde es zu weit gehen, daraus die Beobachtung abzuleiten, im Neue-Musik-Diskurs trete bisweilen das Konzept an die Stelle des Klangeindrucks? Auch für diesen Gedanken bieten die für das Entwerfen von Konzepten so fruchtbaren 1950er-Jahre reichen Diskussionsstoff. Die chronologisch rasch aufeinanderfolgenden Begriffe »Punktuelle Musik«, »Gruppenkomposition« und »Feldkomposition« wurden als Entwicklungsstadien des Serialismus gleichsam über Nacht kanonisiert und gehörten jahrzehntelang zum Lehrbuchwissen, ohne dass den Werken, die unter Anwendung der gemeinten Prinzipien entstanden waren, eine breite Rezeption zuteil wurde. Der Technokratie des Serialismus konterte John Cage damals mit dem Bonmot, man möge doch »Klänge sie selbst sein lassen, statt sie zum Vehikel für menschengemachte Theorien oder zum Ausdruck von Gefühlen zu machen«.[31] Bei einem Vortrag auf der Weltausstellung in Brüssel 1958 erklärte er seinen Ansatz, indem er auf eine eigene frühere Ansprache an das Publikum eines seiner Konzerte in der nordamerikanischen Provinz Bezug nahm: »Ich sagte, Klänge seien nichts als Klänge, und wären sie nicht bloße Klänge, würden wir [...] bei der nächsten Komposition etwas daran tun. Ich sagte, da Klänge Klänge sind, gibt das den Menschen, die sie hören, die Möglichkeit, Menschen zu sein, die ihr Zentrum in sich tragen – dort, wo sie sind, und nicht künstlich irgendwo in die Ferne versetzt, wie sie es gewohnt sind, beim Versuch herauszufinden, was da von einem Künstler mit Klängen ausgedrückt wird.«[32] Letztlich ist Cages Absicht, Klänge Klänge sein zu lassen – und nicht gestalterisch, im Sinne einer überlieferten Tradition oder eines innovativen Konzepts, auf sie einzuwirken –, selbst ein Konzept, mit dem sich keine prägnante Klanggestalt verbindet: Jeder beliebige Klang kann dieses Ziel erfüllen. Im Musikdiskurs identifiziert man Cage daher auch nicht mit einer spezifischen Klanglichkeit, sondern allein mit Konzepten wie diesem. Allerdings haben seine Konzepte zweifellos einen anderen Charakter als diejenigen der Serialisten, handelt es sich doch bei diesen in der Regel um kompositionstechnische Konzepte und bei Cage um solche musikphilosophischer Art.

Wie auch immer es ausgerichtet sein mag: Im hochkulturellen Diskurs nach 1950 bürgt das Vorhandensein eines Konzepts für Theoriefähigkeit und geschichtliche Relevanz, während dem bloßen, durch kein Konzept kommentierten Klang, so unmittelbar er auch faszinieren mag, der Makel des Unreflektierten anhaftet. Als Indikator für die Bedeutung des Konzeptualisierens bei zeitgenössischen Komponist:innen lassen sich die Bemühungen verstehen, die eigenen künstlerischen Standpunkte durch reflektierende theoretisch-ästhetische Schriften zu erhellen und zu flankieren. Karlheinz Stockhausen, dessen *Texte zur Musik* 17 Bände mit insgesamt fast 10 000 Seiten umfassen, ist dabei ein zwar extremes, aber doch im Wesentlichen typisches Beispiel. Solche Textsammlungen signalisieren, dass bei der jeweiligen Persönlichkeit eine individuelle, der Auseinandersetzung werte Position vorliegt, und machen explizite Interpretationsangebote, die von Musikjournalismus und Musikwissenschaft in der Regel gerne angenommen werden.

Daran partizipieren auch solche Komponist:innen, die vielleicht eher durch Klang als durch Konzepte wirken wollen. Während Stockhausen bereits 1963 den ersten Band seiner *Texte* veröffentlichen konnte, dauerte es bei dem fünf Jahre älteren György Ligeti bis zum Jahr 2007, ehe posthum eine zweibändige Schriftenausgabe erschien. Auch Ligetis Texte bieten jedoch eine für die Kanonisierung relevante Vorstrukturierung an, etwa indem sie immer wieder die gleichen eigenen Kompositionen als Hauptwerke herausstreichen oder Anspruch auf Priorität in der Entwicklung der »Klangkomposition« erheben.

Zwar ist das Überborden derartiger Texte nach 1950 ohne einen allgemeinen, von ästhetischer Faszination ausgelösten Aufklärungsbedarf seitens der musikalischen Öffentlichkeit nicht zu denken. Gleichzeitig wurde jedoch die mit ihnen einhergehende Botschaft, dass die zugehörige Musik allein aus sich heraus nicht mehr verständlich ist, vielfach als problematisch empfunden. Damit ist ein stark trennendes Element zwischen hoch- und populärkulturellen Diskursen verbunden: Jazz- und Rockmusiker:innen schreiben in der Regel keine reflektierenden Paratexte; sofern Erklärungsbedarf besteht, schafft die loser gefügte Form des Interviews Abhilfe. Primär konzeptgeleitete Ansätze sind hier eher die Ausnahme als die Norm, und entsprechend dominieren intuitive – rein »klangliche« – Zugriffe diesen Diskurs. Ideen wie diejenige des »Konzeptalbums«, mit der sich der Anspruch verbindet, ein Album als Zusammenhang, als Zyklus und nicht als bloße Sammlung von Songs zu verstehen, werden nur ausnahmsweise konsequent verwirklicht. Wie andere als »progressiv« bezeichnete Zugänge im Rock laufen Konzeptalben zudem stets Gefahr, als prätentiöse bildungsbürgerliche Verirrungen kritisiert zu werden, die dem Charakter von Rockmusik nicht angemessenen seien. Entsprechend ist eine Musik, die ganz auf konzeptfreie und ungebrochene Klangrauscherlebnisse abzielt, eine in verschiedenen Ausprägungen begegnende Domäne der Popkultur geblieben. Der Hinweis auf die Ambient Music Brian Enos, auf Techno, aber auch auf die sogenannte Neoklassik eines Ludovico Einaudi, eine zur Meditation und Entspannung dienende Musik, die sich romantischer Ausdrucksmittel bedient, muss hier genügen.

György Ligeti: *Atmosphères* für großes Orchester

Entstehung: Wien, erste Jahreshälfte 1961 • Uraufführung: 22. Oktober 1961, Donaueschinger Musiktage, Großes Orchester des Südwestfunks, Leitung: Hans Rosbaud

Die Uraufführung von György Ligetis *Atmosphères* im Rahmen der Donaueschinger Musiktage 1961 war mehr als eine bloße Störung im Diskurs der Neuen Musik. In gewisser Weise beendete dieses Ereignis, das an einer der bundesdeutschen Hochburgen des Serialismus stattfand, die Vorherrschaft seriellen Denkens in der westlichen Musik. Darüber hinaus könnte man an ihr sogar eine Zäsur zwischen musikalischer Moderne und Postmoderne lokalisieren – freilich im Wissen darum, dass derartige Daten vor allem symbolischen Charakter haben. Anders als man vielleicht vermuten könnte, war diesmal kein Publikumsskandal im Spiel. Die Komposition hatte großen Erfolg und musste sogar auf Wunsch der Zuhörerschaft wiederholt werden. Anstoß erregte jedoch Ligetis Bekundung im Programmheft, die unter seinen Komponistenkollegen vorherrschenden Reformfelder seien »nicht unmittelbar akustisch« relevant und daher »von sekundärer Bedeutung«; in *Atmosphères* habe er daher versucht, »das ›strukturelle‹ kompositorische Denken […] zu überwinden«.[33] Der Musikkritiker Ernst Thomas, der sich als Anwalt jenes strukturellen (sprich: seriellen) Denkens verstand und im Folgejahr 1962 die Leitung der Darmstädter Ferienkurse – einer anderen Hochburg des Serialismus in der BRD – übernahm, bezog die Gegenposition. »Hat am Ende gar mancher applaudiert, weil er so willkommene Botschaft im Programmheft lesen durfte?«, fragte er mit unverhohlenem Sarkasmus in der *Neuen Zeitschrift für Musik*. Thomas' Text, der sich zur Verteidigung eines zuvor hart erkämpften Terrains auswächst, lässt erkennen, mit welcher Erbitterung damals die jeweils für richtig erachteten Konzepte der Moderne verfochten wurden: »Befreiung vom strukturellen Denken bedeutete [...] Preisgabe der neuen Musik, denn die Struktur ist ihr fundamentales Ordnungsprinzip geworden, demgegenüber nun das irrationale Moment des phantasievoll Zufälligen seine Rechte zu fordern beginnt.«[34] Die Wortwahl suggeriert, dass es um Entscheidendes ging: um den Kampf von »Klang gegen Struktur« (so die Überschrift der Rezension), von Irrationalität gegen Fortschritt, um vorhandene oder nicht vorhandene Prinzipientreue, um Widerstand unter scheinbaren Gefolgsleuten, ja: um Verrat.

Was Ligeti an die Stelle des seriellen Denkens setzte, bleibt im Programmtext selbst eigentümlich unbestimmt. Kompositionstheoretisches im herkömmlichen Sinne fehlt; die Wortwahl ist weniger technisch als assoziativ-bildlich. Ligeti spricht von einer Formvorstellung, in der es »keine Ereignisse, sondern nur Zustände, keine Konturen und Gestalten, sondern nur den unbevölkerten, imaginären musikalischen Raum« gebe und in der die »Klangfarben [...] die eigentlichen Träger der Form« seien.[35] In einem späteren Text erklärte er, er habe in *Atmosphères* versucht, »die musikalische Form nur aus klanglichem ›Hintergrund‹ hervorgehen zu lassen, wobei dieser Hintergrund nicht mehr als solcher bezeichnet werden kann, da kein ›Vordergrund‹ mehr vorhanden ist«.[36] Auch wenn der Begriff »Klangkomposition«, mit dem man die neue Tendenz später benannte, hier noch nicht fällt, war die Aufwertung der Klangfarbe als eines bis dahin vernachlässigten Elements des Tonsatzes offenkundig. Gleiches gilt für das mit dem Klangfarbenspiel verbundene sinnliche Vergnügen, das für die Rezeption schließlich relevanter war als jedes hinter der Partitur liegende Konzept: »Daß seine Musik bei ihrem Erscheinen einen so starken Reiz ausübte«, schreibt Hans Vogt 1972 in seiner großen Einführung *Neue Musik seit 1945*, resultiere daraus, »daß hier ein Komponist sich seit längerer Zeit endlich ausschließlich ans Ohr wandte, ja keine Bedenken hatte, dem Ohr zu schmeicheln [...]: als absolute ›Ohrenmusik‹ [...] unterschied sich das Werk so stark von allem, was im vorangehenden Jahrzehnt an Neuer Musik erschienen war, daß es überraschte und ihm alle Aufmerksamkeit sicher war«.[37]

Solche Beschreibungen sollen nicht darüber hinwegtäuschen, dass der Klang von *Atmosphères* alles andere als gefällig ist und stellenweise als ebenso dissonant empfunden werden konnte wie vieles von Stockhausen und Boulez. Das Werk ging an die Nerven, bis hin zur Schmerzhaftigkeit – und war doch in seinem neuartigen Zugriff auf den Orchesterklang so umwerfend und überwältigend, dass es immer wieder gespielt, aufgenommen und angehört wurde und wird. Die

Partitur des Werks erregt Aufsehen schon dadurch, dass selbst im übergroßen Format die Notensymbole in kleinstem Schriftgrad wiedergegeben werden müssen, damit alles auf die Seite passt. Die Streichinstrumente sind zwar wie üblich in den fünf großen Gruppen (V. 1, V. 2, Va., Vc., Kb.) zusammengefasst, doch hat jede:r Instrumentalist:in eine eigene Stimme, sodass die Partitur zum Teil mehr als 60 Notensysteme pro Seite übereinandertürmt. In seiner horizontalen Ausdehnung ist das circa neun Minuten dauernde Werk dagegen bescheiden und nimmt nicht einmal 20 Notenseiten ein – eine Folge davon, dass »keine Ereignisse, sondern Zustände« den Inhalt der Komposition ausmachen.

Einige dieser durch Ligeti gestalteten 21 Zustände, deren Grenzen die Partitur jeweils durch Studierbuchstaben markiert, seien beispielhaft herausgegriffen. Zwischen den Buchstaben B und C bestimmt, wie meist in dem Werk, ein Cluster als Zusammenklang eng benachbarter Töne das Bild. Bei B umfasst der Cluster, an dem alle 87 Streich- und Blasinstrumente des Orchesters beteiligt sind, die viereinhalb Oktaven zwischen dem großen *As* und dem viergestrichenen *e*. Dieser Klang wird fast eine Minute gehalten, dabei aber durch Veränderung von Dynamik und Spielweise deutlich hörbaren Filterungsprozessen unterworfen, wie Ligeti sie bei der Arbeit im elektronischen Studio kennengelernt hatte. Indem jeweils bestimmte Instrumente mit ihren jeweiligen festen Tonhöhen durch Crescendi und Decrescendi herauf- oder heruntergeregelt werden, treten nacheinander zunächst der komplette chromatische Cluster (forte, T. 16), dann ein diatonischer Cluster, der in etwa der Gesamtheit der weißen Tasten des Klaviers entspricht (fortissimo, T. 18), und schließlich der pentatonische Cluster der schwarzen Tasten (fortissimo, T. 20) aus dem weißen Rauschen farbig hervor. Klangdramaturgisch fällt die Verteilung der Blasinstrumente auf, von denen Ligeti Oboen, Fagotte, Trompeten und Posaunen nur für den diatonischen Cluster, Flöten, Klarinetten und Hörner dagegen für den pentatonischen Cluster verwendet, den er dadurch in seinem besonders leuchtenden und warmen Charakter verstärkt und als wohlklingendes Ziel des Abschnitts inszeniert. Nahe am Beginn der Komposition angesiedelt, war dies einer der Klangrausch-Effekte, den der Vorwurf eines bloßen kulinarischen Reizes traf.

Buchstäblich an die Nieren geht dagegen die Abfolge der Abschnitte F und G. Bei F bilden erneut die Tonqualitäten *e* und *as* die Begrenzung eines Clusters, hier allerdings in dem verhältnismäßig engen Raum zwischen dem e^2 und dem as^3. Durch sukzessive Verlagerung der Einzelstimmen – beteiligt sind anfangs Piccoloflöten, Oboen, Klarinetten, Trompeten und erste Violinen – schraubt sich dieser Cluster allmählich in die Höhe, bis er nur noch die Töne fis^4 bis a^4 enthält und nur noch Piccoloflöten und Violinen übrig bleiben, die einzigen

Instrumente, denen dieses Register noch zugänglich ist. Während die Violinen langsam ausblenden, führen die Piccoloflöten bei jedem neuen Ton (zuletzt wird das *fis*^{4} gegen ein *ais*^{4} ausgetauscht, den Spitzenton des Stücks) ein an die Schmerzgrenze gehendes Crescendo zum dreifachen Forte aus: Vier Piccoloflöten, die einen chromatischen Cluster in der vierten Oktave bis zum höchsten dynamischen Wert anschwellen lassen, muss man erst einmal aushalten können. An der Spitze der Intensität angekommen, stürzt dieser Klang unversehens in den Abgrund der Kontrabässe, die ebenfalls im *ffff* und mit *tutta la forza* den Cluster *Cis*$_1$ bis *Gis*$_1$ der Kontra-Oktave ausführen. Ligeti ließ verlauten, dass er bei diesem am Beginn des Abschnitts G stehenden Zustand »an einen Sturz *in tartaro* gedacht« habe, einen Höllensturz; auch für andere Stellen der *Atmosphères* habe im Übrigen die Idee eines Requiems im Hintergrund gestanden.[38] So schwierig sie im Konkreten nachvollziehbar ist, vermittelt diese Selbstdeutung doch einen Eindruck von dem Assoziationsreichtum, der in Ligetis Werkkommentaren die eher nüchtern-technizistischen Selbstauskünfte aus der Blütezeit des Serialismus ablöst.

Der daran sich anschließende Doppelabschnitt H und I enthält die vielleicht meistdiskutierte Passage des Werks. Während das Clustergrollen der Kontrabässe langsam verebbt, setzt darüber ein 48-stimmiges Wispern der übrigen Streicher ein, das im Verlauf von etwa einer Minute langsam vom vierfachen Piano bis zum vierfachen Forte anwächst. Ligetis Idee, eine Musik als Hintergrund ohne vorgelagerte Ereignisse zu komponieren, wird hier auf nachvollziehbare Weise umgesetzt. Die Organisationsform der 48-stimmigen Polyphonie ist die eines Kanons, doch führt das gleichzeitige Beginnen aller Instrumente dazu, dass nicht das Kanonthema, sondern nur die unablässige, vielfach verschlungene Bewegung des Stimmknäuels die Aufmerksamkeit auf sich zieht. Auch hier ist de facto die Verschiebung eines Clusters komponiert, der sich anfangs über dreieinhalb Oktaven erstreckt (*c* bis *fis*^{3} bei T. 44) und sich bis zu seinem Ende auf die kleine Terz (*b* bis *des*^{1} bei T. 53) verengt – wohlgemerkt, inzwischen als Brausen im *ffff* artikuliert von nunmehr 56 Streichinstrumenten, nachdem sich zuletzt auch die Kontrabässe angeschlossen haben. Eine derartige Satztechnik, die eine Profilierung der Einzelstimme zugunsten des Gesamteindrucks chaotischer Beweglichkeit vernachlässigt, nannte Ligeti »Mikropolyphonie« – und konnte damit letztlich doch ein Konzept namhaft machen, das er, 2001 auf sein Lebenswerk rückblickend, als »die wichtigste von mir entwickelte Technik« bezeichnete.[39]

Komponieren und Interpretieren

Ungeachtet dessen, dass hinter den Kulissen mannigfaltige Akteursgruppen das Musikleben mitprägen und erhalten – zu denken wäre etwa an die Berufsfelder Publizistik, Musikwissenschaft, Verlagswesen, Veranstaltungsmanagement, Tontechnik usw. –, spielen im Musikdiskurs seit der Frühen Neuzeit Komponist:innen und Interpret:innen die Hauptrollen. An ihnen orientiert man sich zuerst, wenn man an die Musik einer Epoche denkt. Dabei nehmen die einzelnen Sparten charakteristischerweise unterschiedliche Gewichtungen zwischen diesen Gruppen vor: Die Geschichtsschreibung akademischer Musik fokussiert in der Regel Komponierende, auch wenn die Produkte aus diesem Bereich – Konzerte, Musiktheateraufführungen, Ton- und Videoaufnahmen – mit wenigen Ausnahmen primär die »Werke« der jeweiligen Interpretierenden sind. Man mag im Radio Musik hören und hinterher sagen, man habe »Bartók gehört«, obwohl man tatsächlich einer Einspielung von Martha Argerich gelauscht hatte. Oder man geht in ein Geschäft mit der festen Absicht, eine Aufnahme von Ligetis *Atmosphères* zu erwerben – ob man dann aber mit der Einspielung Claudio Abbados oder derjenigen Jonathan Notts den Laden verlässt, ist nicht immer das Resultat einer gezielten Entscheidung für den jeweiligen Interpreten, sondern eine, die auch von Verfügbarkeit, Preis und Kopplung mit anderen interessant scheinenden Werken auf derselben CD abhängig ist.

Diese Beobachtungen sollen nicht darüber hinwegtäuschen, dass es immer wieder Interpret:innen gibt, die Kultstatus erlangen, und die ihre Hörer:innen so faszinieren, dass diese jede neue Aufnahme erwerben, egal welche Werke darauf enthalten sind. Für die Neue-Musik-Szene haben Interpret:innen fundamentale Bedeutung: Ohne so gegensätzliche Ensembles wie das Arditti Quartet und das Kronos Quartet hätte zum Beispiel das Komponieren für Streichquartett der letzten 50 Jahre eine andere Entwicklung genommen. Von solchen und ähnlichen Beobachtungen ausgehend hat die Interpretationsforschung in den letzten Jahren einen starken Aufschwung erlebt.[40] Dass man dennoch seltener über Interpret:innen als über Komponist:innen spricht, wenn es gilt, die Ernste Musik des 20. und 21. Jahrhunderts zu beschreiben und zu analysieren, liegt am Konzept der Werktreue, das sich als zentraler Wert für die Interpretation weitgehend durchgesetzt hat. Zwei professionelle Interpretationen von einem Werk wie *Atmosphères* sollten sich im Idealfall kaum voneinander unterscheiden. Entsprechend erfordert das Heraushören von Interpret:innencharakteristika in der Regel eine Hörerfahrung, die selbst häufige Konzertgänger:innen kaum aufbringen.

In den populären Musikkulturen dominiert das entgegengesetzte Modell. *Hound Dog* wird zuvorderst Elvis Presley als Urheber zugeschrieben, selbst wenn es Mike Stoller war, der die Musik komponierte. Wer *Non, je ne regrette rien* singt, wird in allererster Linie an die Chansonnette Edith Piaf denken, den Komponisten Charles Dumont dagegen meist nicht einmal dem Namen nach kennen. Ein großer Teil des Jazz wird von dem Verfahren der Improvisation über populäre Songs (Standards) beherrscht; Werktreue gegenüber dem Standard spielt hier nur insofern eine Rolle, als die Melodie am Anfang der Interpretation in Erinnerung gerufen und die zugrunde liegende Harmoniefolge in den anschließenden Soli beibehalten wird. Entscheidend für die Zuschreibung von Wert ist hier nicht die Qualität des jeweiligen Standards selbst, sondern diejenige der Improvisationen. In den genannten Fällen der populären Genres spielt also – ganz im Gegensatz zu den Gegebenheiten in der Neuen Musik – die eigentliche Komposition eine untergeordnete Rolle; es sind das konkrete Gestaltungsvermögen der Interpret:innen und Eigenschaften von Stimme, Instrumentalsound und Personalstil, die in dieser Musik primär für die Zuschreibung von Werkindividualität verantwortlich sind.

Nun sind damit Idealtypen bezeichnet, die von der Realität vielfach durchkreuzt und zudem von Trends verändert werden. In der Rockmusik und anderen von ihr beeinflussten Bereichen wurde es seit der Mitte der 1960er-Jahre immer wichtiger, dass Musiker:innen die Songs, die sie auf der Bühne spielten oder im Studio aufnahmen, auch selbst geschrieben hatten. Der Begriff »Singer-Songwriter« ist dafür bezeichnend. (Dass das »Schreiben« von Musik im Rock anders vorzustellen ist als in der Ernsten Musik, nämlich meist als Kurzschrift ohne die Befolgung akademischer Notationskonventionen, tut dabei nichts zur Sache.) Und auch Jazz-Interpret:innen haben von jeher nicht nur über Standards improvisiert, sondern auch über Eigenkompositionen, die dann für spätere Generationen teilweise selbst den Rang von Standards erreichen konnten. Auch dann jedoch, wenn Interpreten populärer Musik selbst komponieren, bleiben sie den freieren interpretatorischen Konventionen ihres Genres treu, und es ist nicht selten, dass sich die eigenen Interpretationen selbst geschriebener Songs über die Jahre stark verändern. In den Genres akademischer Musik garantiert dagegen die Priorität des Notentextes gemeinsam mit dem Prinzip der Werktreue eine deutlich höhere Stabilität der Werkgestalt von einer Aufführungssituation zur nächsten.

Das Hinterfragen der jeweiligen Gewichtung von Komposition und Interpretation führte indes auch in der Ernsten Musik zu Veränderungen. Wirkungsvoll war hier vor allem das Beispiel von John Cage, dessen Partituren etwa seit 1950 vielfach grafische Elemente an die Stelle der herkömmlichen, Tonhöhen und -dauer präzise fixierenden Notenschrift setzten und damit Momente der Unbestimmtheit (Indetermination) in die Komposition einführten.

In Westeuropa spitzte sich die Entwicklung am Ende der 1950er-Jahre zu, eines Jahrzehnts, das bei einer schnell fortschreitenden Technisierung des kompositorischen Handwerks Notentexte von vorher nie erreichter Differenzierungsschärfe hervorgebracht hatte. Flankiert von theoretischen Reflexionen über Zufallsverfahren (Aleatorik) und Unbestimmtheit fügten Komponisten in ihre Partituren damals größere Entscheidungsspielräume, aber auch Entscheidungsnotwendigkeiten für die Interpret:innen ein. Das reichte von momentanen Unschärfen des Ensemblespiels (Witold Lutosławskis »aleatorischem Kontrapunkt«) über Freiheiten in der Dauern- und Zeitgestaltung (etwa der Anzahl der Wiederholungen einzelner Module in minimalistischer Musik von Philip Glass) und gelenkte Improvisation an ausgesuchten Momenten der Form (Luciano Berios *Sequenza III* für Frauenstimme, 1966) bis zum Prinzip, die Architektur des Werks aus vorgegebenen, aber im Charakter nicht vollständig determinierten und vor allem in der Reihenfolge völlig freien Bestandteilen im Moment der Aufführung selbst zusammenzusetzen (Stockhausen, *Klavierstück XI*, 1956). Der Umschwung ist in Teilen als Reaktion auf Kritik am »entmenschlichten« und »technisierten« Charakter des westeuropäischen Serialismus zu verstehen. Viele Interpret:innen, die an ihren jeweiligen Ausbildungsstätten nach der Maxime der Werktreue erzogen worden waren, fühlten sich durch derartige offene Partituren jedoch nicht befreit, sondern überfordert.

Text und Musik

Man mag, wenn man an die kanonisierten »Meisterwerke« Ernster Musik denkt, zwar zunächst das Gegenteil vermuten, doch tatsächlich ist wohl die Mehrheit der im 20. Jahrhundert erfundenen Musik mit einem Text verbunden, ob es sich nun um Lieder und Songs, Opern und Musicals oder Chorwerke handelt. Selbst der Jazz, die Bastion der Instrumentalmusik unter den populären Genres, ist nicht textlos. Etliche instrumentale Darbietungen beziehen sich auf vokale Vorlagen des »Great American Songbook«, wie man den Kanon der Standards im Jazzdiskurs bezeichnet. Unter den herausragenden Persönlichkeiten des Jazz sind Sänger:innen wie Ella Fitzgerald oder Al Jarreau, und selbst Musiker:innen, die vorwiegend für ihr Instrumentalspiel bekannt sind, haben bei ihren Auftritten und Aufnahmen auch immer wieder gesungen – genannt seien Louis Armstrong, Chet Baker und Larry Carlton. Gleichwohl spielt im Jazz der jeweils gesungene Text eine geringere Rolle als in den anderen Sparten; oft erscheint er nur am Anfang der Darbietung, als Erinnerung an die Herkunft der jeweiligen Liedvorlage, und nicht selten wird er im Verlauf des Stücks von improvisierendem Scat-Gesang abgelöst, der sich mit seiner

Verwendung von nicht-semantischen Lauten eher an Instrumentalsoli orientiert als an Textdeklamation im engeren Sinne.

Das Verfahren, die menschliche Stimme ohne semantische Konnotationen einzusetzen, begegnet abseits des Jazz auch in den hochkulturellen Avantgarden, zuerst bereits im Umfeld des Dada (Kurt Schwitters' *Ursonate*, 1932). Im Trend der sogenannten Sprachkomposition erreichte es ab den 1960er-Jahren seine volle Entfaltung. Werken wie der elektronischen Komposition *Gesang der Jünglinge* (1956) von Karlheinz Stockhausen, *Anagrama* (1958) von Mauricio Kagel oder Berios *Sequenza III* ist das Ausgehen von einem im Prinzip semantisch verständlichen Text gemeinsam, der aber verfremdet und jenseits seiner ursprünglichen Konnotationen in ein reines Klangphänomen überführt wird, zum Beispiel durch elektronische Manipulation oder dadurch, dass die Komponist:innen ihn in seine klingenden Bestandteile (Phoneme) aufspalten und diese miteinander permutieren. Im Grenzbereich zwischen Literatur und Komposition wies auch der Text *Fa:m' Ahniesgwow* (1959) von Hans G Helms den Weg zu kreativem Umgang mit Sprache. Mal dominiert bei diesen Tendenzen das Bestreben nach einer seriell stimmigen Struktur, die auch sprachliche Artikulation einbezieht, mal eher die Lust am kreativen Nonsens oder die Inszenierung von Misstrauen gegen eine korrumpierte Alltagssprache.

Ein anderer Neuansatz im Verhältnis zwischen Musik und Sprache manifestiert sich im ersten Drittel des 20. Jahrhunderts im Werk Leoš Janáčeks, der bereits um 1900 damit begonnen hatte, musikalische Ideen aus eigenen Notaten von Sprechmelodien abzuleiten. Diese bildeten für Janáček »Fensterchen in die Seele«[41] der belauschten Sprecher:innen, aber auch der eigenen Opernfiguren. Der tschechische Komponist erlebte seinen Durchbruch erst mit über 50 Jahren und blieb in der europäischen Musikszene der 1920er-Jahre eine Ausnahmeerscheinung ohne direkte Nachfolge. Das Verfahren aber, Musik aus dem Sprechton abzuleiten – dem melodischen Abdruck verbalisierter Gedanken und Gefühle –, wurde am Ende des 20. Jahrhunderts erneut produktiv gemacht. In Steve Reichs *Different Trains* für Streichquartett und Tonband (1988) dienen gesampelte kleine Ausschnitte aus mündlichen Erinnerungen von Holocaust-Überlebenden als Quellen instrumentaler Motive. Gerade angesichts der Unfassbarkeit der hier erinnerten Erlebnisse erweisen die ins Instrumentale übersetzten Sprechmelodien ihre von Janáček erkannte Kraft, Erkenntnisse über innere Bewegungen zu ermöglichen. Reich, der bereits früh Tonbandkompositionen über sprachliches Material vorgelegt hatte (*It's Gonna Rain*, 1965), hat nach *Different Trains* nicht nur weitere Werke dieser Art geschrieben, sondern auch andere Komponisten damit beeinflusst. Dazu gehört Jacob ter Veldhuis, der Textsamples bevorzugt aus der Popkultur, Programmen des Reality TV und aus dem Umfeld sozialer Randgruppen der USA verwendet (*Cities Change the Songs of Birds* für Harfe und Audiozuspiel, 2007). Wenn Sprache also auf der einen Seite bis zur Unverständlichkeit atomisiert scheint, dient die künstlerische Klanganalyse dieser Atome auf der anderen Seite zu ihrer tieferen Interpretation – das ist das fruchtbare Spannungsfeld, das sich für das Verhältnis von Musik und Sprache im akademischen Musikdiskurs seit 1900 neu aufgetan hat.

Daneben haben sich aber auch die aus dem 19. Jahrhundert vertrauten Konventionen der Textvertonung behauptet und weiterentwickelt. Verstärkt rückt dabei in den Gattungen Lied und Oratorium die Vertonung politisch engagierter Texte in den Vordergrund – eine entsprechende Haltung und gesellschaftliche Situation der Komponierenden natürlich vorausgesetzt. Im Musiktheater setzt sich die Tendenz zur Abkehr vom herkömmlichen Libretto weiter fort. Der Typus der Literaturoper gewinnt an Bedeutung, also die direkte Vertonung einer literarischen Vorlage ohne den Umweg über die Zwischenstation eines Librettos (Alban Bergs *Wozzeck*, 1922, Bernd Alois Zimmermanns *Die Soldaten*, 1965). In anderen Fällen betrachten Komponist:innen die Aufgabe des Opernschreibens sogar als eine integrale, der sie sich auch hinsichtlich des Worttextes selbst stellen. Dieses letztlich von Richard Wagner herrührende Postulat beachteten etwa Schönberg (*Moses und Aron*, 1932), Krenek (*Karl V.*, 1933), Ligeti (*Aventures & Nouvelles Aventures*, 1966) oder Stockhausen (Opernzyklus *Licht*, abgeschlossen 2002).

Einen meist ungebrochen wirkenden Umgang mit Sprache pflegt der Bereich des populären Liedes, vom Chanson über den Schlager bis zum Rocksong. Auch dort lässt das Verhältnis zwischen Text und Musik indes eine große Bandbreite erkennen. Neben literarisch völlig anspruchslosen Texten steht der feinste poetische Ausdruck eines Bob Dylan, der für seine Lyrics im Jahr 2017 sogar den Literaturnobelpreis erhielt. Wenn es ab den 1960er-Jahren zunehmend wichtig wurde, dass Rockmusiker:innen ihre Musik selbst schrieben, erstreckte sich das gleichermaßen auf die Texte: Interpretation, Komposition *und* Text kommen im Idealfall aus einer Hand.

Joni Mitchell: *Little Green* (Song)

Entstehung: 1966 oder 1967 • Erste belegbare Aufführung: 12. Oktober 1967 im The 2nd Fret, Philadelphia, durch Joni Mitchell • Aufnahme (hier behandelt): auf dem Album *Blue* (aufgenommen Hollywood 1971, veröffentlicht Juni 1971, Reprise Records)

Eine Frauenstimme singt von der Geburt eines Mädchens und von der Überlegung, welchen Namen es bekommen soll. Der Name lautet überraschenderweise »Green« – grün, nach der Farbe, die auch bei der Geburt des Frühlings vorherrscht und in Polarnächten am Himmel zu sehen ist. Wenn das Mädchen Grün heißt, werden die Winter ihm nichts anhaben können – und schließlich seien »grün« auch die Eltern gewesen, die das Kind zeugten und selbst noch Kinder waren. Der Text lässt die Mutter dreimal als Schreibende in Erscheinung treten: Dem Vater des Kindes, der sie vor der Geburt verlassen hat, schreibt sie, dass das Neugeborene blaue Augen habe – und erhält als Antwort nur ein Gedicht. An die eigenen Eltern, die sie über Schwangerschaft und Geburt im Unklaren ließ, schreibt sie Briefe voller Lügen. Müde von alldem setzt sie schließlich ihre Unterschrift auf die »Papiere«, von denen man annehmen muss, dass sie die Adoption des Mädchens besiegeln.

Um die Mitte der 1960er-Jahre, als *Little Green* entstand, veränderten sich die Ansprüche an das Genre des populären Songs tiefgreifend. Nicht nur die Musik, sondern auch die Texte ließen Anzeichen einer verstärkten künstlerischen Durcharbeitung erkennen. Stilbildend waren unter anderem die britischen Beatles sowie der US-amerikanische Folksänger Bob Dylan, die sich um die Mitte des Jahrzehnts auch gegenseitig stark beeinflussten. Die Kanadierin Joni Mitchell, die ihre Karriere 1962 mit 19 Jahren begann, gehörte in ihren Anfängen der Folkszene an; wie viele andere führte auch sie ihr wachsendes Bedürfnis nach poetisch anspruchsvollen Texten auf den Einfluss Dylans zurück. *Little Green* ist bereits als Gedicht ein kunstvolles Werk, sowohl hinsichtlich der dichten, beim ersten Lesen oder Hören noch verrätselt erscheinenden Semantik als auch hinsichtlich der formalen Konstruktion, die in ihrer ganzen Strenge auch die musikalische Umsetzung prägt.

Formal besteht *Little Green* aus drei Strophen und einem Refrain, der erstmals nach der zweiten Strophe erklingt und nach der dritten wiederholt wird. Dieser Refrain ist zweiteilig mit je drei Zeilen wechselnder Länge und dem Reimschema abc abc; textlich bringt er die mit dem Wort »green« einhergehenden Assoziationen mit Eindrücken des heranwachsenden Mädchens in Verbindung, die die Mutter nur imaginieren kann. Die Textzeile »There'll be crocuses to bring to school tomorrow« ist für den Mitchell-Forscher Lloyd Whitesell ein »masterstroke of understatement: ostensibly limited to a precise objective detail about the turning of the seasons, it trembles with the subtext of future moments the speaker will never share«.[42]

Die Strophen beschreiben dagegen das Handeln der Mutter selbst zwischen Geburt und Adoption des Kindes; sie bestehen textlich aus je fünf Zeilen mit je drei bis vier Hebungen im Reimschema aabba. Auffallend ist, dass auch abseits der Reime Alliterationen und Assonanzen häufig sind. So hat Strophe 1 »moon« im Inneren der ersten und »choose« in der zweiten Zeile; im Inneren der Zeilen 3 und 4 werden die Worte »winter« und »children« auf die jeweils mittlere der drei Hebungen verteilt. In der letzten Strophe ergibt sich im Inneren der Zeilen 1 und 2 die Assonanz von »child« und »lies« sowie die Alliteration von »so«, »sign«, »sad« und »sorry« auf dem engen Raum der Zeilen 3–4. Die abschließende fünfte Zeile jeder Strophe ist stets ein Wunsch für die Zukunft des Kindes (»Little Green, be a gypsy dancer«, »... be a non-conformer«,[43] »... have a happy ending«). Der Eindruck, dass Mitchell sich keineswegs auf die inhaltliche Ausdruckskraft des hier mitgeteilten Frauen- und Kinderschicksals verlässt, sondern dichterisch an der Form gefeilt hat, bestätigt sich an vielen weiteren Einzelheiten des Textes und findet seine Bestätigung schließlich auch in der Musik.

Diese vermittelt vordergründig den Eindruck von folkloristischer Einfachheit. Geradezu prototypisch ist die Besetzung auf Mitchell als Sängerin begrenzt, die sich selbst begleitet. Die Entscheidung für das selbstbegleitete Solo verrät die Herkunft Mitchells aus der Folkszene und ist in *Blue* so dominierend wie in ihren zuvor veröffentlichten Alben. Nur in fünf der zehn Songs von *Blue* treten weitere Instrumentalisten auf, und selbst dort mit äußerst sparsamen Parts. *Little Green* aber gehört zu den fünf Solo-Darbietungen auf diesem Album, und es ist die einzige, bei der Mitchell sich auf der Westerngitarre begleitet, dem Folk-Instrument schlechthin – bei den anderen spielt sie Klavier.

Das Alleinstellungsmerkmal, das *Little Green* auf dem Album schon durch diese Besetzung zukommt, wird durch eine ebenfalls singuläre Spielweise verstärkt: Gitarren sind in den nicht-solistischen fünf Songs des *Blue*-Albums stark vertreten, allerdings werden sie dort in Schlagtechnik gespielt, nicht gezupft. Diese Spieltechnik bleibt *Little Green* vorbehalten und repräsentiert dort einen »naiven« Zugang zum Gitarrenspiel, der mit dem Personal des Songs – unreife Eltern und ihr ungewolltes Kind – eigentümlich resoniert. Wie für Mitchell typisch, ist die Gitarre durch Umstimmung manipuliert: Die hier angewandte offene Stimmung – nach der Anbringung des Kapodasters auf dem vierten Bund des Griffbretts ergeben die leeren Saiten den H-Dur-Quartsextakkord – hat gegenüber der Normalstimmung vor allem zwei Auswirkungen: Sie regt, da Akkorde dann nicht mehr auf herkömmliche Art gegriffen werden können, die Kreativität hinsichtlich der Stimmführungen an, und sie ermöglicht eine außerordentlich reiche Verwendung der leeren Saiten. Beides zusammengenommen gibt der Begleitung von *Little Green* eine frische, von kontinuierlicher Bewegung geprägte Qualität, die mit der Vorstellung ungetrübter Kindheit so sehr übereinstimmt wie sie mit der Gefühlswelt der im Text besungenen Mutter kontrastiert.

Dies gilt vor allem für die Strophen, die harmonisch von dem am Beginn stehenden H^{maj7}-Klang bestimmt sind, einem Septakkord voller Leichtigkeit und Ruhe. Die für *Little Green* zentrale Akkordfolge der ersten vier Takte, | H^{maj7} | dis cis^7 | H | H |, liegt den drei mit dem a-Reim endenden Strophenzeilen ebenso zugrunde wie in leicht abgewandelter Form den beiden c-Zeilen des Refrains, was dem Song ein hohes Maß an harmonischer Geschlossenheit verleiht. Die scheinbare Reibungslosigkeit, mit der dies alles vonstatten geht, wird jedoch im Refrain gebrochen: Nachdem die erste Refrainzeile zur Subdominante E strebt, wendet sich das Geschehen nicht zur erwartbaren Dominante Fis-Dur, sondern wird fast gewaltsam zu einem D-Dur-Dreiklang heruntergerückt. So unvermittelt wie dieser Klang hereinbricht, wird er bereits in der nächsten Zeile wieder getilgt, in der die oben beschriebene Folge H-dis-cis-H wiederkehrt. Gleichwohl erscheint der D-Dur-Dreiklang, eine Projektion der gleichzeitig im Gesang figurierenden Blue Note *d*, als eine schroffe Dissonanz. Mitchell benannte »chords of inquiry« (frei übersetzt etwa: Fragezeichen-Akkorde) als Teil ihrer Poetik: »What I did was bring just a little more detail to pop lyrics like ›I feel blue,‹ for example, pairing it with more specific character and metaphors and making the music actually feel blue with what I call my chords of inquiry.«[44] Je nach Sensibilität des oder der Hörenden kann auch die Akkordrückung in *Little Green* verstören und die ansonsten »grün« schimmernde Musik »blau« einfärben. Dort, wo kindliche Vorstellungen vom Dasein eines Erwachsenen an der Realität scheitern und wo die Mutter erkennen muss, dass sie an der Zukunft des eigenen Kindes unbeteiligt bleiben wird, versetzt einem der Klang einen Schlag in die Magengrube.

Die allgemein verbreitete Vorstellung, die Musik eines Singer-Songwriters sei vor allem zutiefst persönlich und beruhe auf eigenen Erlebnissen, lassen es naheliegend erscheinen, dass *Little Green* autobiographisch ist. Und doch wurde erst in den 1990er-Jahren bekannt, dass Mitchell selbst 1965 jene junge Mutter war, von der *Little Green* erzählt. Bis dahin war es für die Hörenden nicht entscheidend, ob die Künstlerin dies alles selbst durchlebt hatte, sondern es genügte die Plausibilität persönlicher Betroffenheit. Dass es auch »schwierige« Themen aufnehmen konnte, verlieh dem Genre des populären Songs um die Mitte der 1960er-Jahre eine neue Dignität und ließ es zunehmend geeignet erscheinen, mit anderen Kunstformen zu konkurrieren.

Ausdruck und Ordnung

Ausdruck und Ordnung erschien innerhalb des Neue-Musik-Diskurses lange Zeit als das wertdifferenzierende Begriffspaar par excellence, denn die beiden vorrangigen Antipoden der ersten Jahrhunderthälfte, Arnold Schönberg und Igor Strawinsky, hatten sich in markanten Äußerungen für je eines der Konzepte und gegen das je andere ausgesprochen. Im August 1909, als Schönberg seine ersten Kompositionen in freier Atonalität vollendet hatte, beschrieb er in einem Brief an Ferruccio Busoni seine Ziele unter andrem mit den Worten: »Meine Musik muß *kurz* sein. Knapp! In zwei Noten: nicht bauen, sondern ›*ausdrücken*‹!!«[45] Wenn eine solche Position die Anbindung Schönbergs an die Bewegung des Expressionismus – als einer Kunst des Ausdrucks – verständlich macht, so legt die vielleicht berühmteste musikästhetische Äußerung Igor Strawinskys für diesen genau das Gegenteil nahe: »Ich bin der Ansicht«, schrieb er in seinen Erinnerungen 1936, »daß die Musik ihrem Wesen nach unfähig ist, irgend etwas ›auszudrücken‹, was es auch sein möge: ein Gefühl, eine Haltung, einen psychologischen Zustand, ein Naturphänomen oder was sonst. Der ›Ausdruck‹ ist nie eine immanente Eigenschaft der Musik gewesen, und auf keine Weise ist ihre Daseinsberechtigung vom ›Ausdruck‹ abhängig. [...] Das Phänomen der Musik ist uns zu dem einzigen Zweck gegeben, eine Ordnung zwischen den Dingen herzustellen und hierbei vor allem eine Ordnung zu setzen zwischen dem Menschen und der Zeit. Um realisiert zu werden, erfordert diese Ordnung einzig und allein und mit gebieterischer Notwendigkeit eine Konstruktion. [...] Und eben diese Konstruktion, diese erreichte Ordnung ist es, die uns auf eine ganz besondere Weise bewegt, auf eine Weise, die nichts gemein hat mit unseren üblichen Empfindungen, mit den Reaktionen, die die Eindrücke des täglichen Lebens hervorrufen«.[46]

Wie passt diese Zurückweisung des Ausdrucksprinzips mit der liebgewonnenen Rubrizierung von Strawinskys *Sacre du printemps* als expressionistischer Komposition zusammen? Tatsächlich weist bereits der *Sacre*, bei aller oberflächlichen Wildheit, die man als das Symptom eines ungehemmten Ausdrucksdrängens auffassen könnte, starke Momente der Distanzierung auf, die dann in Strawinskys neoklassizistischer Phase voll zum Tragen kommen: In seinen Werken der 1920er- und 1930er-Jahre, in denen die Kompositionstechnik sich nicht mehr mit einem wild-dissonant grellen, sondern mit teils vertrautem tonalen Material verbindet, wird der intellektuelle Charakter des konstruktiven Zugriffs unverkennbar. Dennoch lassen sich natürlich auch in Strawinskys Musik unterschiedliche Ausdruckswerte wahrnehmen. Schönberg wiederum disziplinierte in den 1920er-Jahren das zuvor ungehemmte Ausdrucksstreben seiner eigenen Musik durch die Methode der Zwölftontechnik – ein Verfahren, das dem Komponieren atonaler Musik neuen formalen Halt verlieh.

Ausdruck und Ordnung stehen mithin schon bei diesen Zentralgestalten der Neuen Musik nicht einseitig für die eine oder andere Position, sondern befinden sich in einer spannungsvollen Wechselbeziehung, die charakteristisch für Neue Musik als Ganzes ist. So entwickelte Olivier Messiaen um die Jahrhundertmitte mit den »nicht umkehrbaren Rhythmen« (Notenbeispiel 2) und den »Modi mit begrenzter Transpositionsmöglichkeit« zwei eigenwillig rationale Anordnungsprinzipien des musikalischen Materials. Gerade durch selbst auferlegte, sich mathematischem Kalkül verdankende Beschränkungen suchte er aber eine Musik zu erfinden, die »edle Empfindungen ausdrücken« kann und »dem Gehörsinn wollüstig verfeinerte Freuden bietet«. Die besondere Ausdruckskraft seiner Musik verdankt sich also – Messiaens eigener Überzeugung zufolge – jenem »Reiz der Unmöglichkeiten«, der mit strenger Befolgung selbst geschaffener Ordnungsprinzipien einhergeht.[47] Und interessanterweise findet strengste Anwendung von Ordnungsprinzipien innerhalb der Ernsten Musik ausgerechnet dort statt, wo diese den größten Zuspruch von Seiten eines auch populärmusikalisch sozialisierten Publikums erreicht, nämlich im Umfeld der Minimal Music. Die Komposition *Fratres* von Arvo Pärt (erstmals 1977 für Kammerensemble und seither in Bearbeitungen für unterschiedliche Klangkörper) suggeriert klösterlich-meditative Versenkung durch modale Melodik, durch behutsames formales Voranschreiten auf der Basis von Cantus-firmus-Variation und nicht zuletzt durch den lateinischen, eine Ordensgemeinschaft suggerierenden Titel; kompositionstechnisch aber läuft das Werk nach einem denkbar rigiden, dabei analytisch leicht durchschaubaren Algorithmus ab.

Zu wirklichen Antipoden wurden Ordnung und Ausdruck im dritten Viertel des 20. Jahrhunderts stilisiert. Messiaens Schüler Pierre Boulez verfolgte um 1950 die Idee, Musik von pathetischen Formeln endgültig zu reinigen, die noch aus dem romantischen 19. Jahrhundert herrührten; sein Weg, dies zu erreichen, war eine Höchstdosis an rationaler Ordnung, die in der Seriellen Musik, die an sein Beispiel anknüpfte, stilbildend wurde. Je mehr Aspekte einer Komposition rational geordnet und automatisierten Ordnungsprinzipien unterworfen waren – so der Gedankengang –, desto weniger sei das entstehende Werk abhängig von Vorprägungen seines Schöpfers durch die Konvention. Im Misstrauen gegen das nur vermeintlich eigene, »persönliche« Vermögen, zu erfinden und auszudrücken, wandte sich Boulez dem ordnenden Algorithmus zu. Über die Komposition der vielbeachteten *Structure Ia* für zwei Klaviere (1951) sagte er später, er habe »eine Erfahrung machen [wollen], die vom ›Nullpunkt der Schreibweise‹ ausgeht«. Insbesondere sei es ihm darum gegangen, zu erkunden, »bis wohin der Automatismus der musikalischen Beziehungen führen kann, ohne daß die persönliche Erfindung anders eingreift als durch bestimmte,

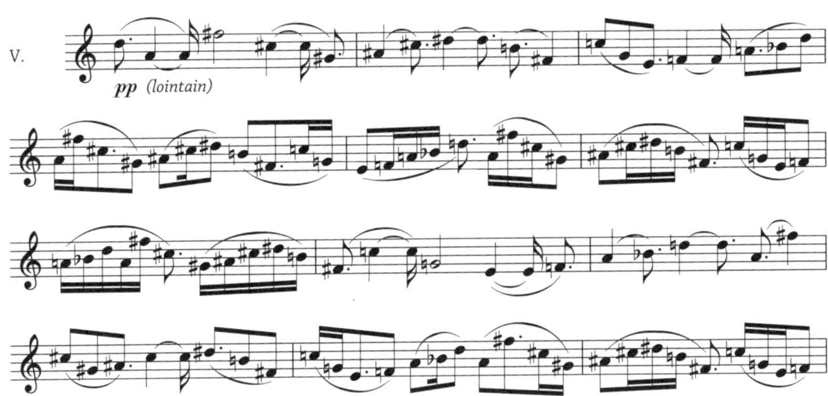

Notenbeispiel 2: Olivier Messiaen, *Quatuor pour la fin du temps* (1941), 6. Satz, T. 26–37, Violinstimme. Jeder der zwölf hier abgebildeten, unterschiedlich langen Takte enthält einen »nicht umkehrbaren Rhythmus«: Die Dauernwerte sind um die jeweilige Taktmitte herum spiegelbildlich angeordnet. Außerdem sind hier, wie in der isorhythmischen Motette des Mittelalters, die Folge der Tonqualitäten und diejenige der Dauern in voneinander unabhängige Wiederholungszyklen eingebunden.

sehr elementare Grade der Anordnung, Anordnungen der Dichte zum Beispiel. [...] Für mich war das ein Versuch mit dem Zweifel [...]: ich wollte alles in Frage stellen, tabula rasa machen mit dem Erbe und beim Nullpunkt wieder beginnen, um zu sehen, wie man von einem Phänomen aus, das außerhalb der eigenen Erfindung liegt, erneut zu einer Schreibweise kommen könne«.[48]

Das serielle Programm, über die Intensivierung von Ordnungsprinzipien die ererbten Ausdruckskonventionen auszuschalten, dominierte den Diskurs der Neuen Musik für einige Jahre und definierte den avantgardistischen Hauptstrom Westeuropas. Selbst Ligetis Klavieretüde *Désordre* (1985), die klanglich und im Titel die Unordnung beschwört, ist von vorne bis hinten das Ergebnis streng ordnender Kompositionsverfahren (und wurde sicher auch deswegen Boulez gewidmet). Um die Mitte der 1970er-Jahre forderte demgegenüber eine neue Generation von Komponierenden das Recht zur Wiedereinführung des Ausdruckshaften ein. Beispielhaft sei Wolfgang Rihm genannt, der über technische Details seines Komponierens weitgehend schwieg und dafür Aussagen veröffentlichte wie: »Ich will bewegen und bewegt sein. Alles an Musik ist pathetisch.«[49]

Bei alldem bleibt Ausdruckshaftigkeit letztlich eine bloße Zuschreibung: Ob eine als ausdrucksvoll bezeichnete Musik tatsächlich als solche empfunden wird oder nicht, hängt von der individuellen Hörerfahrung so sehr ab wie von Sensibilität und Geschmack. Auch Ordnung drängt sich zwar beim Hören nicht immer unmittelbar auf: Die für eine Zwölftonkomposition typische Ordnung der Tonqualitäten zu Reihenformen und -fäden etwa ist weder durchhörbar, noch hatte Schönberg selbst, als der Erfinder dieser Technik, es auf die Erkenntnis solcher Details durch die Hörer:innen abgesehen. Im Gegensatz zur Ausdruckshaftigkeit kann die Geordnetheit von Musik jedoch prinzipiell über Partituranalyse nachgewiesen werden. Ein Werk, das dieses Paradigma bediente, hatte es über weite Strecken des 20. Jahrhunderts leichter, zum Diskursgegenstand der Musikwissenschaft zu werden, vor allem auf der westlichen Seite des Eisernen Vorhangs.

In den populären Genres werden derartig ordnende Verfahren kaum zur Schau gestellt oder als Wertkriterium diskutiert, da dort das Primat des Ausdrucks unangefochten zu regieren scheint. Vokale und instrumentale Performanz wird im Jazz- wie im Rockdiskurs gemeinhin dann besonders geschätzt, wenn ihr eine persönlich individualisierte Ausdrucksqualität beigemessen werden kann. Der Rocksänger Joe Cocker etwa fiel nicht nur durch seine »expressive« raue Stimme auf, sondern auch durch seine ungewöhnlichen, ruckartig erscheinenden Bewegungen auf der Bühne, die auf gespannte innere Beteiligung schließen ließen. Auf dem Jazzalbum *Kind of Blue* von Miles Davis (1959) beruht der Reiz, mit John Coltrane und Cannonball Adderley gleich zwei Saxophonisten einander in Soli gegenüberzustellen, auf den charakteristischen gegensätzlichen Ausdrucksqualitäten der Solisten: eher dunkel-abgründig der eine, eher spielerisch-leicht der andere. Im Untergrund aber garantieren verbindliche Ordnungsprinzipien – angefangen bei den standardisierten Songformen der populären Musik, die auch die Jazzinterpretationen durchziehen – ein Grundmaß an Rationalität, das im Diskurs meist zu selbstverständlich scheint, um darüber zu diskutieren. Dies gilt selbst für einen Stil wie den Free Jazz, der sich das Prinzip der Kollektivimprovisation unter weitgehender Befreiung von Songformen und harmonischen Progressionen auf die Fahnen schreibt: Auch hier – jedenfalls im stilbildenden Album *Free Jazz* von Ornette Coleman (1961) – wirken ordnungsstiftende Selbstverständlichkeiten fort, wie der Shuffle-Rhythmus der Schlagzeuger und der Walking Bass der Kontrabassisten, ja sogar die Dominanz des Leaders Coleman gegenüber den Improvisationen der anderen sieben Bandmitglieder. Sein Solo umfasst mehr als ein Viertel der Aufnahmedauer.

Schließlich existieren auch in populären Genres Trends, die sich dem Primat des Ausdrucks ganz entziehen. An dessen Stelle tritt dann bisweilen eine Distanzierung, die den Brückenschlag zu Ordnungsbegriffen der akademischen Kunstmusik, besonders des Minimalismus, rechtfertigt. Bestimmte elektronische Varianten der populären Musik, von der Band Kraftwerk (*Trans Europa Express*, 1977) bis hin zu den Spielarten des Techno (Daft Punk, *Around the World*,

1997), machen nicht nur Gebrauch von mechanisiertem, »roboterhaftem« und damit entpersönlichtem Stimmklang, sondern arbeiten formal mit Loops und deren – an industrielle Verfahren erinnernder – vielfacher Aneinanderreihung. Formal etwa so aufregend wie das Aktenmagazin eines Finanzamtes, bietet diese Musik gerade aufgrund der Abwesenheit persönlichen Ausdrucks und gerade aufgrund der wohlgeordneten Verlässlichkeit der Beats und Loops den Tanzenden Raum für eine andere Art des Ausdrucks, nämlich den des eigenen Körpers durch Bewegung.

Wo man ihr begegnet: Musikleben

Traditionelle und sezessionistische Orte

Auffallend ist, wie wenig sich die institutionellen Strukturen auf dem Gebiet der notierten Musik und ihrer Interpretation während der letzten 100 Jahre verändert haben. Ihre Ausbildung erhalten Komponist:innen und Interpret:innen 2023 wie 1923 an Konservatorien und Musikhochschulen, ihre Darbietungen finden in Konzert- und Opernhäusern statt. Auch die Beschäftigungsmöglichkeiten für Musiker:innen haben sich kaum verändert: Den verhältnismäßig wenigen festen Stellen in den Ensembles der Konzert- und Opernhäuser steht eine große freie Szene von Ensembles und Einzelmusiker:innen gegenüber, die von fallweisen Engagements leben. Für viele von ihnen ist der Berufsalltag durch Lehrtätigkeit mitgeprägt. Dies alles ist heute im Wesentlichen so wie schon vor 100 Jahren.

Die bedeutenden institutionellen Wandlungen des 20. Jahrhunderts fanden unmittelbar nach dem Ende des Ersten Weltkriegs statt; sie markieren zum Teil deutliche Zäsuren gegenüber der vorangegangenen Periode. Nicht allein-, aber mitentscheidend war dabei in Ländern wie Deutschland der Zerfall der Monarchie und die Errichtung demokratischer Strukturen. Unter den Musikinstitutionen waren etwa die ehemaligen Hoftheater betroffen, die nun in staatliche oder städtische Verwaltung übergingen. Damit strebte eine Entwicklung ihrer Vollendung zu, die sich bereits im späten 19. Jahrhundert abgezeichnet hatte, als zunehmend ehemals private Theaterunternehmen, die sich im Kulturleben der jeweiligen Stadt bewährt hatten, von den Kommunen als eigene, finanziell langfristig gesicherte Stadttheater übernommen wurden. Nicht nur das kulturelle Leben im Ganzen, sondern auch die Versorgung der Musiker:innen profitierte von dieser Entwicklung.

Unter den – im Vergleich zu solchen einst privatwirtschaftlichen Unternehmungen deutlich hochrangigeren – Musikinstitutionen, die bis 1918 der Krone angehörten und nun in neue Trägerschaft überführt werden mussten, war auch die Königliche Akademische Hochschule für ausübende Tonkunst in Berlin, die 1918 zur Staatlichen Akademischen Hochschule für Musik wurde und damit das Signal setzte für die Übernahme weiterer – ursprünglich privat geführter – Konservatorien in die Verantwortung des Staates. Im Jahr 2023 gibt es 24 staatliche Musikhochschulen in Deutschland, daneben – als vorberufliche Bildungseinrichtungen vor allem für Kinder und Jugendliche – über 900 Musikschulen, die vorwiegend von der öffentlichen Hand finanziert werden und sich als gemeinnützig, ohne Gewinnorientierung, verstehen. Auch diese Institutionen können sich auf eine erste Gründungswelle in den 1920er-Jahren berufen.

Schließlich lassen sich auch die mannigfaltigen, meist auf einzelne Städte und Regionen fokussierten Vereinigungen zur Förderung zeitgenössischer Musik ideell auf die Jahre unmittelbar nach 1918 zurückführen. Auch hierfür gab es in den Jahrzehnten zuvor Vorläufer, wie die »Neuheiten«- oder »Novitätenkonzerte«, die innerhalb eines normalen Konzertabonnements – als Ausnahmefälle markiert – einmal einen ganzen Abend mit noch unbekannter Musik füllten. Ein früher Versuch, diesem Prinzip eine institutionelle Grundlage zu geben, war der von Arnold Schönberg gleich im November 1918 ins Leben gerufene Wiener Verein für musikalische Privataufführungen, der konsequent Neue Musik in Interpretationen höchster Qualität auf seine Programme setzte, dabei nur Mitgliedern offen stand und aus Misstrauen gegen die Konventionen des öffentlichen Musiklebens sowohl Beifalls- wie Missfallenskundgebungen als auch Presseberichterstattung ausschloss. Dem Schönberg-Verein folgten in den 1920er-Jahren zahlreiche, in ihren Regeln weniger rigide Initiativen in anderen Städten Mitteleuropas; gemeinsam war ihnen die Unzufriedenheit mit der geringen Verbreitung neuer Tonkunst in den traditionellen Institutionen der Konzert- und Opernhäuser. Derartige von bürgerschaftlichem Engagement getragene Vereine gestalteten »sezessionistische«, vom Hauptstrom abgekoppelte Konzertreihen – ein institutionelles Vorgehen, das vielerorts bis heute zu beobachten ist, zum Beispiel in Gestalt von lokalen Gesellschaften für Neue Musik, die sich als Ableger der 1922 gegründeten Internationalen Gesellschaft für Neue Musik (IGNM) verstehen.

Das Aufblühen sezessionistischer Konzerte im 20. Jahrhundert wirft Licht auf eine besondere Problematik der Rezeption Neuer Musik. Im Gegensatz zu anderen Kunstformen wie Malerei oder Belletristik, die im 20. Jahrhundert ebenfalls eingeschliffene Traditionen infrage stellten, setzt Musik in ihrer »ernsten« Variante die Bereitschaft ihrer Rezipienten voraus, still und ohne Murren für die Dauer des jeweiligen Stückes auf einem zugewiesenen Sitzplatz zu verharren und die Aufführung auch dann nicht zu stören, wenn die Musik als zu lang, zu laut oder in anderer Hinsicht misslungen empfunden wird. Am unakzeptablen Gemälde im Museum darf man laut schnaubend vorbeigehen, den unakzeptablen Roman wütend zu Boden schmeißen – dem unakzeptablen Musikstück im Konzertsaal ist man dagegen für mehr oder weniger lange Zeiträume auf Gedeih und Verderb ausgeliefert. Würde man seinen Impulsen folgen und während der Aufführung einer stark »nervenden« Komposition seinem Missfallen lautstark Luft machen, so störte man unweigerlich das künstlerische Resultat, von dem man annimmt, dass es von allen an der Aufführung Beteiligten in liebe- und mühevoller Arbeit hergestellt worden ist.

»Der Komponist stiehlt ein kleines Stück von der Lebenszeit jedes Hörenden«, notierte etwa Tristan Murail, einer der Begründer der sogenannten Spektralmusik, in den 1990er-Jahren. »Ist dies der Grund dafür, dass zeitgenössische Musik deutlich weniger populär ist als die Bildende Kunst der Gegenwart, die sicher nicht leichter zu verstehen ist als Neue Musik?«[50] Während manche – wie Murail – aus derartigen Erkenntnissen eine besonders hohe Verantwortung der Kompositionskunst gegenüber dem Zeitopfer ihres Publikums ableiteten, folgerten andere die Notwendigkeit grundlegender Reformen des Musiklebens. Die Erfindung des sezessionistischen Konzerts löste das Problem derjenigen Hörenden, die sich partout Neuer Musik entziehen wollen, und befriedigte gleichzeitig das Bedürfnis der Akteure und Akteurinnen Neuer Musik, nur noch Gleichgesinnte anzuziehen und die Aufführungen damit vor Störungen aus dem Auditorium zu schützen. Dies alles aber hatte den Preis, dass die städtischen Konzertreihen ihrem Abonnementpublikum mit fortschreitendem Verlauf des 20. Jahrhunderts zusehends weniger Herausforderndes zumuteten und dass sich die Neue-Musik-Szene dem Zustand eines widerspruchsfreien Raumes annäherte.

Als Varianten der sezessionistischen Konzerte entstanden ebenfalls in den Jahren nach 1918 spezielle der Neuen Musik gewidmete Festivals. 1923 fand in Salzburg das erste Musikfest der IGNM statt – bis heute erlebt es jährlich Neuausgaben in wechselnden Städten und Regionen der Welt. Häufiger sind solche Festivals, die sich fest an bestimmte Orte knüpfen: Die Donaueschinger Musiktage etwa, die heute maßgeblich vom Südwestrundfunk betreut werden, verwandeln den beschaulichen Schwarzwaldort jedes Jahr im Oktober in ein international ausstrahlendes Zentrum für zeitgenössische Musik. Die Geschichte dieses Festivals beginnt im Jahr 1921, als die Privatschatulle des Fürsten Max Egon II. zu Fürstenberg das Projekt der bürgerlichen Gesellschaft der Musikfreunde in Donaueschingen ermöglichte, in dieser Stadt Kammermusiktage »zur Förderung der zeitgenössischen Tonkunst« durchzuführen. Sieht man die Geschichte der Donaueschinger Musiktage seit 1921, ungeachtet der institutionell instabilen Jahre zwischen 1926 und 1950, als Einheit, dann führt dieses Festival beispielhaft vor Augen, wie im Verlauf des 20. Jahrhunderts die einstmals übliche Adelspatronage für zeitgenössische Komponisten sukzessive durch die Förderung der öffentlichen Hand abgelöst wurde. Davon, dass staatliche Fürsorge – so traumhaft sie sich aus Künstlerperspektive manchmal darzustellen scheint – albtraumhafte Züge annehmen kann, wenn sich ihr eine Ideologie beimengt, war bereits die Rede. In den USA hält sich die öffentliche Hand deutlich stärker aus der Förderung experimenteller Kunstmusik heraus und überlässt diese stärker den Gesetzen des »Musikmarkts« und des privaten Sponsorings.

Im Gegensatz zu den hier beschriebenen Verhältnissen in der akademischen Komposition haben Musiker:innen, die in populären Genres aktiv sind, kaum Anspruch auf öffentliche Förderung. Ist ihre Musik nicht im wirtschaftlichen Sinne erfolgreich, können sie allein mit ihr nicht überleben. Im U-Bereich ist die Verdienstspanne besonders weit ausgeprägt. Während das Vermögen des »King of Pop« Michael Jackson im Jahr seines Todes 2009 auf eine Milliarde US-Dollar geschätzt wurde, starb Billie Holiday, die auf ihrem Gebiet, dem Jazzgesang, ebenso legendär war und bleibt, 1959 völlig verarmt. Dass sich im Popbereich Millionenvermögen machen lassen, wurde durch das enorme Wachstum der Unterhaltungsindustrie im 20. Jahrhundert möglich: Konzert- und Festivalveranstalter, Tonträgerkonzerne und weitere Medienunternehmen wie Rundfunk- und Fernsehsender, Filmproduktionsgesellschaften, Zeitschriften usw. verdienen daran, dass sie die Musik einem weiten Publikum zugänglich machen: eine Verflechtung zwischen Musik und Wirtschaft, die im besten Falle nicht nur den Künstler:innen dient, sondern auch der Kunst – und im schlimmsten Falle keinem von beiden.

Diese Verflechtung wird besonders deutlich an demjenigen institutionellen Typus, der in etlichen Jazz-, aber auch in vielen Rock-Karrieren am Anfang steht: dem Club. Ursprünglich nichts weiter als eine auch noch tief in die Nacht hinein geöffnete kleinere Gaststätte, wurden manche Clubs in US-amerikanischen Großstädten zu Hot Spots der Jazzszene. Während zeitgleich auch in Europa kleine Bühnen am Beginn der 1920er-Jahre dafür genutzt wurden, Veranstaltungen engagierter Vereine zur Neuen Musik durchzuführen, musste ein Club, der in den USA als Jazz-Podium fungierte, sich finanziell selbst tragen. Sein Fortbestehen war davon abhängig, wieviel Getränke und Speisen pro Abend konsumiert wurden. Waren die beschäftigten Musiker gut, diente das auch dem Schankgeschäft: Die Gäste blieben länger und konsumierten mehr, zum Vorteil des Clubs. Im Gegenzug konnten Musiker:innen, die in einem beliebten Club engagiert waren, darauf hoffen, dass sie ein besonders zahlreiches (und zahlungskräftiges) Publikum erreichten.

Besonders seit den 1940er-Jahren war der Jazzclub, im Einklang mit dem Fortgang der stilgeschichtlichen Entwicklung, kaum noch ein Ort, an dem man Musik nur nebenbei hörte, sondern mitunter ein kreatives Zentrum, an dem Musiker:innen nicht nur auf der Bühne standen, sondern auch im Publikum die Mehrheit darstellen konnten. Die für beide Seiten gewinnbringende Identifikation reichte soweit, dass Ensembles bei ihren Schallplattenveröffentlichungen den Club im Namen führten (Duke Ellington and His Cotton Club Orchestra, Fletcher Henderson's Connie's Inn Orchestra, Minton's House Band usw.).

Für die Entwicklung der Rockmusik sind Clubs ebenso bedeutsam – kaum zu überschätzen sind die Rollen, die der Liverpooler Cavern Club und der Hamburger Star Club in den Jahren 1960 bis 1962 für die Entwicklung der Beatles spielten. Die Band trat dort nicht nur gelegentlich, sondern über Wochen und Monate hinweg regelmäßig auf, entwickelte dabei ihren Live-Stil und gewann eine erste eingeschworene Fangemeinde, wodurch wiederum letztlich die Tonträgerindustrie auf sie aufmerksam wurde. Für die US-amerikanische Punkszene war der Club CBGB in Manhattan um 1980 das unangefochtene Zentrum, und gleiches – wenn auch in kleinerem Maßstab – gilt für den deutschen Punk und den Ratinger Hof in Düsseldorf. In all diesen Fällen aber geht es um Anfänge: Das Spielen im Club ist der mythische Moment der Bewährung am Beginn einer Rock- oder Jazzkarriere; stellt Erfolg sich erst ein, ist jeder Club zu klein. Am anderen Ende der Aufführungsorte stehen Sportstadien mit einer Kapazität von 50 000 und mehr Zuhörer:innen. Wer diese Orte mit Publikum füllt, ist fraglos äußerst populär, verspürt aber möglicherweise spätestens beim Verfassen seiner Memoiren den Drang, den Verlust der inspirierend intimen Atmosphäre eines Clubs als schwere künstlerische Einbuße zu beklagen. Derartige Diskrepanzen werden auch immer wieder von Seiten der Zuhörer:innen kritisiert; so stützte sich der revolutionäre Impetus der Punkbewegung um 1977 darauf, dass im Jahrzehnt zuvor die Distanz zwischen den berühmtesten Bands und dem Publikum nicht nur in künstlerischer, sondern auch in räumlicher Hinsicht immer größer geworden war.

Eine Möglichkeit, diesem Verlust der Nähe zumindest in Teilen entgegenzuwirken, hat indes auch für den populären Bereich die Institution des Festivals gebracht. An Festivalorten wie New Orleans (»Jazz & Heritage«-Festival seit 1970, 650 000 Besucher im Jahr 2001) oder dem norddeutschen Wacken (Heavy-Metal-Festival seit 1990, vor der Pandemie zuletzt über 80 000 Besucher) sind die Grenzen zwischen Musiker:innen und Fans zwar immer noch nahezu unüberwindbar, dafür aber schafft das mehrtägige Verweilen am selben Ort eine Gemeinschaft unter Teilen der Besucherschaft, wie sie ein herkömmliches Konzert nicht bieten kann.

Trägermedien: Label und Verlage

Neben den Bühnen – und in Internet-Zeiten virtuellen Bühnen wie YouTube oder eigenen Homepages – ist die wohl wichtigste Vermittlungsinstanz für Musiker:innen populärer Genres das Label, das Tonträgerunternehmen, mit dem für gewöhnlich mittel- bis langfristige Verträge abgeschlossen werden. Musikgeschichtlich gesehen kam einzelnen dieser Labels entscheidende Bedeutung für stilistische Auf- und Umbrüche zu: Für die Entstehung des Rock'n' Roll in den 1950er-Jahren etwa spielten Chess Records in Chicago oder Sun Records in Memphis eine herausragende Rolle; für den Soul waren es in den 1960er-Jahren Atlantic in New York und Stax in Memphis. Labels sind so unterschiedlich wie die hinter ihnen stehenden verantwortlichen Personen; entsprechend verkörpern sie auch die unterschiedlichsten Abmischungen von kommerziellen und künstlerischen Interessen, zu denen sich wiederum die unter Vertrag genommenen Persönlichkeiten verhalten müssen. Manche künstlerische Biographie legt davon Zeugnis ab, etwa die von Miles Davis: »Aufgrund des zurückgegangenen Plattenverkaufs«, so formuliert es Franz Kerschbaumer, »riet ihm seine Schallplattenfirma ›Columbia‹, den Stil seiner Musik zu ändern, um einen größeren Publikumskreis anzusprechen. Das gute Verhältnis zu ›Columbia‹, sowie wirtschaftliche und soziale Aspekte veranlaßten Davis schließlich, nicht die Plattenfirma zu wechseln, sondern deren publikumswirksame Tendenzen in sein *sich ständig änderndes musikalisches Konzept* miteinzubeziehen«.[51] Das Beispiel, das sich auf die Jahre 1968 bis 1970 bezieht, zeigt, dass auch längst anerkannte Größen ihres Fachs nicht vor dem Versuch einer Einflussnahme aus wirtschaftlichen Interessen sicher sind, und umgekehrt, dass zumindest in diesem Fall eine gewisse Bereitschaft bestand, aus Einsicht in derlei Zusammenhänge das eigene künstlerische Konzept zu modifizieren. Der Modifikationsprozess führte in diesem Fall zu Alben wie *Bitches Brew* (1970), die den Jazz mit Elementen des Rock anreicherten und so ein eigenes Genre – Jazzrock oder Fusion – begründeten.

Die Größenunterschiede zwischen Labels sind enorm. Während beispielsweise das US-amerikanische Sony Music Entertainment durch die sukzessive Vereinigung mehrerer Labels (unter anderem den genannten Columbia Records) zu einem Konzern mit 8500 Beschäftigten (2019) angewachsen ist, existieren etliche unabhängige kleinere Label als Ein-Personen-Unternehmen, wie beispielsweise Monika Enterprise in Berlin. Der Begriff des »Independent Label« (im Gegensatz zum »Major Label«) ist seit den 1950er-Jahren im Musikdiskurs verbreitet und zeigt zunächst nicht viel mehr an als die wirtschaftliche Unabhängigkeit von Großunternehmen. Nachdem in den 1980er-Jahren englische Musikzeitschriften dazu übergingen, gesonderte Charts (Verkaufsranglisten) für die Schallplatten unabhängiger Labels zu veröffentlichen (Independent Charts), wurde der Begriff zunehmend so gebraucht, als meine er einen musikalischen Stil. Die positiv konnotierte Vokabel »independent« birgt Assoziationen von Romantik, kreativem Künstlertum und nicht zuletzt Authentizität und Integrität. Mit einem Independent Label einen Millionenerfolg zu erzielen, ist unwahrscheinlich, die Chancen aber, die eigene künstlerische Idee zu verwirklichen, sind dort mitunter besser als bei den Major Labels.

Im Bereich der Ernsten Musik ist das Label in der Regel der Ansprechpartner der Interpret:innen, während derjenige der Komponierenden das Verlagshaus ist. Als Urheber einer Tonaufnahme werden nicht die Komponierenden aufgefasst, sondern die Solist:innen und Ensembles, die das Werk interpretieren. Für Komponist:innen ist es natürlich in höchstem Maße wünschenswert, die eigenen Werke auf Tonträger aufgenommen zu sehen; letztlich aber ist dies eine Entscheidung der Interpret:innen in Abstimmung mit dem jeweiligen Label. Ausnahmen sind vor allem Porträt-CDs, auf denen zum Teil Aufnahmen unterschiedlicher Interpret:innen vereinigt werden, um so das Œuvre einer bestimmten Komponist:innenpersönlichkeit gattungsübergreifend zu präsentieren. Mit solchen Porträt-CDs ist etwa das 1962 gegründete Label Wergo hervorgetreten. Auch hier sind Idealismus und wirtschaftliche Strategien miteinander verflochten: Nachdem der Verlag Schott das Label 1970 übernahm, wurden dort die eigenen Hauskomponist:innen verstärkt für Porträt-CDs berücksichtigt. Allerdings bleibt Wergo offen auch für Komponierende anderer Verlagshäuser, was dem Label wiederum ermöglicht, auf öffentliche Förderung zurückzugreifen, etwa durch den Deutschen Musikrat.

Damit wird die nach wie vor bedeutende Rolle deutlich, die Verlage für die Verbreitung zeitgenössischer E-Musik spielen. Auch auf diesem Gebiet des Notendrucks und -vertriebs sind die Verhältnisse stabil: Die meisten der großen heute auf dem Gebiet der zeitgenössischen Musik tätigen Verlage waren bereits um 1920 aktiv (B. Schott's Söhne, heute Schott Music, Breitkopf & Härtel, Boosey & Company, heute Boosey & Hawkes, C. F. Peters, Ricordi und Universal Edition) oder wurden bald danach gegründet (Bärenreiter, 1923). Alle diese Verlage finanzieren ihr – wirtschaftlich meist riskantes – Eintreten für Neue Musik durch verhältnismäßig sichere Einnahmen, die sie auf anderen Gebieten erwirtschaften, etwa durch Neuausgaben des klassisch-romantischen Kernrepertoires oder durch pädagogische Literatur. Daneben existieren aber auch – den Independent Labels vergleichbar – sehr viel kleinere Verlage, die einen ausgesprochenen Schwerpunkt auf zeitgenössische, den Idealen der Avantgarde verpflichtete Komponierende legen und die teilweise auch von Komponierenden gegründet wurden, wie der Thuermchen Verlag oder die Edition Juliane Klein.

In besonderen Fällen wurden Verlage auch ins Leben gerufen, um nur Werke eines einzelnen Komponisten zu vertreiben (Stockhausen Verlag).

Elektronische Medien: Rundfunk, Fernsehen, Internet

Wie der umwälzende Fortschrittsdrang des 20. Jahrhunderts auch das Musikleben veränderte, lässt sich am besten an drei Vermittlungsformen beobachten, die sich gegenüber den bisher erwähnten dadurch auszeichnen, dass sie weder auf räumliche Verbundenheit zwischen Musiker:innen und Musikhörer:innen angewiesen sind noch auf die Herstellung eines tangiblen Trägerobjektes, wie es eine Schallplatte und ein Notendruck darstellen. Rundfunk (am Anfang), Fernsehen (in der Mitte) und Internet (am vorläufigen Ende) punktieren die Epoche als aufsehenerregende medientechnische Neuerungen. Ihre Relevanz für das Musikleben ist von je unterschiedlicher Art.

Die vielleicht wichtigste Leistung des Rundfunks für das Musikleben, Musik auf drahtlosem Weg in Gegenden zu bringen, in denen sie normalerweise nicht erklingen würde, ist bis zum Aufkommen des Internets zu allen Zeiten evident gewesen. Sie ist nicht nur entscheidend für Regionen, die als sogenannte Provinz einen Mangel an professionellen Klangkörpern haben, sondern auch in politischen Krisensituationen. So ranken sich etliche Schilderungen in osteuropäischen Komponist:innenbiographien um das Narrativ, dass in der Zeit des Kalten Krieges irgendein westlicher Radiosender eine faszinierende oder auch verstörende Musik übertrug, die man im heimischen Konzertleben nicht hätte hören können und die nun dem eigenen Schaffen neue Impulse gab. Aber auch abseits von soziologisch wie politisch erschwerten Rezeptionsbedingungen war der Rundfunk als Medium musikalischer Entdeckungen im 20. Jahrhundert von herausragender Bedeutung. Mit Glück, aber auch durch vorausschauendes Studieren von Programmplänen konnte man dort diejenige Musik hören, derer man ansonsten nicht habhaft werden konnte, etwa weil eine Schallplatte längst vergriffen oder eine Notenausgabe nicht erhältlich war. Bis heute geben Sender wie der Westdeutsche Rundfunk (mit der Reihe »Lieblingsstücke« auf WDR 3) ihren Hörenden die Möglichkeit, sich die Programmierung ganz bestimmter Werke zu wünschen. Erst das umfassende Angebot der Streamingdienste im Internet, die seit den 2000er-Jahren einen bequemen Zugriff auf Musik aller Art ermöglichen, ließ diese musikbezogenen Vorzüge des Rundfunks verblassen.

Aus Sicht der Rundfunkstationen ist Musik ein unverzichtbarer Bestandteil des Sendeplans. Konfrontiert mit der Notwendigkeit, täglich anfangs mehrere Stunden, mittlerweile rund um die Uhr Programm zu machen, ist eine planvolle Musikauswahl der Schlüssel zur Hörerbindung. Da Musik die radiophone Kunstform schlechthin darstellt, überbieten sich die Sender mit Konzertübertragungen, Musikfeatures, Musikrätseln, dem Abschreiten von Charts von Platz 20 bis Platz 1 und natürlich »dem besten Mix aus den 70er-, 80er- und 90er-Jahren und den aktuellen Charts«, wie es in zahlreichen Selbstdarstellungen von Radiosendern zu hören war und manchmal noch ist.

Speziell auf dem Sektor der Neuen Musik war der Rundfunk jedoch nicht allein ein immer wichtiger werdendes Distributionsmedium, sondern regte neues künstlerisches Schaffen an. Am Anfang dieser Entwicklung stand bereits in den 1920er-Jahren die Kreation einer eigenen Gattung, der Rundfunkoper, zu der Komponisten wie Paul Hindemith und Kurt Weill (*Der Lindberghflug*, 1929), Luigi Dallapiccola (*Il prigioniero*, 1949) oder Hans Werner Henze (*Das Ende einer Welt*, 1953) Beiträge lieferten. Nach 1945 avancierte der mit einem dezidierten Bildungsauftrag ausgestattete öffentlich-rechtliche Rundfunk in Ländern wie der Bundesrepublik Deutschland zum vielleicht wichtigsten Förderer der Neuen Musik. So gab er Komponierenden die Möglichkeit, in musikalischen Nachtprogrammen das eigene Schaffen vorzustellen, richtete Studios für elektronische Musik ein (Köln 1951, Stockholm 1964, Freiburg 1971), etablierte das Genre der Akustischen Kunst sowie eigene Konzertreihen.

Im Gegensatz dazu war es für Musiker der populären Genres nicht so sehr der öffentlich-rechtliche, sondern besonders der privatrechtliche Rundfunk, der Sendezeit bereitstellte. Private Rundfunksender existierten in den USA seit den 1920er-Jahren, in der Bundesrepublik Deutschland traten sie – wie in den meisten Ländern Mitteleuropas – erst in den 1980er-Jahren als zweiter Institutionstyp neben den öffentlich-rechtlichen Rundfunk (duales Rundfunksystem). Legendärer Vorläufer dieser Entwicklung war der private Sender Radio Luxemburg, der bereits seit den 1930er-Jahren Programme ausstrahlte, die sich speziell in Großbritannien und Deutschland großer Beliebtheit erfreuten. Durch zahlreiche Referenzen in der Popkultur ist die Bedeutung dieses Senders, der auch im sowjetisch dominierten Osteuropa gehört werden konnte, im kollektiven Gedächtnis verankert. Da sich private Sender meist durch Werbeeinnahmen finanzieren, ist das Ausstrahlen jeweils aktueller populärer Hits ein wichtiges Mittel zur Hörerbindung. Flankiert wird aber auch hier das reine Abspielen von Schallplatten mit radiophonen Formen wie dem Interview oder dem selbst veranstalteten und dann übertragenen Konzert oder gar Festival.

Am Medium des Fernsehens, das seinen Siegeszug in den 1950er-Jahren antrat, lassen sich im Wesentlichen ähnliche Beobachtungen anstellen wie beim Rundfunk. Zwar spielt hier, wo das bewegte Bild die hauptsächliche Attraktion ausmacht, Musik eine weniger wichtige Rolle. Gleichwohl besaß und besitzt auch das Fernsehen die Kapazität zur Distribution von Musik aller Genres, die sich hier vornehmlich durch die Übertragung von Konzerten und Musiktheater, durch Dokumentarfilme sowie Gastauftritte von Musiker:innen im Rahmen verschiedenster fernsehtypischer Formate (vom Ratespiel bis zur Talkshow) manifestiert. Komponisten wie Gian Carlo Menotti (*Amahl and the Night Visitors*, 1951), Igor Strawinsky (*The Flood*, 1962) und Benjamin Britten (*Owen Wingrave*, 1971) experimentierten mit dem Genre der »Fernsehoper«. Und schließlich ist auch hier die Erweiterung zum dualen System wirksam geworden, indem ab den 1980er-Jahren in Mitteleuropa – nach US-amerikanischem Vorbild – kommerzielle Sender neben die öffentlich-rechtlichen traten. Im Gegensatz zu den entsprechenden Entwicklungen des Radios hat dieser Schritt im Fernsehen jedoch dazu beigetragen, dass sich die Rezeptionsformen der Rockmusik stark veränderten. Der 1981 gegründete Sender MTV (Music Television) strahlte in seinem 24-Stunden-Programm anfangs nahezu ausschließlich Musikvideos aus – Kurzfilme, die für einen neuen Song dadurch medienwirksam werben, dass sie ihm mehr oder weniger passende bewegte Bilder hinzufügen. Die Gattung des Musikvideos lässt sich auf vereinzelte Vorläufer aus den vorangegangenen Jahrzehnten zurückführen, doch die sprunghaft einsetzende Beliebtheit von MTV und weiteren daran orientierten privaten Fernsehsendern ließ die Bewerbung neuer Songs durch Videos zum Standard werden. Die Rezeption von Rockmusik hat sich durch solche Sendeformate insofern verändert, als eine Assoziation von Song und darauf projiziertem Bewegtbild unausweichlich wurde, wie der Rockkritiker Robert Christgau 1984 diagnostizierte: »And they replace participation with spectatorism on the physical level as well – fans watch raptly instead of dancing or at least boogieing in the aisles.«[52]

Das Internet, das seit der Mitte der 1990er-Jahre für einen immer größeren Nutzer:innenkreis zugänglich und heute für zahlreiche Lebensbereiche geradezu unverzichtbar geworden ist, hat auch die Rezeption von Musik stark verändert. Als gigantischer, zeit- und ortsunabhängiger Speicher, der nahezu alle denkbaren Inhalte aufnehmen kann, bietet es für diesen Bereich insbesondere Noten, Texte, Abbildungen, Audio- und Videoaufnahmen an. Nicht zuletzt nutzen auch Rundfunkstationen und Fernsehsender das Internet in dieser Funktion, indem sie Mediatheken einrichten. Zahllose Noten und Aufnahmen von Musik sind in Sekundenschnelle aufgerufen und heruntergeladen. Neben Seiten, die von den Benutzer:innen selbst unter manchmal unklaren rechtlichen Voraussetzungen dezentral mit Inhalten gefüllt werden – wie das Videoportal YouTube (seit 2005) oder die Notenbibliothek IMSLP (International Music Score Library Project, auch bekannt als Petrucci-Musikbibliothek, seit 2006) – gibt es zentral gesteuerte Angebote wie den Musikstreaming-Dienst Spotify (seit 2006). Die von solchen Anbietern oftmals realisierte Parallelität von kostenpflichtigem und kostenfreiem Zugriff (letzterer mit Werbeunterbrechungen oder mit gedrosselter Geschwindigkeit) sorgt für eine sehr niedrige Einstiegsschwelle.

Wenn Internetseiten und -dienste den Zugang zur Musik auf spektakuläre Weise erweitert haben, so sind doch nicht alle Folgen segensreich. Die Einführung des Musikstreaming verursachte die vorerst letzte der Umsatzkrisen der Tonträgerindustrie, die bereits seit 50 Jahren durch die Einführung neuer, konsumentenfreundlicher Technologien immer wieder Einbußen hatte hinnehmen müssen: Home Taping, das Überspielen von Schallplatten auf Musikkassetten, führte in den 1970er-Jahren zu rückläufigen Verkaufszahlen von Schallplatten; auf die Einführung der CD im Jahre 1982, die der Industrie einen positiven Schub brachte, folgte um die Jahrtausendwende die Möglichkeit der individuellen Bespielung von CD-Rohlingen, die im Gegensatz zur Kassettenbespielung ohne Qualitätseinbußen vonstattenging. Die Umsatzeinbrüche der Industrie trafen unweigerlich auch die Musiker:innen, für die die Publikation von Tonträgern immer weniger einträglich wurde. Auch die Monopolstellung, die Streamingportale einnehmen, wird als problematisch empfunden. Weil sie Spotify vorwarf, durch das Angebot bestimmter Podcasts während der Corona-Pandemie die Verbreitung von Verschwörungstheorien zu begünstigen, zog Joni Mitchell im Januar 2022 ebenso wie ihr Singer-Songwriter-Kollege Neil Young ihre Aufnahmen von dieser Plattform ab.

Musikstreaming erfordert keine Rohlinge wie das Home Taping auf Kassette und CD und liegt damit am Beginn der 2020er-Jahre im Trend der Reduzierung von Objekten: CDs und LPs verschwinden aus den Wohnungen der Menschen ebenso wie (erst auf Videokassetten, dann auf DVDs) gespeicherte Filme und (in Büchern, Zeitschriften und Zeitungen) gespeicherte Texte. Die als Ersatz für die einstigen Trägermedien dienenden Datensätze werden entweder platzsparend auf der eigenen Festplatte abgelegt oder verbleiben gleich in der virtuellen Cloud. Als Folge ist zu befürchten, dass künstlerisch gewollte Zusammenhänge über die Grenzen von Einzelstücken hinaus, wie sie sich zu früheren Zeiten etwa im Rockalbum oder in einer mehrsätzigen Komposition gezeigt haben, in Zukunft tendenziell der Wahrnehmung entzogen bleiben.

Madonna: *Material Girl* (Song und Musikvideo)

Musik von Peter Brown, Text von Peter Brown und Robert Rans • Tonaufnahme: New York, April / Mai 1984, veröffentlicht auf dem Album *Like a Virgin* (Sire Records, 12. November 1984) • Videoaufnahme: Hollywood, 10.–11. Januar 1985, Regie: Mary Lambert; TV-Premiere am 1. Februar 1985

Mit Madonnas *Material Girl* ist auf dem großen Terrain der Rock- und Popmusik der Gegenpol zu der Welt der Singer-Songwriter erreicht, wie Joni Mitchells *Little Green* sie verkörpert. Madonna interpretiert hier keine eigene Komposition und tritt in der Tonaufnahme ausschließlich als Sängerin in Erscheinung, nicht zusätzlich als Instrumentalistin. Weder aus inhaltlicher noch aus poetischer Sicht kann man den Text als besonders kunstvoll bezeichnen: In einfacher Sprache bekundet ein weibliches lyrisches Ich, sich nur mit freigiebigen reichen »boys« sexuell einlassen zu wollen, denn wir alle lebten in einer materialistischen Welt und sie sei eben ein materialistisches Mädchen – so der Wortlaut des Refrains. Vor und zwischen den Refrains erklingen fünf jeweils vierzeilige Strophen, deren erste vier sich inhaltlich kaum voneinander unterscheiden. Die fünfte Strophe hält die Pointe bereit, dass das lyrische Ich inzwischen selbst zu Reichtum gekommen sei, und es nun offenbar die Herren sind, die ihr aus materialistischen Beweggründen den Hof machen.

Auch musikalisch werden Standards abgerufen: Bass und Schlagzeug etablieren in den ersten Takten einen Groove im hohen, aber noch discofreundlichen Tempo von 137 bpm (wie etwa auch Michael Jacksons *Beat it* von 1982 oder Donna Summers *She Works Hard for the Money* von 1983). Im Folgenden prägen achttaktige Perioden die Strophen und den Refrain, der harmonisch eine einfache Kadenz in C-Dur realisiert. In den Strophen wie in dem interpunktierenden Gitarrenriff ist zusätzlich die kleine Septime *b* als Blue Note von Bedeutung. Es dürfte schwerfallen, die Begeisterung, die *Material Girl* 1985 entfachte, allein aus dem »Material« von Musik und Text nachzuvollziehen. Umso leichter erschließt sich diese Faszination aus dem dazugehörigen Video, das damals über MTV und andere Fernsehkanäle verbreitet wurde.

Musikvideos verfolgten damals wie heute unterschiedliche Strategien, um die jeweiligen Künstler:innen ins Bild zu setzen. *Material Girl* folgt einer Formel, die eine inszenierte Aufführung des jeweiligen Songs (die performative Ebene) mit einer davon prinzipiell unabhängigen kleinen Geschichte (der narrativen Ebene) verbindet. Dass die Regisseurin Mary Lambert Madonna hier auf beiden Ebenen agieren lässt und diese miteinander verschachtelt, ist nicht die Norm, denn in anderen Exemplaren dieses Subgenres beschränkt sich die Präsenz der jeweiligen Musiker ganz auf die performative Ebene. In *TV Dinners* (1983) erscheint die Band ZZ Top nur auf Fernsehbildschirmen (performative Ebene), die wiederum ein junger Mann betrachtet, der im Verlauf des Videos bemerkt, dass sich ein Alien im Raum befindet (narrative Ebene). Und Billy Idols *Cradle of Love* (1990) präsentiert den Sänger ausschließlich auf animierten Plakaten an der Wand eines Wohnzimmers, in dem eine Verführungsszene stattfindet.

Die Verschachtelung der narrativen und performativen Ebenen wird im *Material-Girl*-Video durch zeitliche, räumliche und personelle Kontinuität zwischen beiden hergestellt. Als Setting dient das Filmstudio, in dem gerade das Video zu *Material Girl* gedreht wird; Madonna agiert sowohl als Sängerin und Tänzerin im »entstehenden« Musikvideo wie auch als Protagonistin einer kleinen Liebesgeschichte, die sich am Rande des Videodrehs entspinnt. Wenn sich bei Musikvideos grundsätzlich die Frage stellt, inwiefern man die jeweils im Bild gezeigte Figur mit der Persönlichkeit, von der der Song stammt, identifizieren darf, so ist die Situation im *Material-Girl*-Video besonders komplex, da dieses zwei unterschiedliche filmische Projektionen der Künstlerin Madonna enthält. Um der Schwierigkeiten Herr zu werden, empfiehlt sich eine möglichst deutliche Trennung der Identitäten durch die Verwendung von Platzhalter-Siglen: Die reale Person Madonna, mit bürgerlichem Namen Madonna Louise Ciccone, spielt im Video eine Sängerin (nennen wir sie M1), die unmittelbar den realen Popstar Madonna assoziieren lässt, aber natürlich – als Protagonistin einer fiktiven Geschichte – nicht mit ihm identisch ist. Wir erleben also nicht Madonna, sondern M1, wie sie sich in der Garderobe des Filmstudios auf das Shooting einer revueartigen Tanz- und Gesangsnummer vorbereitet. Dieses »entstehende« Video wiederum spitzt die Kunstfigur M1 nochmals auf das im Songtext angesprochene Klischee des »Material Girl« (M2) zu. Weder sind M1 und M2 miteinander identisch, noch eine von beiden mit der empirischen Person Madonna Louise Ciccone.

Die Revue-Szenerie auf der performativen Ebene spielt überdeutlich auf eine andere berühmt gewordene verfilmte Musik an: jene Szene des Spielfilms *Gentlemen Prefer Blondes* (*Blondinen bevorzugt*, 1953, Regie: Howard Hawks), in der Marilyn Monroe den Song *Diamonds Are a Girl's Best Friends* singt und tanzt. Peinlich genau kopiert das Madonna-Video das Bühnenbild aus roten Revuetreppen, das Tanzensemble aus 20 Herren in Frack und rot-weiß-roten Schärpen, die der weiblichen Hauptfigur mit Herzen aus rotem Karton symbolisch ihre Liebe erklären. Die Dame, selbst im pinken Kleid durch die Scharen ihrer Verehrer wirbelnd, akzeptiert jedoch keine Kartonherzen, sondern verlangt Juwelen, die sie während der Nummer reichlich einsammeln kann. Am Ende der Filmszene wie des Videos greifen die bis dahin nur tanzend agierenden Herren auch singend ins Geschehen ein. Die bis ins Detail gehenden Parallelen wurden von der Kritik umgehend bemerkt und die Parallele Madonna/Monroe gerne aufgegriffen.

Auf der narrativen Ebene relativiert das Musikvideo demgegenüber die Identifikation Madonnas mit dem Zerrbild des blonden, in Liebesbeziehungen nur den finanziellen Vorteil suchenden Vamps. Der Anteil narrativer Szenen beläuft sich nur auf 40 Prozent des gesamten Videos und liegt damit bei unter zwei Minuten, in denen die Handlung in sehr gedrängter, vielfach nur angedeuteter Form vermittelt werden muss. In einer noch nicht von Musik unterlegten Introduktion zum Video unterhalten sich im Vorführraum des Filmstudios ein Produzent oder Studiochef (P) und sein Assistent. Die beiden betrachten Ausschnitte aus dem entstehenden Videomaterial von M2, von deren Ausstrahlung P fasziniert ist. In diesem Moment setzt das 16-taktige instrumentale Intro des Songs ein, zu dem auf der Bildebene das Folgende passiert: M2 verwandelt sich am Ende des Shootings, aber noch im Kostüm, wieder in M1 und nimmt zurückhaltend das Geschenk des Regisseurs in Empfang, der sie ebenfalls umwirbt. Von ihrer Garderobe aus telefoniert sie mit einer Freundin, berichtet ihr vom Annäherungsversuch des Regisseurs und gibt dabei zu erkennen, dass wertvolle Geschenke sie nicht beeindrucken. Das hört der im Gang verborgene P mit an, der eben im Begriff war, ihr selbst ein teures Präsent zu überreichen. Dieses wirft er nun kurzerhand in einen Papierkorb – offenbar, so muss man schließen, ist dieser Mann reich.

Während sich nun auf der performativen Ebene die Szenen der Revuenummer aneinanderreihen, M2 durch Bewunderer und geschenkte Juwelen schwebt und dabei die Männer stets dominiert, geht M1 auf der narrativen Ebene scheinbar einem cleveren Plan von P auf den Leim, der ihr Herz gewinnt, indem er vorgibt, ein armer Schlucker zu sein. Mit einem schicken roten Sportwagen war M1 morgens vom Regisseur zum Set gefahren worden; abends wird sie das Studio in einem zerbeulten Pick-up verlassen, den P auf die Schnelle gebraucht kauft, um den Schein des Einfachen zu wahren. Diese Wendung erinnert an einen anderen Monroe-Film, *How to Marry a Millionaire* (*Wie angelt man sich einen Millionär*, 1953, Regie: Jean Negulesco), und von ferne an Hans Christian Andersens Märchen vom Schweinehirten – allerdings ohne dessen negativen Ausgang für die Protagonistin M1, die sich am Ende den reichsten Mann weit und breit angelt. Ihr wissendes Lächeln, als sie in P's Pick-up einsteigt, lässt annehmen, dass sie jede Dimension des Maskenspiels durchschaut hat.

Von den beiden Projektionen der Künstlerin Madonna in die Welt dieses Musikvideos tritt nur M2 singend in Erscheinung. Während M1 als reale Person imaginiert werden könnte, die ein Leben außerhalb des Filmstudios führt, existiert M2 nur für die Kamera – ihr eigentliches Gegenüber – und das Publikum. Wenn man beobachtet, wie M2 im tänzerischen Umgang mit ihren Verehrern das Singen durch scheinbare Kleinigkeiten wie übertriebene Zungenbewegungen mit Erotik auflädt, drängt sich der Eindruck einer Karikatur auf. Das lenkt den Blick zurück auf die musikalischen Ausdrucksmittel, insbesondere auf die Art des Gesangs, der in seiner stilisierten Naivität von einer betont unreifen, unerwachsenen Person zu stammen scheint. Ins Instrumentale übersetzt wird dieser Gesangsstil in den Refrains in Gestalt einer überdrehten Gegenstimme des Synthesizers; es ist schwer, bei all dem nicht an eine Cartoon-Figur zu denken. In den frühen Jahren ihres Erfolgs hat Madonna diese Art der Stimmgebung jedoch nicht als Karikatur verstanden, sondern regelrecht kultiviert: »I don't think I sing like a woman. I sing like a girl, and it's a quality I never want to lose.«[53] Die Stimme eines Mädchens, von der man sich vorstellen kann, dass sie durch die Evokation von Wehrlosigkeit und Einfalt eine bestimmte Sorte von dominanten Männerphantasien anspricht, verbindet sich in den Songtexten und Musikvideos aber mit dem Agieren einer selbstsicheren Frau, und das vor allem mag den Reiz dieser Musik begründet haben. Dieser Ambivalenz kam die eher lose Gattungspoetik des Musikvideos entgegen, das, angesiedelt in der Grauzone zwischen Werbespot und Kunstwerk, nicht gezwungen ist, eine inhaltlich bis ins Letzte kohärente Geschichte zu erzählen, aber doch in kunstfähige Regionen vorstoßen kann. Ob Madonna selbst ein »Material Girl« war oder nicht und inwiefern die Fans der Sängerin und des Songs sich mit einer der beiden Positionen selbst identifizieren konnten, war dabei wohl nicht so entscheidend wie die hier vorgeführte Möglichkeit, im Ambivalenten zu verbleiben: die Freiheit, sowohl das eine wie das andere zu sein.

Im Netzwerk der Gattungen

Trefflich ließe sich darüber streiten, ob das Musikvideo überhaupt eine eigenständige neue Gattung sei oder nur die nachträgliche Bebilderung von Beiträgen zur althergebrachten Gattung des populären Songs. Hybride Kategorien wie diese durchziehen das Feld der seit etwa 1900 entstandenen Musik, in dem Gattungshistoriker:innen leicht irre werden können: Denn zu Grenzüberschreitung, Modernisierung, zu Verletzung und Zerstörung von Normen sowie zur postmodernen Mehrfachcodierung waren und sind die Komponist:innen dieses Zeitraums nur zu bereit. Um sich in der Geschichte der musikalischen Gattungen seit 1900 zu orientieren, ist es sinnvoll, zwischen zwei im Musikdiskurs miteinander konkurrierenden Gattungsbegriffen zu unterscheiden: einem eher pragmatischen, dem die Übereinstimmung in den äußerlichen Aufführungsbedingungen genügt, und einem eher idealistischen, der auf die historische Kontinuität auch der innermusikalischen Zusammenhänge abzielt.

Dieser zuletzt genannte Gattungsbegriff hat sich seit der Mitte des 20. Jahrhunderts in der akademischen Musik wohl weitgehend verflüchtigt. Schon im 19. Jahrhundert war ehemals Unumstößliches im Gattungsgefüge ins Wanken geraten, was sich in Hybriden wie »weltliches Oratorium« (Robert Schumann), »geistliche Oper« (Anton Rubinstein), »Sinfoniekantate« (Felix Mendelssohn Bartholdy) oder »Orchesterlied« (Gustav Mahler) ausdrückte. In der ersten Hälfte des 20. Jahrhunderts versuchten die Komponisten der Zweiten Wiener Schule, orchestrale Gattungen im Feld der Kammermusik neu zu imaginieren (Schönbergs 1. Kammersinfonie, 1906, Bergs Kammerkonzert, 1925, Weberns *Konzert für neun Instrumente*, 1934); auch entstand Kammermusik mit offenen oder verschwiegenen Programmen, wie sie zuvor der Sinfonischen Dichtung oder der Programmsinfonie vorbehalten gewesen waren (Schönbergs Streichsextett *Verklärte Nacht*, 1899, und 1. Streichquartett, 1905, Bergs *Lyrische Suite* für Streichquartett, 1926). Mit der Zunahme solcher Beispiele und deren Würdigung als Schlüsselwerke der Moderne ging jene Sicherheit verloren, die für eine funktionierende Gattungspoetik notwendig gewesen war. Der Zusammenhang zwischen der jeweils gewählten Besetzung, dem im Werktitel deklarierten Genre und der dafür angemessenen Gestaltung war für die Komponierenden weniger ein a priori Feststehendes, sondern musste in Eigenverantwortung jeweils neu bestimmt werden. Einer der ersten Komponisten, in deren Schaffen sich dieser Wandel klar abzeichnete, war Edgard Varèse, dessen erhaltenes, im Wesentlichen ab 1918 komponiertes Œuvre gänzlich auf tradierte Gattungsbezeichnungen verzichtet. Stattdessen tragen seine Kompositionen Titel wie *Hyperprism* (1923), *Intégrales* (1925) oder *Ionisation* (1931), die an Begriffe aus Naturwissenschaft und Technik erinnern. Sein späterer Kollege Wolfgang Rihm vermutete darin eine Tarnung, mit der Varèse verbarg, dass Subjektivität und Systemlosigkeit sich in diesen Kompositionen frei auslebten: »So müssen wir erst lange graben; unter zeitbedingtem Technologenjargon finden wir dann aufregendste Architektur aus sich selbst: Musik.«[54] Rihm verband damit sein eigenes Ideal eines »vegetativen Komponierens« (siehe S. 197), das dem Moment des generativen Wachstums Vorrang einräumt gegenüber jeglichen Systemzwängen, auch solchen der Gattungspoetik.

Aber auch für diejenigen, die weiterhin Sinfonien für Orchester, Trios für Streichinstrumente und Sonaten für Klavier schrieben, stand Gattungspoetik zunehmend zur Disposition. Dies galt insbesondere auf formalem Gebiet: Normen wie die, dass eine Komposition für Streichquartett viersätzig zu sein und im ersten Satz dem Modell der Sonatenhauptsatzform zu folgen habe, hatten im 20. Jahrhundert keine dauerhafte Chance. Sie konnten sich nur dort länger halten, wo man – wie im Neoklassizismus – den reflektierten Dialog mit vergangener Musik zum Programm erhob oder – wie in der Sowjetunion des Spätstalinismus – es den Komponierenden zur gesellschaftlichen Verpflichtung machte, im Interesse der Allgemeinverständlichkeit an überlieferten Formvorstellungen festzuhalten. Wo solche Normen aber wegfielen, stellten sich in der Regel auch keine neuen als Ersatz ein. Wollte man die für frühere Zeiten weithin taugliche gattungsspezifische Musikgeschichtsschreibung für das 20. und 21. Jahrhundert fortführen, müsste diese sich also zwangsläufig in die registrierende Aneinanderreihung von Positionen einzelner Komponist:innen auflösen. Da diese Positionen aber wiederum meist von stilistischen Erwägungen und Entscheidungen bestimmt sind, wurde für die Geschichtsschreibung moderner Musik die Kategorie des Stils zum dominierenden Ansatz, während der gattungsgeschichtliche Blickwinkel an Bedeutung einbüßte.

Ein Beispiel. Im Zeitraum von nur acht Jahren entstanden die Requiem-Kompositionen von Benjamin Britten (*War Requiem*, 1961), György Ligeti (1963–1965) und Bernd Alois Zimmermann (*Requiem für einen jungen Dichter*, 1967–1969). Ligeti war zum Zeitpunkt der Vollendung 42, Britten 48, Zimmermann 51 Jahre alt; alle lebten in Westeuropa. Nichts läge also näher, als für die drei Werke große gestalterische Ähnlichkeiten anzunehmen, und doch sind diese kaum gegeben. Die Unterschiede beginnen schon beim liturgischen Text, der für die Gattung Requiem doch eigentlich das Zusammenhang stiftende Kriterium schlechthin sein sollte. Hier wird er von allen genannten Komponisten stark, wenngleich in unterschiedlichem Ausmaß verändert: Britten verschränkt den weitgehend kompletten Requiem-Text mit Gedichten Wilfred Owens aus dem Ersten Weltkrieg; Ligeti vertont nur bestimmte Teile, diese jedoch komplett und ohne Hinzuziehung weiterer Textquellen; Zimmermann schließlich verwendet nur einzelne kurze Fragmente in neuer Anordnung, die er mit zahllosen anderen fragmentarisierten Texten konfrontiert. Deutlich sind dagegen die Gemeinsamkeiten, die die jeweiligen Werke in stilistischer Hinsicht mit anderen Kompositionen derselben Autoren aufweisen: Brittens Requiem erinnert in der eigenwilligen Anordnung der Texte an ähnliche Verfahren in seinen vokal-orchestralen Kompositionen *Serenade* (1943) und *Nocturne* (1958), Ligetis Werk schließt kompositionstechnisch an seine früheren Klangkompositionen *Apparitions* (1959) und *Atmosphères* (1961) an und dasjenige Zimmermanns an die ebenfalls collagenartige Dramaturgie von dessen Oper *Die Soldaten* (1957–1965). Im Bemühen um das Sichtbarmachen musikhistorischer Entwicklungslinien schlägt Personalstil in diesen Fällen allemal Gattungspoetik.

Unterstellt man dagegen einen rein äußerlichen, inhaltlich weniger differenzierten Gattungsbegriff und fasst man als »Gattungen« ganz pragmatisch Musikstücke zusammen, die sich durch gleiche Aufführungsbedingungen auszeichnen, dann lässt sich auch für das 20. und 21. Jahrhundert eine grundsätzliche Kontinuität des Gattungsgefüges feststellen. Diese ergibt sich aus der weiter oben konstatierten Stabilität der Institutionen für akademische Kunstmusik:

Nach wie vor entsteht auch um 2020 Orchester- und Kammermusik (für große bzw. kleine Konzertsäle), Orgelmusik (für Kirchenräume oder Konzertsäle mit Orgel) oder Musiktheater (für Opernhäuser). Ähnliches lässt sich für die einzelnen Ensembletypen durchspielen: Solange es Chöre gibt, wird für sie neue Chormusik entstehen, desgleichen Lieder für Liedduos, Klaviermusik für Pianist:innen usw. Unter diesem – zugegeben etwas trivialen – Gesichtspunkt sind seit 1900 alle bis dahin existenten Gattungen erhalten geblieben. Worauf dieser Gattungsbegriff jedoch die Aufmerksamkeit lenkt, ist das Entstehen neuer Gattungen, die vor 1900 nicht existierten, weil die Aufführungsbedingungen nicht gegeben waren. In erster Linie ist hier an Entwicklungen in den populären Musikkulturen zu denken, für die eine Gattungsgeschichtsschreibung allerdings erst in den Anfängen steckt: Auf den über 9000 Seiten des *Handbuchs der musikalischen Gattungen* (1993–2010) werden populäre Musikformen kaum registriert; selbst in einem Band, der *Musikalische Lyrik* vom 19. Jahrhundert bis zur Gegenwart behandelt, sind ihnen nur knapp sechs Druckseiten eingeräumt. Als originäre populäre Gattungen des 20. Jahrhunderts begreifen ließen sich dabei zahllose Phänomene wie etwa das französische Chanson, der deutsche Schlager, aber auch das Jazzalbum, das Rockkonzert und ja: das Musikvideo. Deren Poetiken dürften im Übrigen auch noch im frühen 21. Jahrhundert wesentlich stabiler angelegt sein als etwa diejenige des Requiems.

Auf dem Sektor der Ernsten Musik verdankt sich die Entstehung neuer Gattungen im 20. Jahrhundert häufig technischem Fortschritt. Filmmusik etwa ist eine Gattung, die zunächst die Institution des Kinos voraussetzt (ab ca. 1900, mit live zum Stummfilm ausgeführter Musik), seit 1927 dann zusätzlich die Tonfilmtechnik, die es ermöglichte, aufgezeichnete Musik gemeinsam mit den bewegten Bildern zu einer untrennbaren Einheit zu verbinden. Selbst dieses unzweifelhaft neue Genre ist Abkömmling eines alten, nämlich der Gattung der Schauspielmusik, mit der Filmmusik auch die von den Komponist:innen zu akzeptierende Unterordnung unter die Regie teilt: Welche Musik zu welcher Filmszene erklingt, wieviel Musik überhaupt benötigt wird und in welchem Stil, wie laut und mit welchen Kürzungen sie letztlich im fertigen Produkt vernehmbar ist – dies alles zu entscheiden fällt gewöhnlich nicht in die Kompetenz der Komponierenden, sondern des Regieteams. Davon abgesehen lassen sich die Filmmusikkompositionen der letzten 100 Jahre zwar beschreiben und nach Ähnlichkeiten untereinander gruppieren, aber kaum auf einen gattungspoetischen Nenner bringen – als Filmmusik kann im Grunde jede Musik dienen. Allerdings fallen einige stark traditionsbildende Einzelstränge auf, etwa das Subgenre der sinfonischen Filmmusik, das im Hollywood der 1930er-Jahre seine erste Blüte erlebte und vor allem durch emigrierte deutschsprachige Komponisten wie Max Steiner oder Erich Wolfgang Korngold einen Anschluss an spätromantische Orchester- und Opernmusik herstellte (etwa über die Leitmotivtechnik). Abkömmlinge dieser Praxis sind im späten 20. und frühen 21. Jahrhundert manche Filmmusiken von John Williams oder Hans Zimmer, die sich in Form von Bearbeitungen auch ihren Platz im Konzertsaal erobert haben. Heutige Schüler:innen von Bläserklassen etwa erleben durch sie oft ihre erste künstlerische Begegnung mit Orchestermusik.

Ohne Vorläufer im 19. Jahrhundert sind unter den akademischen Gattungen einzig die verschiedenen Tendenzen elektroakustischer Musik. Erste Ansätze dazu gab es in den 1920er-Jahren mit Instrumenten wie dem Termenvox (auch »Theremin« oder »Äthergeige« genannt, Sowjetunion 1921, Erfinder: Lev Termen), den Ondes Martenot (Frankreich 1928, Erfinder: Maurice Martenot) oder dem Trautonium (Deutschland 1930, Erfinder: Friedrich Trautwein). Diese und weitere Musikinstrumente sind Vorläufer des Synthesizers (USA 1968, Erfinder: Robert Moog), mit dem sie neben der elektroakustischen Klangerzeugung auch die grundlegende Eigenschaft teilen, dass sie mit einem herkömmlichen Instrumentarium auf weitgehend unproblematische Weise kombinierbar sind. Neue Gattungen konstituierten sich durch solche instrumentenbauliche Neuerungen daher zunächst nicht. Ein Werk wie Olivier Messiaens *Turangalîla-Symphonie* (1948), in dessen Besetzung die Ondes Martenot zum herkömmlichen Orchester treten, fordert neben den traditionellen Aufführungsbedingungen einer Sinfonie lediglich Stromversorgung und die Möglichkeit einer Verstärkung über Lautsprecher.

Anders sieht das bei Musique concrète und Elektronischer Musik aus, zwei nach 1945 entwickelten Gattungen. Idealtypisch wird darunter eine Musik verstanden, die ganz ohne herkömmliches Instrumentarium auf elektroakustischem Weg direkt auf Tonträger (anfänglich Tonband) komponiert wird und ihren Weg zum Publikum ohne den Umweg über Interpret:innen findet. Als Material verwendet Musique concrète Aufnahmen aller Art, sei es von menschlichen Stimmen, Naturgeräuschen, Musikinstrumenten etc. (sogenannte konkrete Klänge), die auf Tonband aufgezeichnet und im Tonstudio weiterverarbeitet werden. Für Kompositionen Elektronischer Musik im engeren Sinne wird das Klangmaterial dagegen erst im Studio synthetisch entwickelt. Für eine solche Musik, deren Hervorbringung nicht mehr mit einer besonderen visuell erfahrbaren Gestik von Ausführenden assoziiert war, erwies sich der Rundfunk – wie auch die Schallplatte – als gleichsam natürliches, eben nicht-visuelles Medium. Erklang Musik dieser Genres allerdings im Konzertsaal, haftete dem Vorgang etwas Skandalöses an: Das Publikum, daran gewöhnt, in einer Konzertsituation Interpret:innen zu bewundern und diesen am Ende der Darbietung

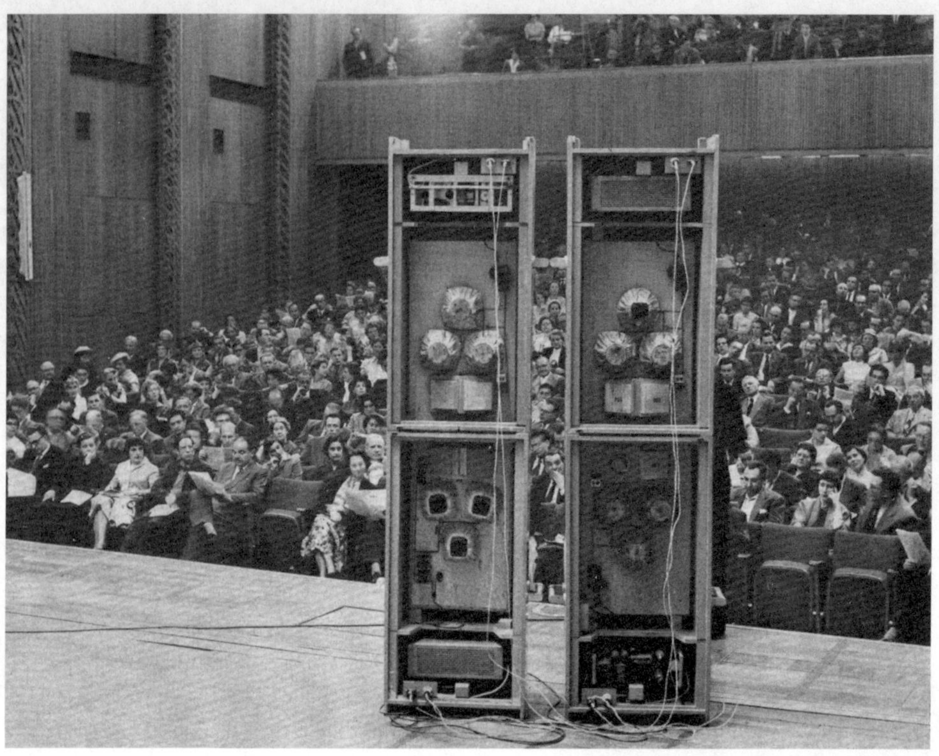

Abbildung 3: Eine Darbietung elektronischer Musik – die Uraufführung von Karlheinz Stockhausens *Gesang der Jünglinge*. Köln, Großer Sendesaal des WDR, 30. Mai 1956

Applaus zu spenden, sah auf der Bühne keine menschlichen Ausführenden, sondern Lautsprecher (Abbildung 3); vielleicht waren noch nicht einmal die Komponierenden anwesend. Noch mehr erschreckten manche vor dem Gedanken, dass der »Naturton« durch das synthetische Produkt eines elektrischen Apparats verdrängt werden könnte: Wenn ein von herkömmlichen Instrumenten erzeugter Ton immer aus Teiltönen in harmonischen Schwingungsverhältnissen besteht, konnten auf elektroakustischem Weg nun auch einzelne Sinusschwingungen erzeugt und nach anderen, nicht mit der harmonischen Reihe übereinstimmenden Prinzipien neu zusammengesetzt werden. Diese Möglichkeit bezeichnete der Musikwissenschaftler Friedrich Blume 1958 als den für »unser Zeitalter der Atomzertrümmerung und der Vollautomation« charakteristischen Versuch, »den Naturklang durch Denaturierung abzutöten«.[55] Die Kritik des damals vielleicht angesehensten deutschen Fachvertreters wurde im Jahr darauf in einer Nummer der Zeitschrift *Melos* von zahlreichen der damals jungen Komponisten zurückgewiesen, für die Elektronische Musik den Parameter der Klangfarbe erst eigentlich für die kompositorische Gestaltung erschlossen hatte.

Auch in dieser Gattung führte der Weg letztlich zur Integration der neuen Ausdrucksmittel in bereits etablierte Darbietungsformate. Der Begriff der »Live-Elektronik« umfasst alle Möglichkeiten des Interagierens von Musiker:innen auf der Bühne mit elektroakustischer Verarbeitung der von ihnen erzeugten Klänge. Karlheinz Stockhausens *Mikrophonie I* (1964) verwendet an herkömmlichem Instrumentarium einzig ein Tamtam, das von vier Spieler:innen mit unterschiedlichsten Hilfsmitteln traktiert wird; die erzeugten Klänge werden dann von weiteren Mitwirkenden über Mischpult und Filter elektronisch verändert und in den Konzertraum zurückgespielt, wo sich die transformierten und die direkten Tamtamklänge miteinander mischen. Dieses Modell der Verbindung von Elektronik und traditionellem Instrumentarium zeitigt bis heute produktive Folgen: Ein jüngeres Beispiel ist *Ein Schattenspiel* für Klavier und Live-Elektronik (2004) von Georg Friedrich Haas, bei dem der auf der Bühne auszuführende Klavierpart mit seiner als »Schatten« gedachten elektronischen Rückkopplung in immer kürzeren Abständen interagiert.

Kapitel 3
Stile im Anbruch der Moderne: bis 1945

Die besondere Rolle, die die Kategorie des Stils für die Musikgeschichte seit 1900 spielt, ist in den ersten beiden Kapiteln bereits verschiedentlich angesprochen worden. So wurde gezeigt, dass sich die Konjunkturen einzelner Stile in den vergangenen 120 Jahren nicht nur ästhetischen, sondern ebenso politischen wie kommerziellen Interessen verdankten: Als potenzielle Korrelate von Lebensführung und Weltanschauung koexistierten die mannigfaltigen Stiltendenzen dieser Zeit entsprechend mal friedlich, mal antagonistisch miteinander. An der veränderten Haltung zum Stil ließ sich auch die vielleicht bedeutendste Differenz des 20. und 21. Jahrhunderts zu früheren musikgeschichtlichen Epochen festmachen: Wenn für die Barockzeit oder die Romantik bestimmte Ausdrucksmittel als insgesamt epochentypisch gelten können, so führt das Vorhaben, Entsprechendes für Moderne und Postmoderne zu benennen, unweigerlich in die Irre. Die Auseinandersetzung mit dem Divergierenden und Pluralen, die diesen Zeitraum im Allgemeinen prägt, drückt sich musikgeschichtlich nicht durch Einheitlichkeit, sondern über stilistische Vielfalt aus.

Vor diesem Hintergrund ist es die Aufgabe der folgenden Kapitel, Pfade durch den »Wirrwarr der Stile«[1] (Eisler) zu bahnen und dabei sichtbar zu machen, durch welche Ausdrucksmittel sich die wichtigsten seit 1900 hinzugekommenen Tendenzen voneinander abheben. Wenn dazu auch verschiedenste verbale Quellen herangezogen werden – Selbstdeutungen der Akteur:innen, musikwissenschaftliche und -journalistische Beobachtungen –, so richtet sich doch der Blick von nun an vornehmlich auf die Werke selbst, auf Notentexte und Tonaufnahmen, an denen sich alle Reflexionen über Wesen und Hintergründe einzelner Stile zu bewähren haben. Der Aufbau der folgenden Kapitel folgt überwiegend der Chronologie und orientiert sich an den Zeitpunkten, an denen neue Stile – meist anhand stark beachteter neuer Werke – in den Musikdiskurs Eingang fanden. Was bei einem solchen Ansatz notwendigerweise unterbelichtet erscheinen wird, sind die Kontinuitäten: Mitzudenken ist beim Lesen daher immer, dass die hier beschriebenen Stile auch über ihre Entstehungs- und Blütezeit hinaus fortleben können und dass umgekehrt das Aufkommen einer neuen Tendenz, selbst wenn diese noch so viel Furore macht, nicht automatisch das Ende anderer, bereits bestehender besiegelt.

Impressionismus

Wie viele andere Bezeichnungen musikalischer Stile entlehnt auch diejenige des Impressionismus ein bereits existierendes Konzept aus einem anderen Kunstdiskurs: Als Impressionisten waren bereits um 1880 – mitunter in diffamierender Absicht – französische Maler:innen bezeichnet worden, die bestimmte tradierte Wertvorstellungen nicht mehr teilten. Zur Disposition stand hier insbesondere das Ideal realistischer Abbildhaftigkeit, das in Gemälden Claude Monets und anderer von einer neuen Betonung des Stimmungshaften abgelöst wurde. Vereinfacht gesagt, war das Motiv des jeweiligen Gemäldes in impressionistischer Auffassung zweitrangig gegenüber dem Eindruck (frz. »impression«), den dieses Motiv bei den Maler:innen und, vermittelt durch diese, bei den Betrachter:innen des Kunstwerks auslöste.

Das Argument, dass Musik an realistischer Abbildhaftigkeit ohnehin niemals hatte teilhaben und mithin sich auch durch impressionistisches Denken nicht wesentlich hätte verändern können, greift angesichts der vorangegangenen jahrzehntelangen Diskussion um Musikdrama und Sinfonische Dichtung zu kurz. In den vokalen und theatralen Gattungen war Musik gegen Ende des 19. Jahrhunderts zur Trägerin subtilster psychologischer Ausdeutung geworden, und auch in der Instrumentalmusik hatten die jüngsten Komponierenden unter Beweis gestellt, wie trefflich sich literarische Stoffe in ihrem Medium verarbeiten ließen. Dies galt besonders für den deutschsprachigen Raum und die sogenannte Wagner-Nachfolge: Wenn Richard Strauss scherzhaft behauptete, sogar ein »Glas Bier [...] so materialgerecht in Musik setzen« zu können, »daß jeder Hörer unterscheiden könne, ob es sich um ein Pilsener oder Kulmbacher handele«,[2] spricht daraus zwar Ironie, zum größeren Teil aber auch handwerklicher Stolz im Bewusstsein der eigenen Fähigkeit. Dem damit verbundenen Musikideal traten Claude Debussy und andere Musiker, die man heute als Impressionisten bezeichnet, in künstlerischer und verbaler Form entgegen, und in der Tat weist die Musik, die Debussy seit der Mitte der 1890er-Jahre schrieb, deutliche stilistische Differenzen zum Werk zeitgenössischer Komponisten aus den deutschsprachigen Ländern auf.

Claude Debussy: *Nocturnes* für Orchester (mit Frauenchor im dritten Satz)
Entstehung: Paris 1898/99 • Uraufführung: 9. Dezember 1900 (nur Sätze I und II), 27. Oktober 1901 (Gesamtwerk), jeweils in Paris, Concerts Lamoureux, Dirigent: Camille Chevillard

Abgesehen von einem nur im Klaviersatz ausgeführten Frühwerk hat Claude Debussy nie eine Sinfonie geschrieben. Die großen Orchesterwerke seiner letzten 20 Lebensjahre (neben den *Nocturnes* noch *La Mer*, 1905, und *Images*, 1912) teilen miteinander vielmehr die suitenhafte Großform des sinfonischen Triptychons. Auffällig ist, dass alle Einzelsätze dieser drei Werke individuelle, offenbar auf Außermusikalisches verweisende Betitelungen haben. Handelt es sich also um jeweils zu einem Triptychon gebündelte Sinfonische Dichtungen?

Diese letztere Bezeichnung kommt in Debussys reifem Œuvre indes ebenso wenig vor wie diejenige der Sinfonie. Mit beiden Gattungen verband sich am Ende des 19. Jahrhunderts eine als deutsch konnotierte Kunstform, während Debussy der deutschen Hegemonie in der Musik seiner Zeit den Kampf angesagt hatte. Seine Kritik, die er unter dem Pseudonym des »Monsieur Croche« in der französischen Presse äußerte, richtete sich zwar auch gegen das Wagner'sche Musikdrama, doch in der Instrumentalmusik war sie besonders weitreichend, weil Debussy hier genügend eigene künstlerische Beispiele dafür hinterließ, wie er sich eine von deutschen Vorbildern unabhängige orchestrale Schreibweise dachte.

Epochemachend in dieser Hinsicht ist bereits sein *Prélude à l'après-midi d'un faune* (1894), doch die *Nocturnes* geben eine noch umfassendere Vorstellung von der Unterschiedlichkeit, ja Unvereinbarkeit der Positionen. Schon beim *Prélude*, das sich auf Stéphane Mallarmés Gedicht *L'Après-midi d'un faune* (1867) bezog, hatte Debussy eine konkrete Bezugnahme der Partitur auf Einzelheiten der literarischen Vorlage von sich gewiesen. Entscheidend für die Gestaltung seines Orchesterwerks war, so Debussy, »der allgemeine Eindruck der Dichtung, denn wenn man ihrem Gang zu genau folgen wollte, würde die Musik außer Atem geraten wie ein Droschkengaul, der mit einem Vollblut um den großen Preis konkurriert«.[3] Zwar spielt Debussy hier nur auf das Problem der Abbildhaftigkeit von Tonkunst an; das Motiv einer »außer Atem geratenden« Orchestermusik konnte man um 1900 aber auch auf allgemeinere Charakteristika der damaligen, von deutschen Vorbildern abhängigen Sinfonik beziehen – einer Musik, die auf dem Wege einer konflikthaften Entwicklung von Themen über Steigerungen zu Kulminationen führt und dadurch psychologische Extremsituationen ausdrückt. Solche Momente, wie sie den Werken von Gustav Mahler, Richard Strauss oder dem jungen Arnold Schönberg eigen waren, sind der gleichzeitig entstandenen Orchestermusik Debussys fremd.

Die *Nocturnes* demonstrieren das eindrücklich, auch wenn die hier ins Werk gesetzten Nachtszenen offensichtlich keine Idyllen sind: Jeder der drei Sätze kennt das Abgründige, Unheimliche, Befremdliche, das einen Teil des romantischen Nacht-Verständnisses ausmacht. Debussys *Nocturnes* muten jedoch nicht wie Nachtgedanken eines leidenden Subjekts an – wie etwa, um ein zeitgenössisches Gegenbeispiel aus dem deutschen Sprachraum anzuführen, Schönbergs Streichsextett *Verklärte Nacht* (1899) in seiner ersten Hälfte –, sondern sind objektivierte Nachtstimmungen. Als Protagonisten fungieren nicht menschliche Individuen, sondern Naturphänomene (I. Satz *Nuages* – »Wolken«); allenfalls als Staffagefiguren sind bewegte Massen (II. Satz *Fêtes* – »Festlichkeiten«) oder homogene, nicht-individualisierte Gruppen mythischer Figuren zu denken (III. Satz *Sirènes* – »Sirenen«), Letztere zudem ohne jenen Kontakt zu sterblichen Wesen, wie er in musikdramatischen Werken des 19. Jahrhunderts üblicherweise die Katastrophe auslöste. Die Gestaltung psychologischer Extreme bleibt also konsequenterweise aus, ebenso wie in Debussys anderen sinfonischen Triptychen, für die Analoges gezeigt werden könnte: Zustände und Stimmungen, im Gegensatz zu Entwicklungen, sind ihr Gegenstand.

Debussy selbst hat dieser Auffassung – und gleichzeitig seiner eigenen Kategorisierung als »Impressionist« – dadurch Vorschub geleistet, dass er im Umfeld der ersten Aufführungen entsprechende Beschreibungen der *Nocturnes* veröffentlichen ließ. Der erste Satz *Nuages* etwa sei »der Anblick des unbeweglichen Himmels, über den langsam und melancholisch die Wolken ziehen und in einem Grau ersterben, in das sich zarte weiße Töne mischen«.[4] Wie oft bei Debussy enthält diese Beschreibung keinerlei Fachvokabular, sondern stützt sich allein auf außermusikalische Assoziationen. Sie hat jedoch ihr klares Äquivalent in den musikalischen Ausdrucksmitteln. So verkörpert die melodische Gestalt, die man als Hauptmotiv der Komposition benennen könnte, gleich in zweierlei Hinsicht jene Unbeweglichkeit, von der Debussys Beschreibung spricht: Im Zuge ihrer sieben Erscheinungen, beginnend jeweils in Takt 5 (Notenbeispiel 3), 21, 25, 43, 47, 79 und 84, wechselt sie weder jemals die Klang-

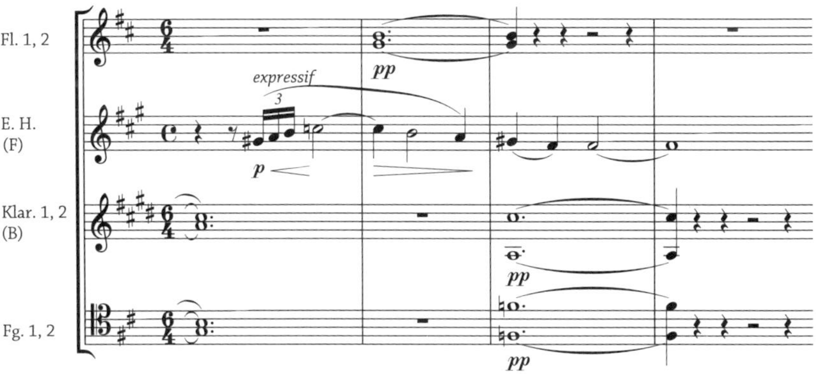

Notenbeispiel 3: Claude Debussy, *Nocturnes*, I. Satz *Nuages*, Partiturausschnitt, T. 5–8

farbe, noch wird sie transponiert; sie bleibt auf die immer gleichen fünf Tonhöhen des Englischhorns im Tritonusrahmen zwischen *h* und f^1 fixiert. Zwar gibt es kleine rhythmische Varianten, aber insgesamt ist dieser Befund erstaunlich: Geradezu demonstrativ verzichtet Debussy auf Entwicklung und Modulation seines Hauptmotivs, zwei unverzichtbare Grundlagen deutschen sinfonischen Denkens.

Wenig Veränderung erlebt auch das Tempo, das die meiste Zeit im quasi grauen Bereich des »Modéré« (»Mäßig«) verbleibt und sich in den letzten neun Takten noch verlangsamt. Nur der Mittelteil gibt sich »un peu animé« (»ein wenig belebt«) – kaum ein starker Kontrast, allenfalls eine geringe Variation des anfänglichen Zeitmaßes. Beim Durchblättern der Partitur fällt außerdem die über weite Strecken vorherrschende Gangart in gleichmäßigen Vierteln des 6/4-Taktes auf. Schließlich verharrt auch die Dynamik meist im Bereich des Piano und darunter; gerade einmal für drei der 102 Takte des Satzes ist ein Mezzoforte oder Forte vorgeschrieben (T. 29 und 41 f.). Während eine Musik, die Entwicklungen gestalten will, auf ständige Veränderung angewiesen ist, macht diese Musik der Stimmungen von Redundanz und Statik Gebrauch. Langeweile – wie diese Begriffe sie suggerieren – strahlen die *Nocturnes* jedoch ebenso wenig aus wie die langsame und melancholische Bewegung der Wolken am Abendhimmel und ihr subtiles Farbenspiel.

Mit dieser Verweigerung gegenüber den etablierten Methoden sinfonischer Gestaltung und mit dieser Entdeckung der Statik als Ausdrucksmittel wurde Debussy vorbildhaft für spätere Komponist:innen, angefangen in der nächsten Generation bei Igor Strawinsky und Béla Bartók. Spürbar ist sein neuartiger Zugriff vor allem in den Bereichen der Harmonik und der Klangfarbe: Harmonisch finden sich etwa in *Nuages* sowohl weite Klangflächen ohne erkennbare Bewegungsrichtung (Mittelteil, T. 64–79) als auch Momente, die ein scheinbares Zuviel an harmonischer Bestimmung aufweisen: jene typisch Debussy'schen »Mixturen«, Folgen von gerückten Akkorden, die sich nicht mehr gemäß der Logik der Funktionsharmonik deuten lassen. So folgen in Takt 14 von *Nuages* sechs parallel verschobene Dominantseptnonenakkorde aufeinander, ohne dass irgendeiner davon dazu genutzt würde, das Tor zu einer neuen tonalen Ebene aufzustoßen (Notenbeispiel 4). Mit Blick auf solche Fälle heißt es oft, Debussy setze Akkorde als Farben ein, und in der Tat färben hier die Akkorde die Melodie der Oberstimme, an die sie sich anhängen wie ein gleichmäßiger Schatten an die Kontur eines Objekts. Der Orchesterklang schließlich ist Debussys markantestes Innovationsfeld: Zu den für ihn charakteristischen Methoden gehören sowohl die Identifikation bestimmter Timbres mit einzelnen Themen (das Englischhorn der *Nuages*, die Flöte im *Faun*) als auch individualisierte Orchesterbesetzungen (*Nuages* verzichtet auf Trompeten und Posaunen, *Sirènes* fügt dem Orchester die menschliche Stimme in Gestalt eines textlos singenden und summenden Frauenchors als weiteres »Instrument« hinzu).

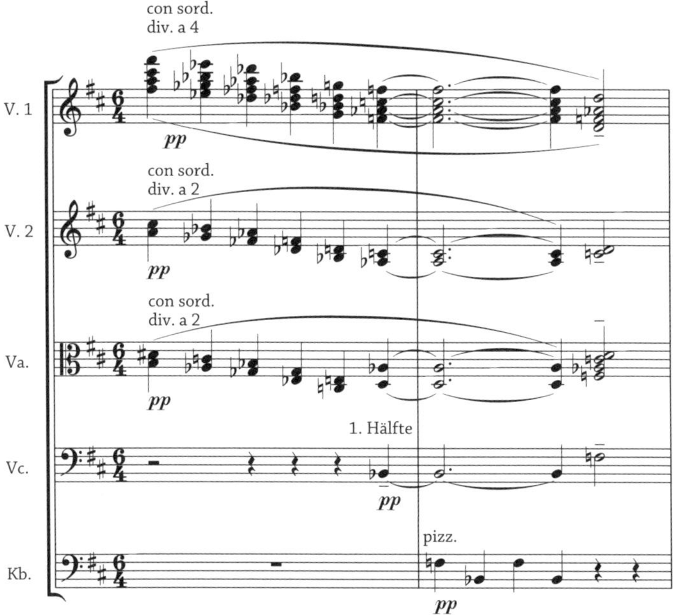

Notenbeispiel 4: Claude Debussy, *Nocturnes*, I. Satz *Nuages*, Partitur, T. 14 f.

Die Eigenarten von Debussys Orchestrierung können gut im Mittelteil von *Nuages* studiert werden: Diese Takte 64–79 (Notenbeispiel 5) sind die einzigen des Satzes, in denen er von der Harfe Gebrauch macht, und zwar nicht in Form der instrumententypischen Arpeggien, sondern in Gestalt von pianissimo getupften Einzeltönen. Im Unteroktavabstand verdoppelt, nein: färbt die Harfe an dieser Stelle, akustisch kaum merklich, die hier exponierte Melodie der Flöte, die in *Nuages* ebenfalls nur sparsam eingesetzt wird. Diese Flötenmelodie bewegt sich pentatonisch auf dem Tonmaterial der schwarzen Tasten des Klaviers, den Raum von cis^3 bis hinunter zu fis^1 umspannend. Die Flöte schließt vom Register also genau dort an, wo das so eng umgrenzte Tonmaterial des Englischhorn-Motivs in der Höhe endet – auch daraus begründet sich der Kontrastcharakter des Mittelteils. Folgerichtig unterschreitet die Flöte diesen Umfang erst dort, wo in Takt 80 das Englischhorn wieder übernimmt: Beide treffen im f^1 zusammen, das an dieser Stelle wie der Ausgang aus einem schönen Traum anmutet. Den klanglichen Hintergrund des Mittelteils jedoch bilden die

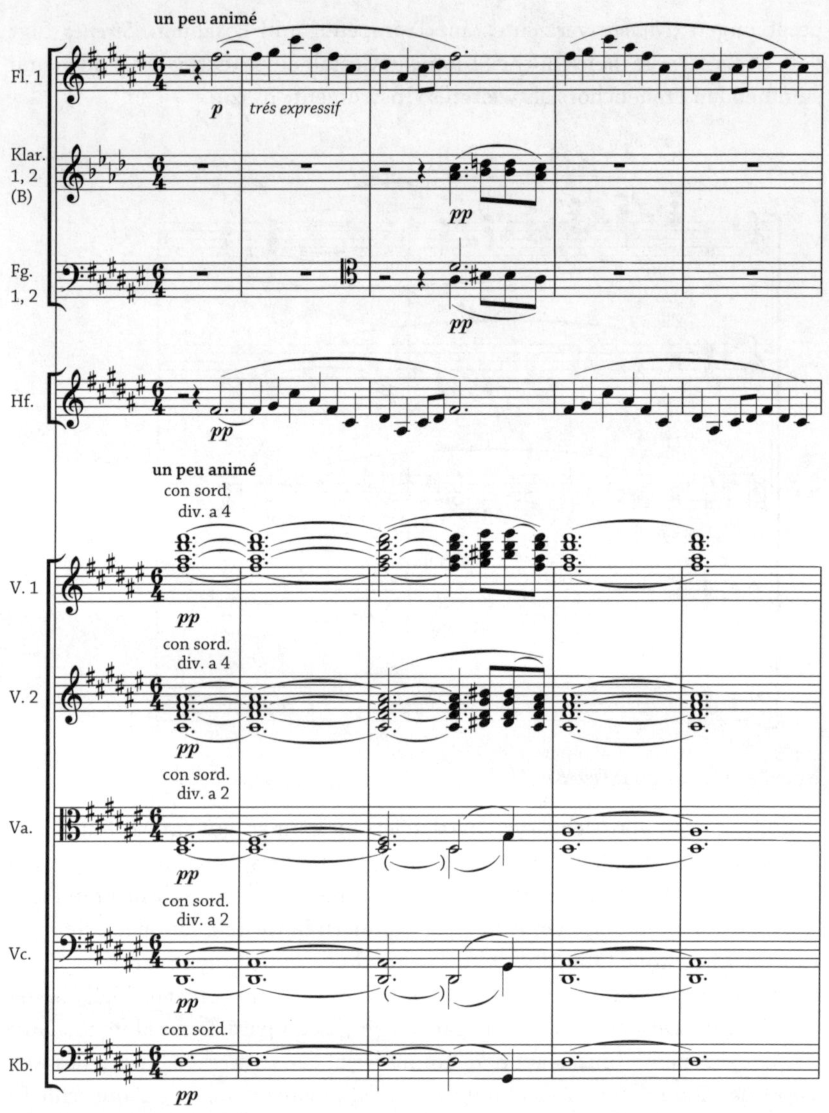

Notenbeispiel 5: Claude Debussy, *Nocturnes*, I. Satz *Nuages*, Partitur, T. 64–68

Streicher, die man im Orchester gewöhnlich als Streichquintett fünfstimmig denkt. Hier werden sie – wie oft bei Debussy – vielfach geteilt, dadurch gleich am Anfang in Takt 64 dazu befähigt, einen dis-Moll-Dreiklang zwölfstimmig auf fünf Oktaven gespreizt aufzufächern und ihm in Takt 66 ein momentanes

Erzittern zu interpolieren. Wer in dieser Musik großformale Entwicklungszüge vermisst, wird durch solche Arten der Belebung mehr als entschädigt.

Dass leittonfreie Pentatonik im Impressionismus an Bedeutung gewinnt, verdankt sich dem Bestreben, die Bedeutung der Chromatik als Motor modulatorischen Fortschreitens nach Möglichkeit zurückzudrängen. Zugleich verrät das Faible für Pentatonik die Faszination, die bestimmte Formen fernöstlicher Musik auf die französischen Musiker der Jahrhundertwende ausübten. Nachdem Debussy 1889 auf der Pariser Weltausstellung indonesische und vietnamesische Musik kennengelernt hatte, bezogen er und ihm folgend andere Komponisten Anregungen aus derjenigen pentatonischen Skala, die mit den schwarzen Tasten des Klaviers übereinstimmt. Oft evozieren die zugehörigen Werktitel asiatisch konnotierte Vorbilder; berühmte Beispiele sind Debussys *Pagodes* (aus den *Estampes* für Klavier, 1903) und Maurice Ravels *Laideronnette, impératrice des pagodes* aus *Ma Mère l'oye* für zwei Klaviere (1908, später auch für Orchester und als Ballett umgearbeitet). Diese für die damalige akademische Musikproduktion neuartige Offenheit gegenüber Ausdrucksmitteln abseits des europäischen Bildungskanons manifestiert sich auch in Reflexionen neuer nordamerikanischer Unterhaltungsmusik, etwa in Debussys *Golliwogg's Cakewalk* aus der Klaviersuite *Children's Corner* oder der *Danse nègre* op. 58 Nr. 5 des britischen Komponisten Cyril Scott (beide 1908). Hier noch eine direkte ästhetische Verbindung zum bildkünstlerischen Impressionismus konstruieren zu wollen wäre wohl fruchtlos; entscheidend ist vielmehr, dass drei Momente in jenen Jahren bei denselben Personen begegnen: die Loslösung vom Ideal realistischer Abbildhaftigkeit, das Negieren von als »deutsch« konnotierten Verarbeitungstechniken und das Interesse an außereuropäischer Musik. Hierin liegt auch der Hauptgrund dafür, mit dem Impressionismus – wiewohl seine Entdeckung für die Musik schon in die 1890er-Jahre fällt – die Diskussion musikalischer Stile des 20. Jahrhunderts beginnen zu lassen.

Expressionismus

Im Gegensatz zum aus Frankreich herrührenden Impressionismus ist der musikalische Expressionismus eine im Kern »deutsche« Erscheinung, die sich einer Verlängerung spätromantischer Ideale verdankt, einem Anknüpfen sowohl bei Wagner als auch bei Brahms. Dass der Expressionismus trotzdem mit Fug und

Recht zu den Innovationen des 20. Jahrhunderts gezählt werden kann, liegt an der beispiellosen Radikalität seiner Mittel. Für den Großteil der Zeitgenossen verband sich mit dieser Musik keine Fortsetzung des Tradierten, sondern der Einbruch von Unkultur, und es bedurfte erst des Blicks von außen bzw. des Rückblicks aus späteren Zeiten, um die bewahrenden Züge expressionistischer Musik zu erkennen.

Auch dieser Stilbegriff ist der Kunstgeschichtsschreibung entlehnt, die mit ihm eine Abkehr von traditionellen Schönheitsidealen zugunsten einer höheren künstlerischen »Wahrheit« bezeichnet. »Wahr« konnte Kunst im expressionistischen Verständnis nur sein, wenn der oder die Künstler:in dem inneren Impuls des Ausdrückens (Expression) folgte und sich dabei auch von tradierten Normen der Gestaltung nicht aufhalten ließ. Arnold Schönberg, mit dem sich die Entwicklung eines musikalischen Expressionismus in erster Linie verbindet, hatte nicht nur engen Kontakt zu expressionistischen Malern – vor allem Wassily Kandinsky –, sondern malte auch selbst und stellte sogar – freilich in diesem Genre nicht als Meister, sondern als begabter Dilettant rezipiert – gemeinsam mit der Künstlergruppe Der Blaue Reiter aus (Abbildung 4). Kandinsky schrieb 1912 über diese Bilder, »dass Schönberg malt, nicht um ein ›schönes‹, ›liebenswürdiges‹ usw. Bild zu malen, sondern dass er beim Malen sogar eigentlich an das Bild selbst nicht denkt. Auf das objektive Resultat verzichtend, sucht er *nur* seine subjektive ›Empfindung‹ zu fixieren und braucht dabei *nur* die Mittel, die ihm im Augenblick unvermeidlich erscheinen. [...] Ebenso wie in seiner Musik [...] verzichtet auch in seiner Malerei Schönberg auf das Ueberflüssige (also auf das Schädliche) und geht auf direktem Wege zum Wesentlichen (also zum Notwendigen). Alle ›Verschönerungen‹ und Feinmalereien lässt er unbeachtet liegen«.[5] Diese Haltung Schönbergs, der bereits 1909 »nicht bauen, sondern ›ausdrücken‹« wollte (siehe S. 57), zeitigte vor allem zwei Veränderungen im Bereich der Komposition, die bis zum Ende des Ersten Weltkriegs nur für ihn und wenige seiner Schüler wirksam wurden und die man heute als charakteristisch für den Stil des musikalischen Expressionismus ansieht.

Erstens ist auffällig, dass Schönbergs Werke gegen Ende der 1900er-Jahre zu immer kürzeren, dabei von Überleitungen und Wiederholungen freien Formen tendieren – ein offensichtliches Korrelat zum von Kandinsky benannten Streben nach dem »Wesentlichen«. Um 1900 noch hatte sich Schönberg an der Hypertrophie der spätromantischen Wagner-Nachfolge beteiligt und einsätzige Instrumentalwerke von geradezu epischen Dimensionen vorgelegt: Das Streichsextett *Verklärte Nacht* op. 4 (1899) beansprucht 30 Minuten, die Sinfonische Dichtung *Pelleas und Melisande* op. 5 (1903) noch einmal zehn Minuten mehr, das 1. Streichquartett op. 7 (1905) bereits über eine Dreiviertelstunde. Um 1910

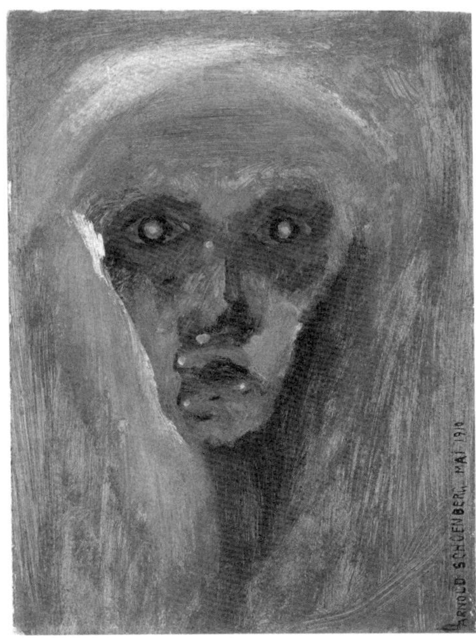

Abbildung 4: Arnold Schönberg, *Blick*, Öl auf Pappe, 1910

nun, nachdem er »Feinmalereien unbeachtet liegen lässt«, experimentiert Schönberg mit immer kürzeren Formen: Nachdem die 1. Kammersinfonie op. 9 (1906) noch einmal alle sinfonischen Satztypen in einer gedrungenen, einsätzigen Konstruktion von nur noch knapp über 20 Minuten zusammenpresst, kehrt Schönberg zur Aufteilung in Einzelsätze zurück: Nur wenig mehr als drei Minuten dauern im Durchschnitt die einzelnen *Fünf Orchesterstücke* op. 16 (1909), und die *Sechs kleinen Klavierstücke* op. 19 nehmen im Durchschnitt nur noch eine Minute Raum ein. Es ist, als ob Schönberg nach etwa 80 Jahren Musikgeschichte nochmals den Schritt von der klassischen Großform eines Beethoven zur romantischen Miniatur eines Chopin oder Schumann nachvollzöge – auch hinter diesem stilistischen Wandel stand die Hinwendung zu einem subjektiven Ausdrucksideal.

Zweitens führten die um 1910 entstehenden Werke Schönbergs und seiner Schüler Alban Berg und Anton Webern das spätromantische Prinzip der Emanzipation der Dissonanz bis zu dem Punkt fort, an dem sich die Verankerung eines Satzes in einem festen tonalen Gefüge auflöst. Für dieses Phänomen hat sich der Begriff »atonal« durchgesetzt, trotz damaliger Vorbehalte aus dem Kreis der Schönberg-Schule, die fand, der Begriff sei von der Musikkritik erfunden worden »in der Absicht, herabzusetzen« (Alban Berg).[6] Der Schritt zur

»freien Atonalität« (ihr Antonym wäre die »gebundene« Atonalität der Zwölftontechnik, siehe S. 126 ff.), der sich um 1909 vollzieht, steht im Dienste einer Befreiung vom Konventionellen, soweit dieses sich dem Bedürfnis entgegen stellt, »Wahres« freizulegen. Die von Kandinsky aufgerufene Zurückweisung des »Ueberflüssigen« (»Schädlichen«) zugunsten des »Wesentlichen« (»Notwendigen«) realisiert sich auch auf diese Weise in der Musik: Gegeben wird – im Idealfall – nur noch der Ausdruckskern, der sich als Moment größter Anspannung in manchmal extrem dissonanter Weise darbietet. Verzichtet wird dagegen auf den weiteren Kontext dieses Kerns, auf seine Umgebung, auf die Entwicklung, die zu ihm führt, mit einem Wort: auf die Anbindung an einen »Normalzustand«, wie ihn etwa ein tonaler Bezugsrahmen schaffen kann. Das Wegfallen dieses Rahmens verleiht expressionistischer Musik oft ein zerklüftetes, sprunghaftes, mitunter aggressives Äußeres.

Arnold Schönberg: 2. Streichquartett fis-Moll op. 10
Entstehung: 1907/08 • Uraufführung: 21. Dezember 1908, Wien, Rosé-Quartett, Marie Gutheil-Schröder, Sopran

Anton Webern: *Fünf Sätze für Streichquartett* op. 5
Entstehung: 1909 • Uraufführung: 8. Februar 1910, Wien, Musikalischer Neuheitenabend des Vereins für Kunst und Kultur, Rosé-Quartett

Schönberg und sein Schülerkreis, aus dem vor allem Anton Webern und Alban Berg stilbildend wurden, gelangten in den Jahren 1908/09 zu einer Schreibweise, die konventionelle Vorstellungen von Schönheit und Logik in der Musik so sehr infrage stellte wie wohl keine Musik zuvor. Auffallend war neben dem Verzicht auf eine tonale Fundierung das Erkunden einer vehement ausdrucksbetonten Gestik, die mit einem Mal bedeutsamer schien als das folgerichtige Entwickeln von Ideen in immer umfangreicheren Formen. Schönbergs 2. Streichquartett und Weberns *Fünf Sätze für Streichquartett*, die innerhalb kurzer Zeit als Neuheiten auf das Wiener Publikum einwirkten, geben eine Ahnung von der atemberaubenden Geschwindigkeit, mit der in der Wiener Schule Abschied vom Hergebrachten genommen wurde. Mitzudenken ist, dass außerhalb des Schönberg-Kreises diese kühnen Schritte kaum nachvollzogen wurden: Hinsichtlich der Erkundung nicht-tonaler Zusammenhänge teilten Schönberg und seine Schüler fortan jahrzehntelang das Schicksal, als radikale Ausnahmeerscheinungen angesehen zu werden, die sich auf einem Irrweg befanden. Erst nach dem Zweiten Weltkrieg knüpften die Komponisten der Seriellen Musik in größerem Maßstab an diese Neuerungen an (siehe Kapitel 4).

Bereits in der Entscheidung, in den letzten beiden Sätzen seines viersätzigen Quartetts eine Singstimme einzubeziehen, zeigt sich der stets auf Erneuerung gerichtete Impetus Schönbergs. Wie schon in seinem Streichsextett *Verklärte Nacht*, dem Schönberg – für das Genre damals unerhört – die Form einer Sinfonischen Dichtung gegeben hatte, fusionierte der Komponist in seinem 2. Streichquartett das Medium der Kammermusik mit dramaturgischen Prinzipien der zeitgenössischen Sinfonik. Die Einbeziehung der Singstimme erinnerte an Sinfonien des bis 1907 in Wien wirkenden, von Schönberg als Vorbild verehrten Gustav Mahler. Betont werden muss, dass es sich bei den beiden Vertonungen von Gedichten Stefan Georges tatsächlich nicht um instrumentierte Lieder handelt, sondern um die vollständige Integration der Stimme in kammermusikalische Zusammenhänge. So ist der dritte Satz zwar oberflächlich betrachtet ein Lied über das Gedicht *Litanei*, folgt dabei aber dem Formmodell des Themas mit Variationen, das völlig untypisch für ein Lied, wohl aber typisch für einen kammermusikalischen Satz ist. Noch dazu erfüllt dieser Satz im Gesamtzusammenhang des Quartetts die Funktion einer Durchführung für Materialien der ersten beiden Sätze: Sein instrumental exponiertes Thema (III, T. 1–9) setzt sich aus vier Motiven der ersten beiden Sätze zusammen (I, T. 1 f.; I, T. 12 f.; II, T. 15 f.; I, T. 58 f.). Der vierte Satz wiederum (*Entrückung*) nähert sich mit seinen extensiven Instrumentalpartien am Anfang und Schluss, die – wie Schönberg selbst bekannte – außermusikalisch-illustrativen Charakter haben, der Phantastik einer Sinfonischen Dichtung an. Auch hier partizipiert die Singstimme an einer instrumentalmusikalischen Dramaturgie, indem ihre beiden prägnantesten melodischen Gedanken (T. 21 ff. und T. 52) im späteren Verlauf eine Reprise wie in einer Sonatenform erfahren. Dass diese Reprise in Takt 100 beide Themen *gleichzeitig* rekapituliert, ist nur eines von zahlreichen Momenten, an denen Schönbergs Erfindungsreichtum in diesem Quartett sichtbar wird.

Wenn das Quartett im Streben nach thematischer Integration und Entwicklung noch den Idealen der vorausgegangenen Jahrzehnte verpflichtet ist, vollzog sich auf den Gebieten von Melodik und Harmonik aus Sicht der Zeitgenossen hier gänzlich Anstößiges. In Rezensionen der Uraufführung wurde das Werk als »Katzenmusik« bezeichnet, als »grober musikalischer Unfug«; man vermutete, dass sein Komponist »klangtaub, also musikalisch unzurechnungsfähig« sei.[7] Zwar handelt es sich bei diesem Quartett noch keineswegs um eine durch und durch atonale, das heißt auf die Bindungen der harmonischen Tonalität gänzlich verzichtende Komposition. Zumindest exponieren die ersten drei Sätze jeweils eine Ausgangstonart, zu der sie am jeweiligen Ende auch zurückkehren (I: fis-Moll, II: d-Moll, III: es-Moll), und auch sonst fallen Eckpunkte der Form zum Teil mit erkennbar tonalen harmonischen Zäsuren zusammen.

Im Inneren der Sätze aber dominieren Stellen, an denen man über eine tonale Fundierung im Ungewissen gehalten wird – so gleich das in allen Stimmen chromatische Seitenthema im ersten Satz (T. 12 ff., Notenbeispiel 6). Über den damals üblichen Gebrauch von Dissonanzen ging dies deutlich hinaus: Bei Komponisten der Generation von Mahler und Strauss begegnete man zwar auch einer avancierten Dissonanzbehandlung, doch dienten Dissonanzen dort meist als musikalische Chiffren für schmerzlichen Ausdruck – immer noch stellten sie mehr die Ausnahme als die Regel dar, und ihrer Auflösung – wenn auch mitunter weit hinausgezögert – konnte man gewiss sein.

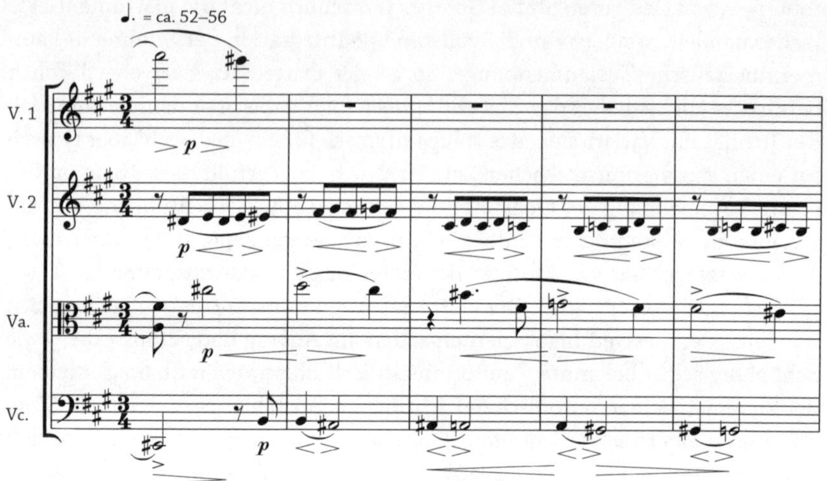

Notenbeispiel 6: Arnold Schönberg, 2. Streichquartett, I. Satz, Partitur, T. 12–16

Den tonal anmutenden Satzschlüssen zum Trotz hat diese Gewissheit sich in Schönbergs 2. Streichquartett verflüchtigt, und mit ihr die umstandslose Identifikation von Dissonanz mit Schmerz, Bedrohung, Negativem aller Art. Als Fanal in dieser Beziehung hoben Befürworter wie Gegner den letzten Satz hervor. Hier verzichtet Schönberg erstmals auf jegliche Generalvorzeichnung und gibt leise Andeutungen einer tonalen Fundierung erst nach etwa einem Viertel der über zehnminütigen Spieldauer (T. 25 f., Fis-Dur). Dort erst steigt die Singstimme mit dem Text »Ich fühle Luft von anderem Planeten« ins Geschehen ein – ein Text, der in seiner Symbolkraft auf die musikalischen Innovationen des Werks bezogen wurde. Schönberg zufolge beschreibt die lange instrumentale Einleitung, die zu dieser Stelle führt, »die Abreise von der Erde zu einem anderen Planeten […]. Die Loslösung von der Erdanziehung – das Emporschweben durch Wolken in immer dünnere Luft, das Vergessen aller

Mühsal des Erdenlebens – all dies wird in dieser Einleitung zu schildern versucht«. Nach dem Eintreten der Singstimme sei dann »alles folgende [...] zart und sanft«[8] – eine Sichtweise, die zu der stürmischen Ablehnung des Quartetts als »Katzenmusik« in stärkstem Kontrast steht. Sie belegt, dass Dissonanzenreichtum für die Komponisten der Wiener Schule keineswegs mehr mit vorwiegend schmerzlichem Ausdruck zusammenfiel und vielmehr zur Widerspiegelung der gesamten Bandbreite menschlichen Empfindens geeignet schien.

Die *Fünf Sätze für Streichquartett* op. 5, die Webern 1909, im Jahr nach der Uraufführung des 2. Streichquartetts seines Lehrers schrieb, belegen die Dynamik im Kreis der Wiener Schule. Dieses Werk ist bereits ohne Abstriche atonal zu nennen, außerdem manifestiert sich in ihm die charakteristische, aus der Beschränkung auf das »Wesentliche« resultierende Kürze expressionistischer Instrumentalmusik. Zusammengenommen dauern die fünf Sätze nicht länger als der Finalsatz des Schönberg-Quartetts, der dritte Satz währt nicht einmal eine Minute. Der beißende Spott der Wiener Kritik kannte keine Grenzen: »Der zweite ›Satz‹ zählt etwa 13 Takte; also nur um dreizehn zu viel. [...] So wenig ein Haufen zerknüllten Roßhaars ein Teppich ist, so wenig ist diese Ansammlung wirrer Klänge Musik.«[9]

Neben dem durchgehenden Verzicht auf tonale Bindung und weiträumigen Aufbau lassen die Sätze weitere Strategien erkennen, die für den Expressionismus der Wiener Schule stilbildend wurden. Eine davon ist die fast penible Notation der sekundären Klangkomponenten. Für die 55 Takte des ersten Satzes enthält allein die Stimme der ersten Violine 125 Angaben zur Dynamik, 31 zum Tempo und 23 zu klanglichen Modifikationen (pizzicato, am Steg, col legno usw.) – deutliches Zeichen dafür, dass hier das Bewusstsein für die gestaltbaren Parameter des Tonsatzes in Expansion begriffen war. Bedeutungsvoll ist jedoch vor allem, dass Webern nach dem Verzicht auf die früheren Trägereinheiten instrumentalmusikalischer Logik (tonale Ebenen, thematische Arbeit) nach alternativen Möglichkeiten suchte, Zusammenhang »fasslich« zu machen – Letzteres ein Lieblingsbegriff der Wiener Schule.

Im dritten der *Fünf Sätze* etwa ist auf dem engen Raum von 23 Takten ein Beziehungsreichtum ins Werk gesetzt, der jedem, der sich diesem Satz analytisch nähert, Bewunderung abnötigt. Aus der Fülle der möglichen Beobachtungen sei nur eine einzige mitgeteilt, die sich auf Intervallkonstellationen bezieht. So überwiegt harmonisch ein bestimmter Typus von dissonanten Mehrklängen, den man in der US-amerikanischen Set Theory auf die »Trichordal Set Class [0, 1, 4]« zurückführen würde, eine von drei Tonhöhen definierte Intervallstruktur mit all ihren Transpositions- und Umkehrungsmöglichkeiten. Im gegebenen Fall umfasst die Set Class [0, 1, 4] alle dreitönigen Konstellationen, die sich auf eine Schichtung von kleiner Sekunde und kleiner Terz zurückführen lassen – die Ziffern 0, 1 und 4 geben die Anzahl von Halbtonschritten an und stehen hier dementsprechend für die Tonhöhen *c*, *cis* und *e*, mit denen die Theorie diese spezielle Set Class in ihrer Grundform repräsentieren würde. Bis einschließlich Takt 8 (Notenbeispiel 7) sind alle simultan erklingenden Akkorde – immerhin 13 – aus Transpositionen und Spiegelungen dieser Grundform gewonnen: In den ersten drei Takten erklingen *es-h-d*^{1}, *h-g*^{1}*-b*^{1} (je zweimal), *gis*^{1}*-c*^{2}*-a*^{2} und *e*^{1}*-c*^{2}*-es*^{2}, in Takt 5 *gis*^{1}*-e*^{2}*-g*^{2} und *g*^{2}*-dis*^{3}*-fis*^{3} usw. Ab Takt 6 ist nun zu beobachten, dass dieses vertikale Element auf die Horizontale einwirkt: Die drei Akkorde, die dort aufeinanderfolgen, sind nicht nur im harmonischen Sinne jeweils Repräsentanten der Grundform, sondern verbinden sich auch im Zusammenhang zu einer entsprechenden melodischen Kontur (Oberstimme: *es*^{2}*-fis*^{2}*-g*^{2}). Dass Vertikale und Horizontale sich demselben Material verdanken, wird später als ein Grundgedanke der Zwölftontechnik aufgegriffen. In Takt 9, wo sich ein kurzer thematisch anmutender Gedanke bildet, fehlen begleitende Akkorde ganz; doch ist sowohl das Kopfmotiv des Themas (*d*^{2}*-b*^{1}*-cis*^{2}) aus der [0, 1, 4]-Grundform gewonnen als auch die beiden Begleitstimmen (Violine 2: *e*^{1}*-dis*^{1}*-e*^{1}*-c*^{1}, Viola: *h-c*^{1}*-h-es*). Was sich bis zu diesem Zeitpunkt – etwa die Hälfte des Stückes ist hier erreicht – nicht aus der Set Class [0, 1, 4] erklären lässt, verdankt sich ihrer Variante [0, 1, 5]. Man überprüfe es analytisch und wird finden, dass nur der permanent wiederholte Basston *cis* (T. 1–6) und ein kanonisch geführtes Motiv in Takt 4 davon ausgenommen sind. Diese beiden aber bringen sich in der zweiten Hälfte des Satzes in das Netz der Beziehungen ein. Was auf den ersten Blick so wirken mag, als sei es mit tra-

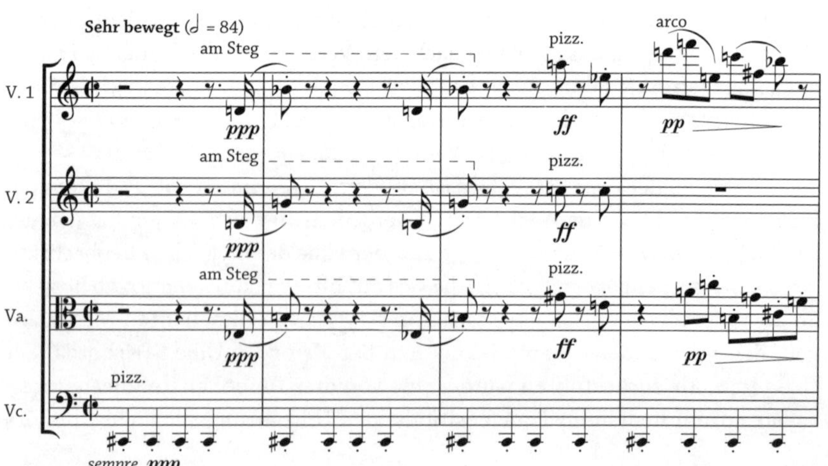

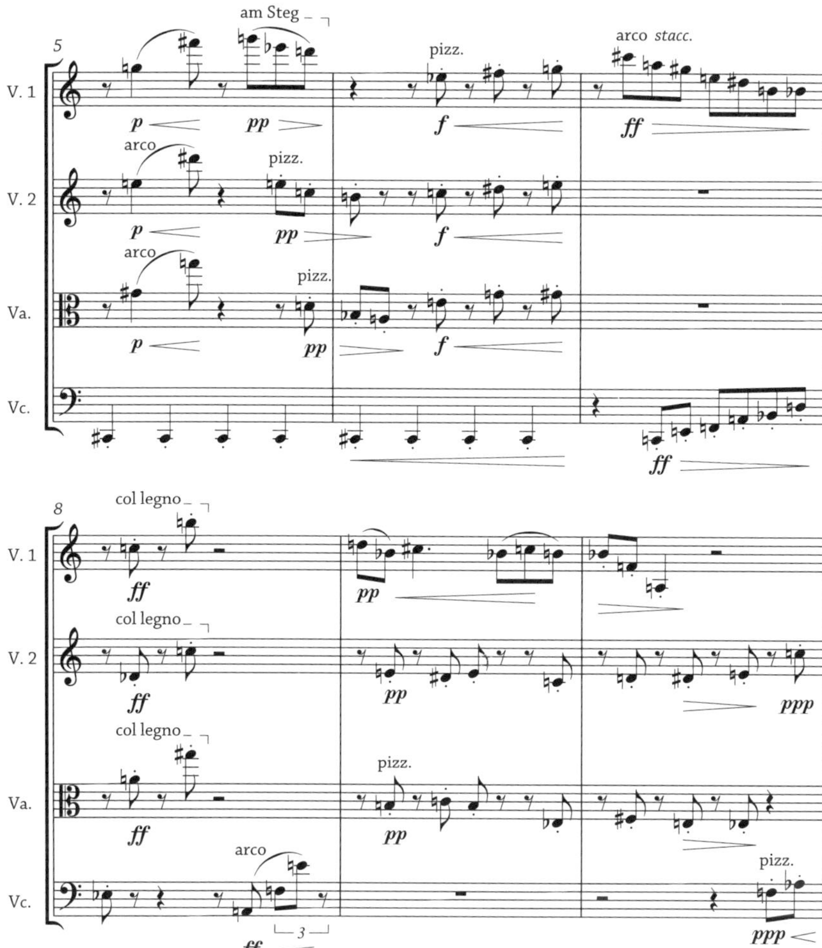

Notenbeispiel 7: Anton Webern, *Fünf Sätze für Streichquartett*, III. Satz, Partitur, T. 1–10

ditionellen Vorstellungen über Zusammenhang und großformale Architektur unvereinbar, entpuppt sich bei der Analyse als ein dicht und ökonomisch gewirktes Netz aus einem streng begrenzten Minimum an Material.

Eine ethnographisch informierte Moderne

Um 1910 machen zunächst im Pariser Musikleben Werke Furore, die nicht nur durch die osteuropäische Herkunft ihrer Komponisten vom Gewohnten abwichen, sondern auch durch die Ausdrucksmittel, die offenkundig einer sozialen Sphäre außerhalb der bürgerlichen Konzertkultur angehörten. Ihren verbreitetsten Erscheinungsformen, etwa in Werken des Russen Igor Strawinsky und des Ungarn Béla Bartók, liegt dabei eine neue Faszination an der je eigenen Volkskultur zugrunde. Anders als bei der Genese nationaler Stile im 19. Jahrhundert, etwa im Umfeld des russischen »Mächtigen Häufleins«, geht es nun allenfalls noch in zweiter Linie um Nationalinteressen. Wichtiger erscheint die Hoffnung, mittels einer Erkundung solcher Musikformen, die bürgerliche Hochkulturen bisher als »primitiv« verdrängt hatten, zu einer Erneuerung der kompositorischen Ausdrucksmittel zu gelangen. Dieses Bestreben läuft zum Impressionismus wie zum Expressionismus zeitlich parallel; bildkünstlerische Pendants lassen sich bei Malern beider Lager finden, etwa bei dem Franzosen Paul Gauguin oder bei der deutschen Künstlergruppe Die Brücke. All dies fügt sich in eine gesamteuropäische Tendenz unter Künstler:innen, die sich von einer als erdrückend empfundenen bürgerlichen »Kultur« abwandten und verstärkt Impulse aus einem vermeintlichen »Natur«-Zustand aufnahmen. Als Oberbegriff für die Gesamtbewegung, von der die Musik nur einen Teil darstellt, wird auch »Primitivismus« verwendet – nicht im Sinne von »unkünstlerisch«, sondern von »ungekünstelt« und »ursprünglich«. Die Ernsthaftigkeit, mit der die maßgeblichen Komponisten an ihre Quellen herangingen und sie nach Authentizität befragten und kontextualisierten, lässt einen Oberbegriff wie »ethnographisch informierte Moderne« allerdings passender erscheinen.

Eine besonders intensive Form der Aneignung musikalischer Folklore betrieb Bartók, der von 1904 bis 1918 auf Feldforschungsexpeditionen über 2700 ungarische Volksmelodien ethnographisch erschloss, daneben mehr als 6500 weitere Volksmelodien aus verschiedenen Balkanregionen. Bartók, der diese Melodien als »Bauernmusik« bezeichnete, um sie von der als bereits verfälscht verstandenen städtischen Folklore seiner Zeit abzugrenzen, verfolgte mit dem Sammeln sowohl wissenschaftliche als auch künstlerische Interessen. In einer 1919 erschienenen kurzen Autobiographie bewertete er die Bedeutung seiner Forschungen für das eigene Komponieren so: »Die Verarbeitung des musikalisch höchst wertvollen Materials war deshalb von entscheidender Bedeutung für mich, da sie eine vollständige Emanzipation von der Alleinherrschaft des bisherigen Dur- und Mollsystems bedeutete. Denn der weit überwiegende und gerade wertvollere Teil des gewonnenen Melodienschatzes ist in den alten

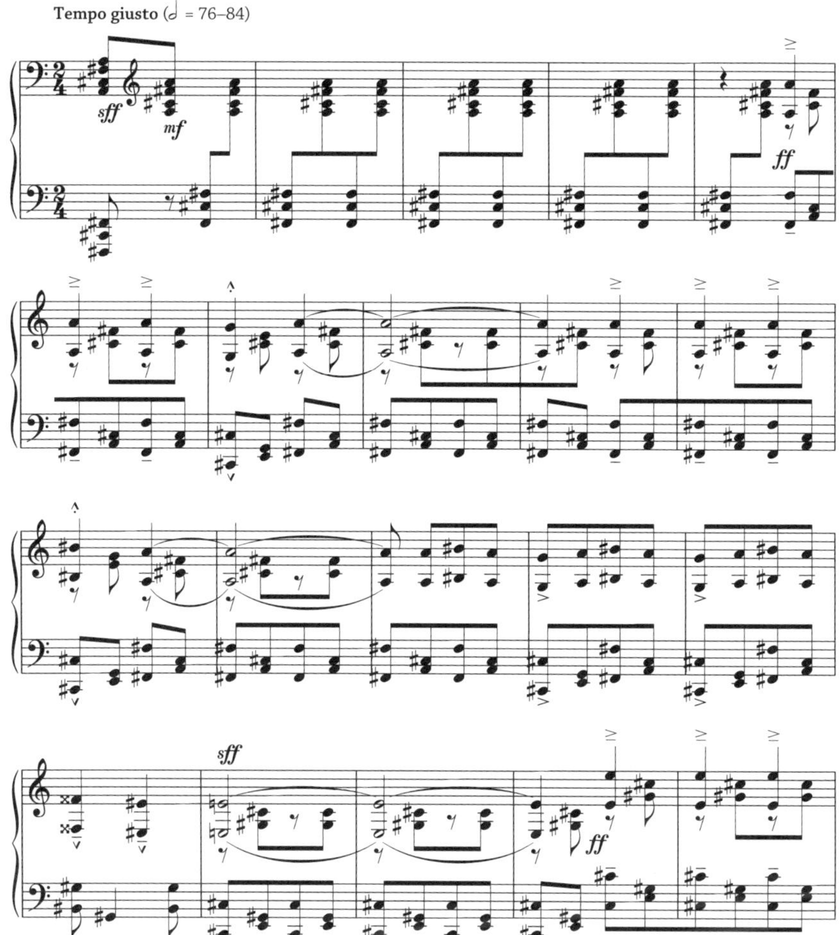

Notenbeispiel 8: Béla Bartók, *Allegro barbaro* für Klavier (1911), Anfang

Kirchentonarten, resp. in altgriechischen und gewissen noch primitiveren (namentlich pentatonischen) Tonarten gehalten und zeigt außerdem mannigfaltigste und freieste Rhythmusgebilde und Taktwechsel sowohl im *rubato* als auch im *tempo giusto* Vortrag. Es erwies sich, daß die alten, in unserer Kunstmusik nicht mehr gebrauchten Tonleitern ihre Lebensfähigkeit noch durchaus nicht verloren haben. Die Anwendung derselben ermöglichte auch harmonisch neuartige Kombinationen. Diese freie Behandlung der diatonischen Tonreihe wies auf eine Möglichkeit zur Befreiung von der erstarrten Dur-moll-Skala hin und führte als letzte Konsequenz zur vollkommen freien Verfügung über die einzelnen Töne unseres chromatischen Zwölftonsystems.«[10] An Bartóks Klavierstück *Allegro barbaro* (1911) lässt sich studieren, was diese Musik vom Expressionismus der Wiener Schule trennt: In beiden Fällen ist eine Loslösung von harmonischen Konventionen realisiert, doch im *Allegro barbaro* geschieht dies nicht durch eine auf die Spitze getriebene Chromatik, sondern durch eine ungewöhnliche modale Auswahl, wie sie der von Bartók studierten Bauernmusik eigen war. In den ersten 15 Takten (Notenbeispiel 8) grundiert ein motorisch wiederholter fis-Moll-Bordunklang eine Melodik, die nur von den Tonqualitäten *g*, *a* und *his* Gebrauch macht: Harmonische Statik trifft auf ein ebenso eng begrenztes, dabei aber zum Bordun dissonierendes melodisches Material. Im weiteren Verlauf bestimmen andere ungewohnte Skalen jeweils über eine gewisse Zeit das Geschehen, und andere Kurzmotive werden insistierend wiederholt. In der formalen Dramaturgie tritt das Prinzip der Reihung an die Stelle der Entwicklung.

Igor Strawinsky: *Le Sacre du printemps. Tableaux de la Russie païenne en deux parties*

Entstehung: 1910–1913 an verschiedenen Orten Europas, vor allem in Clarens (Schweiz) und Ustilug (Ukraine, damals Russisches Reich) • Libretto: Nicholas Roerich • Uraufführung als Ballett: 29. Mai 1913, Paris, Théâtre des Champs-Élysées; Ballets Russes, Choreographie: Vaslav Nijinsky, Dirigent: Pierre Monteux • Uraufführung als Orchesterwerk: 5. Februar 1914, Moskau, Dirigent: Sergei Kussewizki

Le Sacre du printemps führt ein Doppelleben: Als Ballett konzipiert, setzte es im Mai 1913 eine Reihe aufsehenerregender Pariser Produktionen der von Sergei Diaghilev geleiteten Truppe Ballets Russes fort, für die Strawinsky in den Jahren zuvor auch die Partituren des *Feuervogel* und des *Petruschka* beigesteuert hatte. Den Skandal bei der Uraufführung des *Sacre* löste in erster Linie die Choreographie von Vaslav Nijinsky aus, die im Zuge einer ethnographisch informierten Kunstauffassung mit dem Schönheitsideal des klassischen Balletts brach und bereits in der Premierensaison nach wenigen weiteren Aufführungen in der Versenkung verschwand. Dass auch Strawinskys ungewöhnliche Musik zur Ablehnung des Balletts durch weite Teile von Kritik und Publikum beitrug, ist unbestritten, doch abseits des Tanztheaters entwickelte sich die Musik des *Sacre* bald zu einer Ikone der Moderne. Waren erste Moskauer und St. Petersburger Aufführungen noch künstlerisch unbefriedigend gewesen, so gestaltete sich die Pariser Erstaufführung des *Sacre* als Konzertstück am

5. April 1914 – unter der Stabführung von Pierre Monteux, wie schon im vorangegangenen Mai – zu einem großen Erfolg: Das Desaster der Ballettpremiere und der Triumph im Konzertsaal lagen weniger als ein Jahr auseinander. Dass der *Sacre* zunehmend als Orchesterwerk rezipiert wurde, ist bereits aus der 1921 erstmals veröffentlichten Partitur abzulesen, die kaum noch auf die eigentliche Bestimmung des Werks als Ballett hinweist. Allenfalls die Überschriften der einzelnen Szenen verraten hier noch etwas über die Verbindung zu einer musiktheatralischen Handlung.

Schon das Sujet des Balletts lässt die Idee einer Erneuerung der Gattung aus folkloristischem Geist erkennen, die der ursprünglichen Konzeption des Werks zugrunde lag. Das Libretto imaginiert den naturverbundenen Ritus eines heidnischen russischen Stammes, die Huldigung an die vom Frühling erweckte Erde, der am Schlusspunkt der getanzten Handlung ein junges Mädchen geopfert wird. Im Bemühen um ethnographische Stimmigkeit suchte Strawinsky den Rat des Malers und Altertumsforschers Nicholas Roerich, der das Libretto schrieb und Szenerie wie Kostüme entwarf. In seinem eigenen Metier flankierte der Komponist diese Bestrebungen, indem er in publizierten Volksliedsammlungen nach Material suchte. Weitere Fundstücke soll er unmittelbar den Darbietungen von Volkssängern seiner eigenen Gegenwart abgelauscht haben. Gleich den Beginn des *Sacre*, eine Melodie, die er dem in hoher Lage spielenden Solo-Fagott zuteilte, bezog Strawinsky aus einer Sammlung litauischer Volksgesänge. Auf diese Quelle fiel die Wahl – hier wie andernorts im *Sacre* – vermutlich deswegen, weil man sich von den Melodien des erst spät christianisierten Litauen eine besondere Nähe zu »heidnischen« Ausdrucksmitteln versprach.

Wenn der *Sacre* hinsichtlich Choreographie, Sujet und Melodik eine Belebung von »Kultur« (im Sinne von bürgerlicher Hochkultur) durch »Natur« (im Sinne einer primitiven Volkskultur) verwirklichte, so ist die Verlängerung dieser Bestrebungen auf andere Ebenen des Tonsatzes mal mehr, mal weniger offensichtlich. Die Handhabung des Orchesterklangs ist an vielen Stellen durch ausgesprochenes Raffinement der Farben gekennzeichnet, doch gibt es auch solche Momente, an denen eine brutal anmutende Geräuschhaftigkeit überwiegt. Weite Teile des Abschnitts »Les Augures printaniers« (»Die Vorboten des Frühlings«) fallen in diese Kategorie, namentlich sein Beginn (Ziffer 13), der einen dissonanten Achttonakkord im Forte der Streicher als vielfach wiederholtes dumpfes Schlaggeräusch inszeniert, das sich mit den Vorstellungen eines archaischen Rituals in Verbindung bringen lässt. Überhaupt ist die Neigung zu exzessiver Wiederholung von Einzelereignissen offensichtlich. In der Großform findet sich kaum eine Spur weiträumiger Entwicklungszüge, wie sie noch die Partitur des *Feuervogels* aufwies. Vielmehr sind die Bilder bei aller Binnenbewegung von Statik geprägt, und ihre Abfolge legitimiert sich weniger durch überleitende Folgerichtigkeit als durch das Prinzip des bisweilen schroffen Kontrasts. Strawinsky orientierte sich hier jedoch weniger an tatsächlich vorhandenen volksmusikalischen Praktiken, sondern ließ sich von einem grundsätzlichen Misstrauen gegen »kultivierte« Musik leiten. Darin, dass er entwicklungslose Zustände zulässt, trifft er sich mit den Formvorstellungen Debussys, mit dem ihn eine Freundschaft verband; bei Strawinsky ist diese Art Formbildung jedoch deutlich radikalisiert.

Der Abschnitt »Cortège du sage« (»Prozession des Weisen«, Ziffer 67–71) etwa stellt eine Überlagerung von zahlreichen Ostinati zu einer statischen Klangmasse dar. Veränderung gibt es in den 21 Takten dieses Abschnittes nur durch das Hinzutreten neuer Ostinato-Schichten (Oboen, Tamtam und Bratschen bei Ziffer 68; Flöten, Klarinetten, Trompeten, Posaunen und Violinen bei 70) und durch das ruckhafte Anheben der Dynamik (bei Ziffer 70 von *mf* zu *ff*). Die

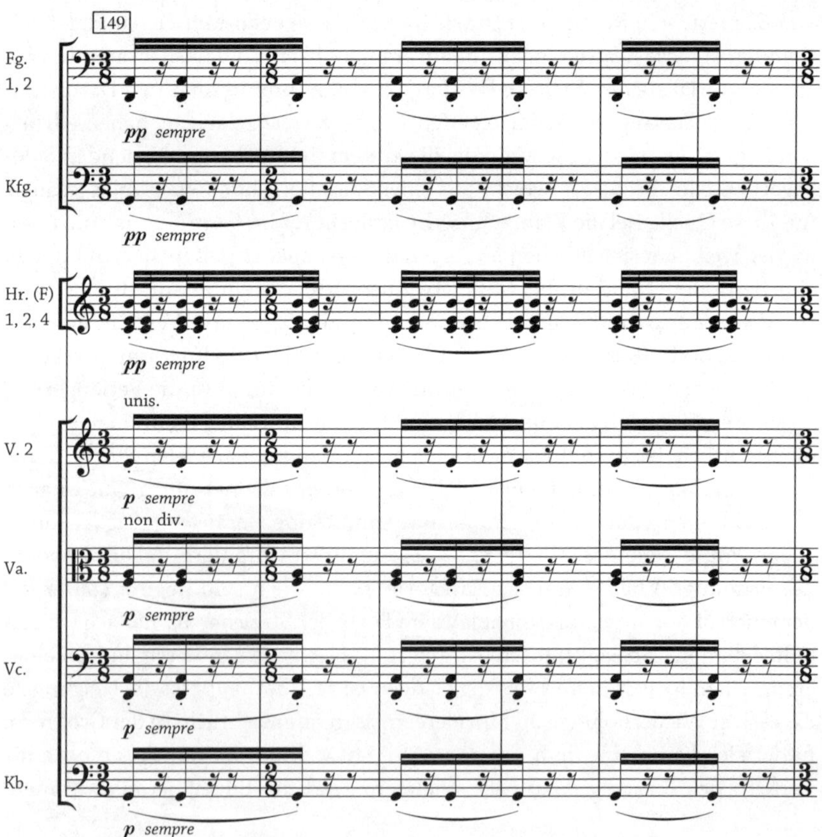

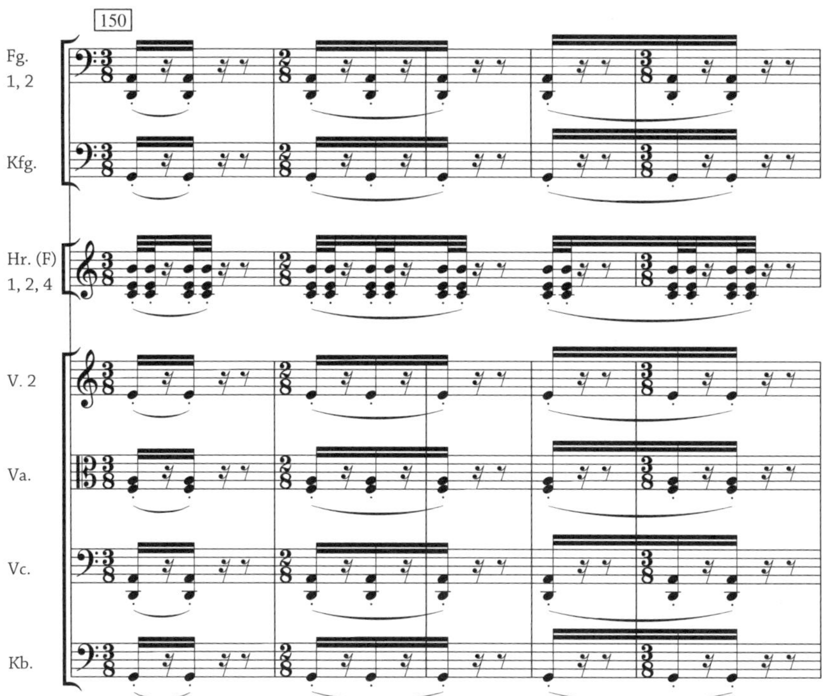

Notenbeispiel 9: Igor Strawinsky, *Le Sacre du printemps*, II. Teil, Partitur, Ziffer 149 f.

Akkumulation wird bei Ziffer 71 jäh durch eine Generalpause unterbrochen, auf die der kürzeste (und leiseste) Abschnitt des Werks unmittelbar folgt, ein zartes Lento von vier Takten Dauer mit dem Titel »Le Sage« (»Der Weise«). Diesem Fragment eines impressionistischen Stimmungsbildes, das in einem Flageolett-Akkord der Streicher verhaucht, schließt sich mit kürzester Überleitung – einem Crescendo der Großen Trommel von fünf Viertelnoten Dauer – wiederum eines der wildesten Stücke des Balletts an, die »Danse de la terre« (»Tanz der Erde«, Ziffer 72). Dieser Nummer mangelt es nicht an Bewegung, doch ist eine eigentliche Entwicklung, die über das unregelmäßige Aneinanderreihen von Akzenten über einem eintaktigen Ostinatobass hinausginge, nicht auszumachen. Auch das Schluss-Crescendo bleibt ohne Ziel: Die »Danse de la terre«, immerhin das Finale des ersten von zwei Teilen des Balletts, wird einfach mitten in der Bewegung abgeschnitten, wie zuvor der »Cortège du sage«.

Schnitttechniken dieser Art wendet Strawinsky im *Sacre* auch in den kleinsten Elementen an, den rhythmischen Zellen. Auch hier geht die Bewegung – metaphorisch gesprochen – weg von der Kultur zur Natur: An die Stelle des über Jahrhunderte in der europäischen Kunstmusik kultivierten Akzentstufentakts tritt eine Rhythmik, die sich aus der Abfolge frei miteinander kombinierter Elementarteilchen ergibt. Beginnend bei Ziffer 149 (Notenbeispiel 9) erklingt 41 Mal derselbe Akkord in gleichbleibenden Dauern von je einer Sechzehntel (bzw. zwei Zweiunddreißigsteln in den Hörnern) mit folgender Sechzehntelpause. Eingestreut sind jedoch in unregelmäßigen Abständen Achtelpausen, die die dadurch voneinander abgetrennten Akkordschläge in Gruppen zu 1, 2 oder 3 Schlägen anordnen. Dadurch sind für diesen Abschnitt drei elementare rhythmische Zellen gegeben, die nun frei kombiniert werden. Die im Notenbeispiel sichtbaren ersten 16 Schläge gruppieren sich in die Abfolge 2+1+3+1+1+2+3+1+2, mit jeweils einer Achtelpause als Trennelement zwischen den Gruppen. (Durch die Balkung in der Notation wird dieser Umstand optisch verschleiert – man orientiere sich beim Nachvollzug an den trennenden Achtelpausen.)

In der Strawinsky-Forschung sind solche Verfahren mit Begriffen wie »Baukasten«-, »Montage«- oder »Schablonen«-Technik umschrieben worden[11] – ein Begriffsarsenal zur Beschreibung von Kunstmusik, das eigentümlich schillert, da es einerseits an einen naiven, ja sogar primitiven Ansatz denken lässt, andererseits an modernen Technizismus. Für die ethnographisch informierte Moderne ist diese Doppelgesichtigkeit wesensbestimmend, da sie den primären Unterschied zu jenem romantischen Rückgriff auf das Volkslied markiert, der aus dem 19. Jahrhundert vertraut war.

Ragtime und Blues

Zu derselben Zeit, zu der Strawinsky und Bartók in Europa aus Elementen volksmusikalischen Musizierens neuartige, hoch artifizielle Kompositionstechniken ableiteten, schickte sich jenseits des Atlantiks eine andere folkloristische Praxis an, auf einem expandierenden Musikmarkt breite Hörerschichten zu erobern. Als Musik der afroamerikanischen Sklaven und ihrer Nachkommen sind Ragtime und Blues in ihren Ursprüngen kaum dokumentiert. Wahrscheinlich war die Musik, die man nachmals mit diesen Genrebezeichnungen versah, durch weite Teile des 19. Jahrhunderts in Gebrauch, doch erst zwischen etwa 1890 und dem Ersten Weltkrieg gelangten entsprechende Werke über die Medien des Notendrucks und der Schallplatte an ein immer größeres, zunehmend auch weiße Hörerschichten umfassendes Publikum. Damit waren die Voraussetzungen geschaffen für die weitere Entwicklung populärer Musikstile: Die

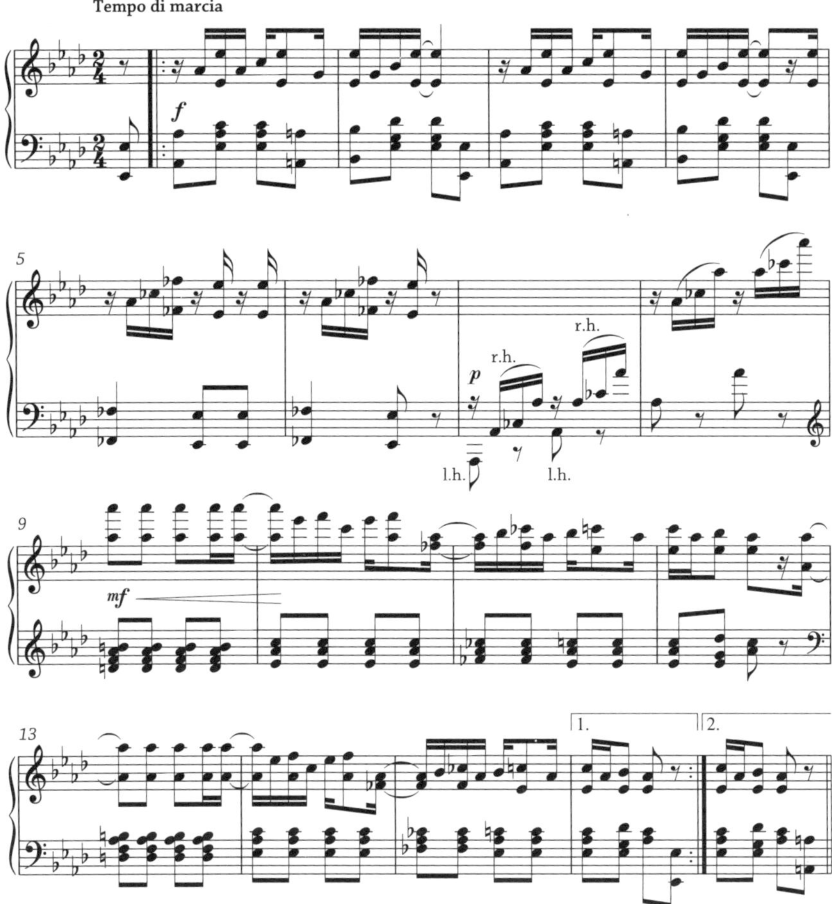

Notenbeispiel 10: Scott Joplin, *Maple Leaf Rag* für Klavier (1899), Strain 1

Erfolgsgeschichten des Jazz und später des Rock sind nicht denkbar ohne den Einfluss von Ragtime und Blues auf die nordamerikanische Musik des frühen 20. Jahrhunderts.

Der Begriff des Ragtime wird üblicherweise von »ragged time« (»zerrissene Zeit«, »zerrissener Takt«) abgeleitet und lässt damit rhythmische Eigenschaften als Hauptcharakteristikum dieser Musik hervortreten. Faszinosum war die Neigung zu synkopierter Melodiebildung, die im Ragtime zur Norm machte, was etwa im Marsch – dem nächsten Verwandten des Ragtime innerhalb der komponierten Musik – die Ausnahme blieb (Notenbeispiel 10). Von der rhythmischen Gestaltung solcher Stücke führt ein direkter Weg zum »Swing« oder zum »Groove«, die spätere Generationen zum unverzichtbaren Element erfolgreicher Unterhaltungsmusik erklären sollten. Plausibler allerdings lässt sich der Begriff des Ragtime über das Wort »rag« erklären, das man in der afroamerikanischen Bevölkerung damals für »Tanz« schlechthin benutzte. Entsprechend führen die Kompositionen selbst meist nicht das Wort »Ragtime« im Titel, sondern nur »Rag«, wie etwa Scott Joplins berühmter *Maple Leaf Rag* (1899) oder der in seiner Autorschaft umstrittene *Tiger Rag* (1917), womit Anfang und Ende der Blütezeit des Ragtime in etwa umrissen wären. Die Vorstellungen, die man sich innerhalb der weißen Bevölkerung Nordamerikas und Europas über Tänze der Afroamerikaner machte, waren seit den Minstrel Shows des 19. Jahrhunderts durch groteske Übertreibung bestimmt. In der Regel verband sich mit dem Begriff des Ragtime (im Anschluss an den älteren Cakewalk) die Vorstellung eines raschen Tempos und eines mindestens heiteren, oftmals sogar ausgelassenen Charakters. Ragtimes wurden für alle möglichen Besetzungen arrangiert und gedruckt, wenngleich Ausgaben für Klavier solo überwogen; formal ist eine Reihung von periodenartigen 16-taktigen Abschnitten, sogenannten Strains charakteristisch, deren Disposition an europäische Vorbilder wie Rondo oder Quadrille denken lässt. Joplins *Maple Leaf Rag* für Klavier verknüpft vier solcher Strains zu der Abfolge AABBA-CC-DD, wobei die in Des-Dur stehenden C-Abschnitte harmonisch mit dem As-Dur des Restes kontrastieren und mit »Trio« überschrieben sind.

Im Gegensatz zu dem vom Tanz abgeleiteten, rasch bewegten Ragtime ist das Genre des Blues innerhalb der afroamerikanischen Kultur um 1900 primär in der Vokalmusik angesiedelt und inhaltlich mit Melancholie verknüpft. Als Nomen war »the blues« lange vor den ersten musikalischen Belegen als Metapher für Schwermut und Depression in Gebrauch. Die ersten Veröffentlichungen entsprechender Musik datieren von 1912, doch bezogen die Komponisten dieser Werke ihre Inspiration aus noch älteren volksmusikalischen Vorbildern, die nicht schriftlich oder als Aufnahmen überliefert sind und ihrerseits wohl auf die Traditionen geistlicher Gesänge (Spirituals) und Arbeitslieder (Field Hollers) der Sklavenzeit zurückgehen. In Abwesenheit solcher »authentischer« Quellen wurden neukomponierte Werke wie der *St. Louis Blues* selbst zu Vorbildern, die mit der Zeit kanonischen Rang erlangten. Viel bedeutsamer als individuelle Kompositionen war für die Verbreitung des Blues indes das von ihnen (und darüber wohl von älteren Quellen) abstrahierte 12-taktige harmonische Schema. Die Grundidee besteht aus einer auf drei Liedzeilen aufgeteilten Kadenz: Verharrt die erste Zeile über vier Takte in der Tonika (I-I-I-I, Variante: I-IV-I-I), wendet sich die zweite (in der Regel unter Wiederholung desselben Textes) zur Subdominante (IV-IV-I-I), während die dritte und letzte Zeile von der Dominante zur Tonika zurückführt (V-V-I-I), oft auch mit plagaler Wendung über die Subdominante (V-IV-I-I). In dieser ursprünglichen Form und in vielfachen Abwandlungen ist das Bluesschema, das in rascherem Tempo auch den späteren Genres Boogie-Woogie, Rhythm and Blues und Rock'n' Roll zur Grundlage diente, zur folgenreichsten und langlebigsten harmonischen Formel der populären Musik geworden.

Gemeinsam sind Ragtime und Blues – neben der Fundierung in der afroamerikanischen Volksmusik und ihrer Entdeckung für die Musikindustrie vor dem Ersten Weltkrieg – zwei rhythmische und melodische Besonderheiten: Die für den Ragtime charakteristische Vorliebe für synkopierte Rhythmen findet auch im meist langsameren Tempo des Blues ihren Platz, und genauso sind die melodischen Blue Notes – die erniedrigte dritte (in Dur), fünfte und siebte Stufe der Tonleiter – nicht nur Kennzeichen des Blues, sondern auch des Ragtime. (Man beachte die Rolle des *ces* in der ersten As-Dur-Strain des *Maple Leaf Rag*, insbesondere T. 11 des Notenbeispiels 10.) Von diesen Prototypen aus gingen die Phänomene in zahllose Stile der populären Musik ein. Blue Notes können dabei sowohl ein – gegebenenfalls mikrotonales – Element der jeweiligen Aufführung darstellen, das sich nicht in der Notation niederzuschlagen braucht, als auch (vor allem hinsichtlich der kleinen statt der großen Terz in Durtonarten) bereits in Notenausgaben fixiert sein.

W. C. Handy: *St. Louis Blues*

Entstehung: 1914 • Uraufführung: Memphis, Alaskan Roof Garden, September 1914

In der Erstveröffentlichung von 1914 begegnet der *St. Louis Blues* in Gestalt einer Fassung für Gesang und Klavier, doch ist mit dieser Publikation – wie in populärer Musik üblich – keine unumstößliche Festschreibung einer Besetzung verbunden. Vielmehr handelt es sich um einen Klavierauszug, auf dessen Basis von Anfang an unterschiedliche Ensemble-Instrumentierungen denkbar waren. William Christopher (W. C.) Handy, ein zur Zeit der Komposition 40-jähriger Bandleader, schrieb das Werk für sein Ensemble, das im Alaskan Roof Garden, einem Club in Memphis, einem weißen Publikum zum Tanz aufspielte. In seiner 30 Jahre später erschienenen Autobiographie erinnert sich Handy an den Effekt des Stücks bei seiner Feuertaufe: »I tricked the dancers by arranging a tango introduction, breaking abruptly then into a low-down blues. My eyes swept the floor anxiously, then suddenly I saw the lightning strike. The dancers seemed electrified. Something within them came suddenly to life.«[12] Der lateinamerikanische Tango war damals eine der vorherrschenden Tanzmoden; mit der achttaktigen, auch in der Klavierfassung enthaltenen Introduktion, die auf den Mittelteil des Stücks vorausweist, hatte Handy über die Tanzbewegung eine Verbindung der Tango-Sphäre mit der für das großstädtische Publikum neuen Welt des afroamerikanischen Blues hergestellt.

Im Anschluss an die Introduktion besteht die Komposition in der Fassung des Erstdrucks, die dieser Analyse zugrunde liegt, aus drei Strophen mit jeweils abschließendem Chorus (Refrain). Musikalisch kontrastieren innerhalb jeder Strophe zwei Teile miteinander, die jeweils – bei neuem Text und leichten musikalischen Veränderungen – unmittelbar wiederholt werden (A_1A_2-B_1B_2); auch der im Gegensatz zu den Strophen textlich invariable Chorus besteht aus einem wiederholten musikalischen Gedanken (C_1C_2). Es ergeben sich also insgesamt drei Durchgänge des Musters A_1A_2-B_1B_2-C_1C_2. Die in G-Dur stehenden A- und C-Teile stellen unterschiedliche Realisationen des zwölftaktigen Bluesschemas dar; die B-Teile kontrastieren dazu durch die Tonart (g-Moll), die achttaktige Anlage und den von Handy beschriebenen Tango-Rhythmus. Die über dem Chorus angebrachte Beischrift »Melody from ›The Jogo Blues‹« bezieht sich auf ein anderes Werk Handys aus dem Jahr zuvor, dem, so der Komponist, durchschlagender Erfolg versagt blieb, weil es ein textloses Instrumentalstück war:[13] ein nachdrücklicher Verweis darauf, dass die Blues-Tradition in erster Linie Vokalmusik hervorgebracht hatte und von Handy in dieser Beziehung anfänglich missverstanden wurde. Der *St. Louis Blues* wurde dagegen schnell zu einem Klassiker der Gattung.

Der Text selbst, der wohl ebenfalls von Handy stammt, ist in der Sprechweise der Afroamerikaner gehalten (»de« statt »the«, »he done lef dis town« statt »he has left this town«). Er spricht in der Ich-Form den Liebesschmerz einer Frau aus, die von ihrem Geliebten zugunsten einer reichen Nebenbuhlerin aus St. Louis verlassen wurde und die sich nun selbst dorthin aufmacht, um ihn zurückzugewinnen. Mit dem affektiven Moment der im Text ausgesprochenen Melancholie (»Feelin' tomorrow lak ah [like I] feel today«, »Got de St Louis Blues jes blue as ah can be«) korrespondieren die Blue Notes in der Stimme (*b* statt *h* in den A-Teilen, das Changieren zwischen *ais*, *h* und *b* in den C-Teilen). Bereits der erste A-Takt führt mit dem »zu frühen« Einsatz der betonten Silbe »see« auf der vierten statt der fünften Sechzehntel synkopische Rhythmik ein, die sich im weiteren Verlauf fortsetzt, so gleich im nächsten Takt auf »go« (Notenbeispiel 11).

Als Freiräume zur Improvisation sind, wie der Komponist schreibt, die jeweils dritten und vierten Takte der Viertaktgruppen vorgesehen (etwa T. 11 f. und 15 f. im Notenbeispiel 11): »In the folk blues the singer fills up occasional

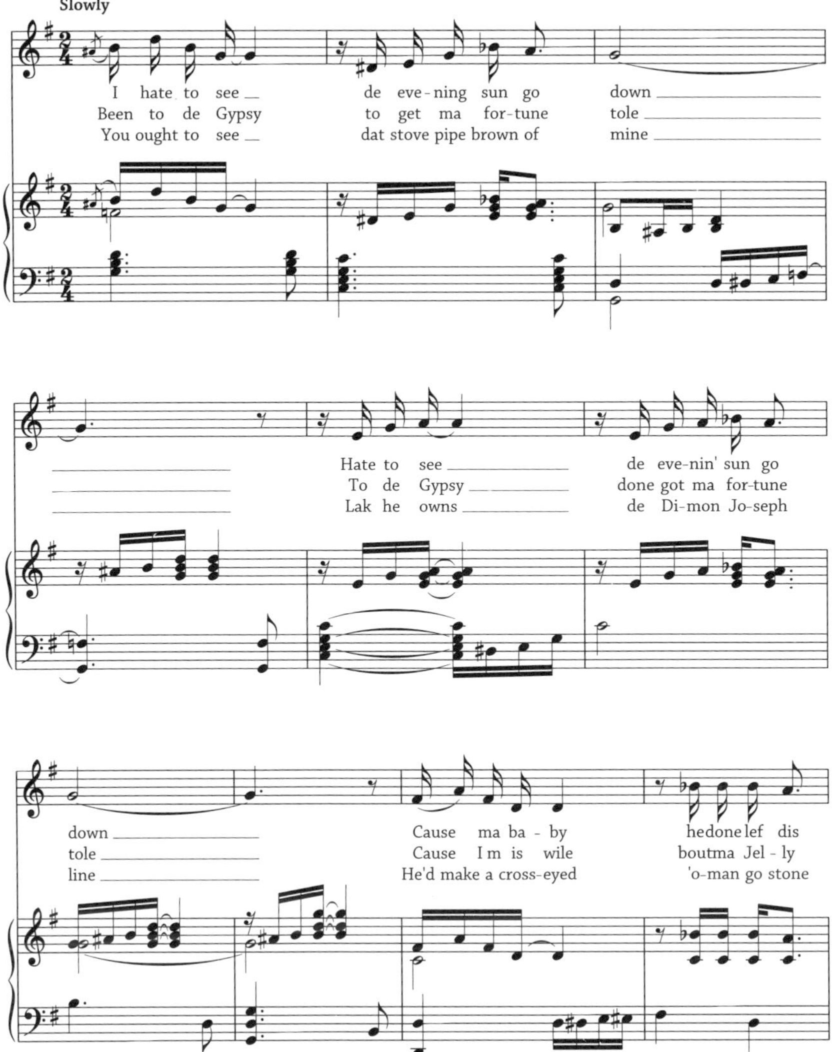

Notenbeispiel 11: W. C. Handy, *St. Louis Blues*, Beginn A_1, T. 9–18

gaps with words like ›Oh, lawdy‹ or ›Oh, baby‹ and the like. This meant that in writing a melody to be sung in the blues manner one would have to provide gaps or waits. In my composition [*St. Louis Blues*] I decided to embellish the piano and orchestra score at these points. This kind of business is called a ›break‹ […] and the breaks become a fertile source of the orchestral improvisa-

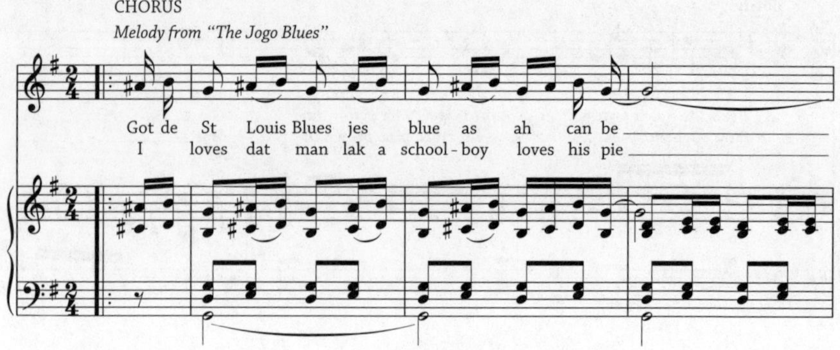

Notenbeispiel 12: W. C. Handy, *St. Louis Blues*, Beginn C_1, T. 49–51

tion which became the essence of jazz.«[14] Tatsächlich sind es in frühen Aufnahmen des *St. Louis Blues* nicht die Sänger:innen, die diese Räume zu Improvisationen nutzen, sondern Instrumentalist:innen. Anschaulich ist die 1925 veröffentlichte Schallplatte mit der Sängerin Bessie Smith (Columbia 14064), die von Anfang an frei mit der von Handy notierten Gesangsstimme umgeht, die Breaks aber Louis Armstrongs Kornett überlässt. Interessant ist an dieser berühmt gewordenen Aufnahme auch die Begleitung durch ein Harmonium (Fred Longshaw), die an die Wurzeln des Blues im afroamerikanischen Spiritual denken lässt. Dies zu unterstreichen war bereits Handy ein Anliegen gewesen, der sich mit Blick auf die Entstehung des *St. Louis Blues* erinnert: »In the chorus I used plagal chords to give spiritual effects in the harmony.«[15] Handy meint die über weite Strecken der C-Teile anzutreffende Hinzufügung der Sexte als Wechselnote zur Quinte (Notenbeispiel 12, Klavier linke Hand): Als Variante zum Quintfundamentklang *g-d* kann die Sexte *g-e* als Teil einer plagalen IV-I-Kadenz aufgefasst werden. Das fortwährende Abwechseln beider Klänge aber wurde in der Folge geradezu zum Kennzeichen des Blues und später (in deutlich rascherem Tempo) des Rock'n' Roll.

Der frühe Jazz

Mit Ragtime und Blues teilt der Jazz die Herkunft aus der Musikpraxis der Afroamerikaner ebenso wie seine rasch wachsende Beliebtheit auch unter der weißen Bevölkerung Nordamerikas. Musikalische Quellen sind auch im Fall des Jazz erst viele Jahre nach der Entstehung des Phänomens greifbar, erstmals durch Schallplatten, die die Original Dixieland Jazz Band (ursprünglich »Jass Band« geschrieben) ab 1917 veröffentlichte. Durch diese Tonträger erlangte auch der Stilbegriff »Jazz« eine größere Verbreitung.

Jazz ist in seinen frühen Zentren nicht Teil einer Konzertkultur europäischen Zuschnitts, sondern im musikalischen Beiprogramm von Restaurants, Cafés, Cabarets und anderen Orten der städtischen Unterhaltung angesiedelt. In New Orleans, seiner ersten Hochburg, fanden die Bands vor allem in den Bordellen des Vergnügungsviertels Storyville Engagements; der Begriff »Jazz« selbst hatte vorwiegend sexuelle Konnotationen. Als man Storyville 1917 schloss, zogen Musiker wie der Kornettist King Oliver nach Chicago und New York, die dadurch in den 1920er-Jahren zu den wichtigsten Städten des Jazz wurden.

Stilistisch wandelt sich der Jazz zwischen den Kriegen vom New-Orleans-Stil (auch Dixieland genannt, ein Begriff, der eigentlich die Südstaaten der USA meint) zum Swing. Dies geht einerseits einher mit der graduellen Vergrößerung der Ensembles, die in den Anfängen oft Quintettformat hatten, während in den 1930er-Jahren der Typus der meist 10- bis 15-köpfigen Big Band florierte. Signifikante Unterschiede bestehen andererseits in der jazztypischen Improvisation, die im New-Orleans-Stil kollektiv von drei oder mehr Instrumentalisten praktiziert wurde, während sich im Verlauf der 1920er-Jahre mit dem Aufkommen gefeierter Solisten wie Louis Armstrong zunehmend die Solo-Improvisation durchsetzte.

Im Gegensatz zur akademischen Musik dieser Jahre ist Jazz nicht primär in notierter Form überliefert, sondern durch Tonaufnahmen. Hinter dieser Beobachtung verbirgt sich nicht etwa ein beklagenswerter Verlust von Quellen, sondern ein grundsätzliches Prinzip dieser Musikform: Stärker noch als bei der Rockmusik späterer Jahre (für die das Moment der Song-Komposition eine größere und von der jeweiligen künstlerischen Interpretation unabhängigere Bedeutung hat) sind im Jazz das Zusammenwirken von Arrangement und Solo-Spiel, die performative Realisation im Moment der Live-Aufführung oder Aufnahme, für die Würdigung künstlerischer Leistungen entscheidend. Oft genug beschränkt sich die zum Zusammenspiel benötigte Notation auf sogenannte Leadsheets, die neben der Themenmelodie lediglich Akkordsymbole enthalten; der Rest des Arrangements wird dann mündlich verabredet. Selbstverständlich ist auch im Jazz eine detaillierte Notation aller Stimmen möglich, und je nach Größe besonders der Big Bands sogar erforderlich. Namentlich die Soli, die aufgrund ihrer persönlichen Physiognomie als zentral verstandenen Elemente des Jazz, bilden aber auch in diesen Fällen keinen Bestandteil der Partituren. Erst wenn es darum geht, sich dieser Musik aus historiographischer oder pädagogischer Sicht zu nähern, werden auch die Soli (für die sich längst ein Kanon von »Meisterwerken« herausgebildet hat wie in der akademischen Komposition) mit den Mitteln der Notation transkribiert.

Schon frühe Jazzaufnahmen verwenden oft bereits bekannte Musik als Material, etwa populäre Songs oder Kompositionen aus Blues und Ragtime; besonders häufig aufgegriffene Kompositionen erlangen im Jazzdiskurs den Rang von »Standards«. Ein typisches Ensemblestück beginnt mit der arrangierten Melodie eines Standards und reiht dann eine bestimmte Anzahl von Chorussen aneinander, weitere Durchgänge des bereits vorgestellten harmonischen Materials. Der Chorus im instrumentalen Jazz meint nicht immer den Refrain der vokalen Vorlage, sondern gelegentlich auch deren Strophe; entscheidend für die Benennung als Chorus ist, dass das jeweilige Material einen abgeschlossenen Formteil der Vorlage repräsentiert und in der Jazz-Interpretation als harmonisches Substrat mehrfach wiederholt wird, während einzelne Musiker darüber solistisch hervortreten. Auch reine Klavieraufnahmen folgen diesem Prinzip durch die Unterscheidung von exponierenden und frei paraphrasierenden Abschnitten – gut nachvollziehbar etwa an Art Tatums Aufnahme des *St. Louis Blues* von 1933 (Brunswick A 9433), deren Form sich nach viertaktiger Introduktion als A_1A_2-B_1B_2-$A_3A_4A_5$ darstellt: Von den A-Abschnitten hat allein A_1, der W. C. Handys Melodie aufgreift und Breaks hinzufügt, exponierenden Charakter; die übrigen, als Solo-Improvisationen angelegten A-Teile folgen zwar dem harmonischen Bauplan des Originals, haben melodisch aber kaum noch Ähnlichkeit mit diesem. Das Tatum-Beispiel zeigt auch, dass sich in die Chorus-Reihungen der frühen Jazzaufnahmen bisweilen Abschnitte einmischen können, deren Material mit demjenigen des Chorus kontrastiert (hier: B_1B_2). In Ensembleaufnahmen kann zudem die Abfolge der Soli von weiteren arrangierten Versionen des Ausgangsmaterials unterbrochen bzw. besonders häufig auch abgeschlossen werden.

Auf der Basis dieses Grundtypus existieren auch komplexere Varianten, die sich etwa durch engmaschigeres, nicht nur auf die Anfänge von Chorussen beschränktes Abwechseln der Solisten auszeichnen können. Der Grundtypus selbst ist mit der Variationsform aus der europäischen Kunstmusik verwandt – denn auch diese ist in ihren frühesten Exemplaren, wie eine *Recercada* aus dem 1553 erschienenen *Tratado de Glosas* von Diego Ortiz belegt, greifbar als Erfindung neuer Oberstimmen über sogenannte Tanzbässe, die »Standards« des 16. Jahrhunderts. Eine Orientierung der frühen Jazzer an der klassischen Variationstechnik ist allerdings wenig wahrscheinlich, eher schon das untergründige Fortwirken archaischer Variationspraktiken in der Tanz- und Volksmusik.

Neben dem Element der Improvisation sind es vor allem bestimmte Spielweisen, die das Genre von Beginn an prägen und es stark von der klassischen

Praxis unterscheiden. Besonders die Bläser intonieren im Dienste einer besonderen Ausdrucksintensität stellenweise gewollt »unsauber« (die sogenannten Dirty Tones ähneln den Blue Notes in der Aufführungspraxis des Blues), benutzen Glissandi, verfremdende Dämpfereffekte (Wah-Wah) oder das »Growling«, eine Beimischung von vokal erzeugten Geräuschanteilen zum Instrumentalklang. Diese und andere Ausdrucksmittel – etwa die synkopische Rhythmik wie im Ragtime und Blues – definierten als »Hot Intonation« das Klangbild des frühen Jazz.

Insgesamt lässt sich zwar das Vorhandensein von improvisierten – oder improvisiert wirkenden – Soli dazu heranziehen, einen als »echt« oder »authentisch« bezeichneten Jazz (der Improvisation enthält) von seinen Derivaten in der Tanz- und Unterhaltungsmusik (die dieses nicht tun) zu unterscheiden, doch war der Sprachgebrauch in der Anfangszeit weniger streng. Als Jazz wurden auch mannigfache Formen synkopierter Tanzmusik verstanden, obwohl sie auf improvisatorisches Solo-Spiel verzichteten. Die Nähe des improvisierenden Jazz zu den zahllosen nicht improvisierenden Aufnahmen von Foxtrotts, Shimmys und Charlestons, die damalige »Dance Bands« auf den Markt brachten, war für Beobachter der 1920er-Jahre evident, und sie spiegelt sich auch in den vielen damaligen Bezugnahmen klassisch ausgebildeter Musiker auf den Jazz wider (siehe den Abschnitt zu Kreneks *Jonny spielt auf* in Kapitel 2, S. 25 ff.). Wenn sich heute das Idealbild des improvisierten Jazz der 1920er-Jahre mit Namen wie King Oliver, Louis Armstrong und Duke Ellington verbindet, so blieb der populäre Titel des »King of Jazz« in dieser Zeit Paul Whiteman vorbehalten, der eine für die damaligen Verhältnisse außerordentlich große Dance Band leitete, in deren Aufführungspraxis der Anteil des Arrangements gegenüber dem der Improvisation klar überwog. Typisch für den Stil der Dance Bands ist Whitemans Aufnahme von *Whispering* (1920, Victor 18690), ein großer Erfolg dieser Zeit. Sie verfügt gerade über genug Hot Intonation, um als jazzverwandt durchzugehen. Formal besteht sie aus einer Abfolge von arrangierten Abschnitten, die sich vor allem klangfarblich voneinander unterscheiden; erst der letzte Chorus erinnert von ferne an die improvisatorische Polyphonie des New-Orleans-Stils. Der Klang solcher Dance Bands wurde von den USA in viele Teile der Erde exportiert; ein Beispiel seiner Rezeption durch klassisch ausgebildete Komponisten ist Dmitri Schostakowitschs Arrangement des Foxtrotts *Tea for Two* für Orchester (unter dem Titel *Tahiti-Trott*, 1927).

Whitemans Zusammenarbeit mit George Gershwin zu dem Zweck, ein Konzert mit sinfonischer Jazzmusik auf die Beine zu stellen, brachte 1924 die völlig improvisationsfreie *Rhapsody in Blue* hervor, ein Werk für »Klavier und Jazz-Band«, womit Whitemans 23-köpfiges Ensemble gemeint war. Während das Werk von einem großen Teil der damaligen Musikkritik abgelehnt wurde – da es sich weder um sinfonische Musik noch um Jazz handele –, entwickelte es sich zu einem dauernden Publikumsliebling und beeindruckte nicht zuletzt Jazzmusiker, die das bald kanonisierte Werk gerne zitierten (etwa Louis Armstrong in seiner Aufnahme von *Ain't Misbehavin'* oder Duke Ellington im *Tiger Rag*, beide 1929).

Dem Beispiel des von Whiteman geleiteten Jazzorchesters folgten bereits in den 1920er-Jahren verschiedenen Bandleader, ohne dabei den Umfang des Whiteman'schen Klangkörpers zu erreichen – Duke Ellingtons Orchester etwa umfasste am Ende der 1920er-Jahre elf Musiker. Blieben solche Orchester in der Jazzszene der 1920er-Jahre noch die Ausnahme, so wurden sie in den 1930er-Jahren zur Norm. Stilbildend waren die Big Bands von Ellington, Count Basie, Benny Goodman und Glenn Miller, die große kommerzielle Erfolge verbuchen konnten. Wie der Jazz der 1920er-Jahre begegnet auch der Swing in improvisationsreichen und -armen Varianten; aufschlussreich ist in dieser Hinsicht etwa ein Vergleich der 1941 erschienenen Aufnahmen von Duke Ellingtons *Take the »A« Train* und Glenn Millers *Chattanooga Choo Choo* (HMV B 9235 bzw. Bluebird B 11230-B).

Mit der Durchsetzung des Begriffs »Swing« für den neuen Stil wurde ein rhythmisches Phänomen zur Essenz des Jazz erklärt; eine berühmte Komposition Duke Ellingtons von 1931 behauptet im Titel kategorisch *It Don't Mean a Thing (If It Ain't Got That Swing)*. Entscheidend für das so bezeichnete Rhythmusgefühl ist das Zusammenwirken von einem weithin gleichmäßigen Pulsieren in Vierteln mit mehr oder weniger kleinen, in einer Notation kaum darstellbaren Abweichungen davon in der Artikulation der melodieführenden Stimmen. Hier setzt sich die synkopische Rhythmik des Ragtime und der Anfänge des New-Orleans-Stils auf subtilere Weise fort. Das Rückgrat dieses neuen Empfindens bilden die Rhythmusgruppen der Big Bands: Im Schlagzeugspiel setzt sich die Shuffle-Figur durch, die vor allem die Zählzeiten 2 und 4 des Viervierteltakts mit ternär phrasierten Achtelnoten (auch darstellbar als Abfolge von triolischen Viertel- und Achtelnoten) ausfüllt (Notenbeispiel 13). Und im Fundament entsteht in den 1930er-Jahren das Ideal des Walking Bass, ein gleichmäßiges Voranschreiten in Viertelnoten, das von den Akkordtönen auf

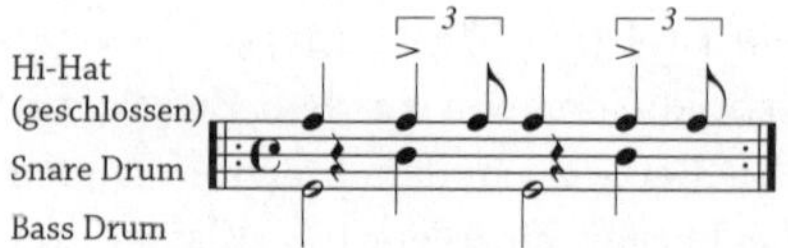

Notenbeispiel 13: Typischer Schlagzeugrhythmus im Swing

betonten Zählzeiten ausgeht und diese durch Nebennoten auf den leichten Zeiten zu lebhaften Linien verbindet. Unmittelbar erfahrbare Auswirkung des Swing-Rhythmus ist das unabweisbare Bedürfnis, sich zur Musik zu bewegen – wer dies einmal verspürt hat, begreift leicht, dass der neue Stil vor allem auch den Gesellschaftstanz revolutionierte.

Der Swing, so heißt es, sei seinem Wesen nach Tanzmusik. Die ausgefeilten Arrangements wie die Virtuosität der herausragenden Musiker aber erklären, warum oft genug Enthusiasten auch zum bloßen Zuhören in die Ballsäle kamen. Entsprechend fallen in die Swing-Ära der 1930er-Jahre weitere Schritte, den Jazz vom Makel der bloßen Unterhaltungsmusik zu befreien und ihn als künstlerisches Phänomen eigenen Rechts aufzufassen. Ein weithin sichtbares Zeichen dafür war im Januar 1938 das Konzert des Benny Goodman Orchestra in der New Yorker Carnegie Hall. Es war nicht das erste Mal, dass man versuchte, Jazz im Konzertsaal zu präsentieren, wohl aber das erste Mal, dass man dies in der Carnegie Hall tat, dem Mittelpunkt des klassischen Musiklebens von New York. Dank eines Mitschnitts dieses Ereignisses, der 1950 erstmals auf Schallplatte erschien und seitdem mehrfach (in zunehmender Vollständigkeit) wiederveröffentlicht wurde, verfügen wir über ein klingendes Abbild eines – wenn auch ungewöhnlichen – Jazzabends der 1930er-Jahre. Neben dem eigentlichen Big-Band-Repertoire sind darauf auch kleinere Trio- und Quartett-Besetzungen enthalten sowie eine »Jam Session« – als ungeprobtes, ausgedehntes Zusammenspiel von Musikern über einen Standard eine der typischen, in der Frühzeit aber kaum durch Aufnahmen dokumentierten Musiziersituationen des Jazz. An der Jam Session in der Carnegie Hall über den Standard *Honeysuckle Rose*, die in vollständiger Form mit 32 Chorussen (zu je 32 Takten) mehr als 16 Minuten dauert, nahmen nicht nur Musiker des Benny Goodman Orchestra teil, sondern als Gäste auch solche der Big Bands von Count Basie und Duke Ellington. Bezeichnend für den außergewöhnlichen Charakter dieses Konzerts ist eine speziell für diese Gelegenheit zusammengestellte Suite mit dem Titel *Twenty Years of Jazz*, die von Jazzkritikern in ihrem Wert eher gering geschätzt wird, aber belegt, dass der mit dieser Musikform verbundene Diskurs bereits 1938 über ein Bewusstsein seiner historischen Entwicklung verfügte: Die fünf im Konzert durch imitierte Beispiele herausgestellten musikalischen Zeitreisen führen unter anderem zu der Original Dixieland Jazz Band (*Sensation Rag*, 1918), dem Kornettisten Bix Beiderbecke (*I'm coming Virginia*, 1927) und Louis Armstrong (*Shine*, 1931).

Durch Konzerte, Schallplattenaufnahmen, Rundfunksendungen und zunehmend auch durch den Tonfilm erlangte Jazz in der modifizierten Form des Swing eine vorher unvorstellbare Verbreitung. Als in späteren Jahrzehnten, nach dem Aufkommen des Bebop, der Kunstcharakter des Jazz stärker unterstrichen wurde, geriet der Swing, da er einer Anbiederung an den Massengeschmack verdächtig schien, etwas in Verruf. Besonders davon betroffen war die stark durcharrangierte Musik solcher Big Bands wie des Glenn Miller Orchestra, für die auch die Charakterisierung »sweet« – im Gegensatz zu »hot« – verwendet wurde. Die Stilisierung der Improvisation zum Eigentlichen des Jazz – und die Abwertung der vorwiegend arrangierten Varianten des Swing als nurmehr kommerziell – wird den historischen Verhältnissen jedoch nicht gerecht. Verständlich werden derartige Wertzuschreibungen aus der Perspektive der Nachgeborenen: Mit Blick auf die Stile des Modern Jazz, in denen das Solo-Spiel idealisiert wurde, erschien eine historische Ableitung nur von solchen Vorformen möglich, in denen Improvisation dominierte. Innerhalb dieser Fortschrittserzählung repräsentiert arrangierter Jazz, wenn man die Bezeichnung nicht von vornherein als Widerspruch in sich verwirft, eine Sackgasse.

Nick LaRocca (zugeschrieben): ***Tiger Rag***
Aufnahme 1: Original Dixieland Jazz Band, New York, 1918 (Victor 18472-B)
Aufnahme 2: Duke Ellington and His Famous Orchestra, New York, 8. Januar 1929 (Brunswick 1338-A/B)

Tiger Rag ist in den 25 Jahren nach seiner ersten Einspielung durch die Original Dixieland Jazz Band (im Folgenden ODJB) 1917 weit über 100 Mal auf Schallplatte aufgenommen worden. Die hier besprochenen Einspielungen – die zweite der ODJB von 1918[16] sowie diejenige von Duke Ellingtons Orchester aus dem Jahr 1929 – veranschaulichen den Wandel, den der Jazz in den ersten durch Aufnahmen dokumentierten Jahren durchmachte. Studieren lässt sich hieran insbesondere die Ablösung der ursprünglich stilbildenden Kollektivimprovisation durch individuelle Soli sowie die Vergrößerung der Ensembles – mit allen Konsequenzen, die diese Tendenz hinsichtlich der Kunst des Arrangements mit sich bringt.

Formal folgen die Aufnahmen, wie viele andere Einspielungen des *Tiger Rag* auch, einer übergeordneten Dreiteiligkeit: Als Verkörperung eines Ragtimes besteht die Komposition aus drei Strains, die in den Aufnahmen jedoch unterschiedlich oft wiederholt werden. Auf einen ersten Teil aus vier Achttaktern (einem typischen Exemplar der sogenannten »American Song Form«, AABA) in B-Dur folgt ein ebenfalls 32-taktiger zweiter Teil (C) in Es-Dur, an den sich mehrere Durchgänge des abermals 32 Takte langen Chorus (D_1, D_2, D_3 usw.) in As-Dur anschließen (siehe die vergleichende Übersicht, S. 119).

Dieser letzte Teil ist der längste und gewichtigste der Aufnahmen; die ODJB reiht hier vier Chorusse aneinander, diejenige Ellingtons zehn. Die daraus resultierende Länge von fast sechs Minuten ließ sich aufnahmetechnisch nur realisieren, indem beide Seiten einer 78rpm-Schallplatte dafür genutzt wurden. Damalige Hörer:innen mussten also die Platte in der Mitte des Stückes wenden, was gerade bei dem rasanten Tempo der Nummer natürlich eine unwillkommene, aber auch unvermeidbare Unterbrechung bedeutete.

Im Jazz sind es in der Regel Aufnahmen und nicht Notentexte, die Charakterzüge eines Stücks wie *Tiger Rag* tradieren. Im gegebenen Fall belegen neben der Übereinstimmung im Formalen weitere Gemeinsamkeiten zwischen den beiden Aufnahmen, dass die ODJB-Version, eine der ersten Aufnahmen des Jazz und gleichzeitig ihr frühester Verkaufsschlager, die Auffassung der Komposition auch noch nach über zehn Jahren prägte. Ellingtons Einspielung folgt ihr zum Beispiel darin, dass während der einleitenden Teile (AABA-C) durchgängig die Klarinette die jeweilige Melodik virtuos umspielt und die Breaks ausfüllt. Auch ist Ellingtons zweiter Chorus (D_2, 1:24–1:51) deutlich an den dritten Chorus der ODJB-Aufnahme (D_3, 2:03–2:32) angelehnt: Beide verzichten auf Improvisationen und sind durcharrangiert; als verbindendes Charakteristikum fallen die akzentuierten, abwärts gerichteten Glissandi im tiefen Register der Posaune auf. Dass das geräuschhafte Growling der Posaune das Gebrüll des namensgebenden Tigers imitieren soll, bestätigen andere Aufnahmen der Zeit, die ähnlich gestaltete Chorusse enthalten und gerade an diesen Abschnitten Gesangseinwürfe auf die Worte »Where's that tiger?« oder »Hold that tiger!« hinzufügen – Beispiele sind etwa von Charles Dornberger and His Orchestra (Victor 20647, 1927) oder den Washboard Rhythm Kings (Montgomery Ward M 4892-B, 1932) erhalten. Vollständig textierte Notenausgaben des Songs geben als Verfasser der Lyrics Harry de Costa an, doch scheint es sich um eine nachträgliche Textunterlegung zu handeln, für die das Copyright erst 1932 erteilt wurde. Möglicherweise wurde mit ihr nur die damals bereits existierende Praxis, zu einem prominenten Motiv der Nummer die Worte »Hold that tiger« oder Ähnliches zu singen, zu einem kompletten Songtext erweitert (Notenbeispiel 14).

Mit diesem synkopierten »Hold that tiger!«-Motiv arbeitet die ODJB-Aufnahme über den gesamten arrangierten Chorus D_3 hinweg, was dem Aufbau dieses Abschnitts eine gewisse Redundanz verleiht. Ellington hingegen verwendet an der entsprechenden Stelle seiner Aufnahme (D_2) das Motiv nur am Anfang jedes Achttakters, während die jeweils verbleibenden sechs Takte phantasievolle rhythmisch-melodische Fortführungen des Motivs durch die Holzbläser enthalten. Die Beobachtung, dass sich in Ellingtons Konzeption

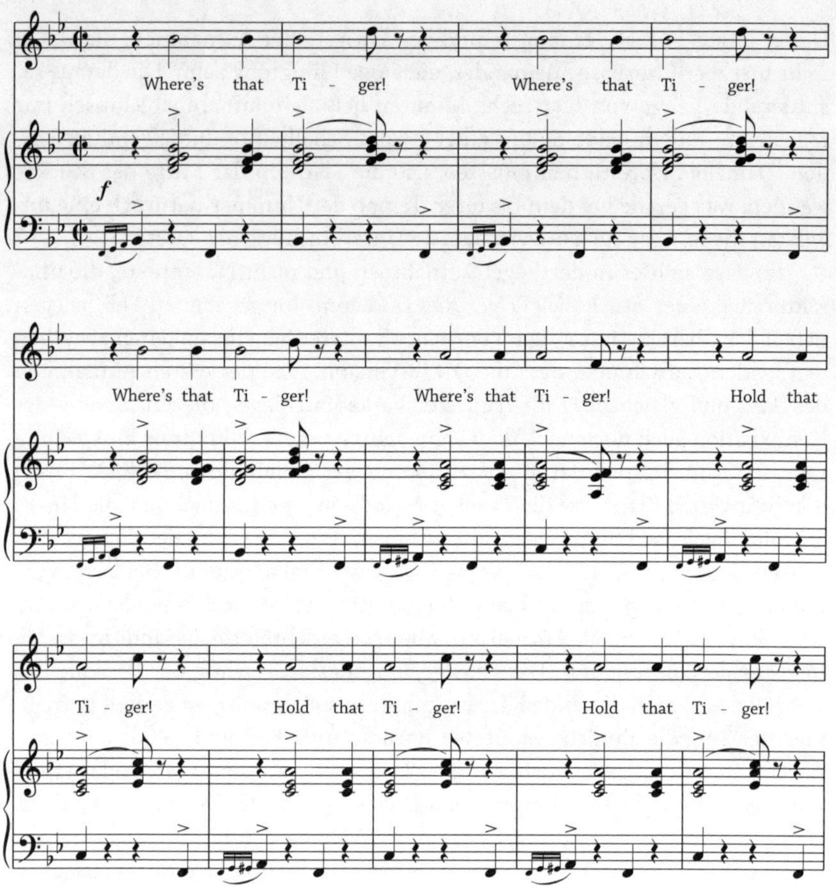

Notenbeispiel 14: *Tiger Rag*, textierte Ausgabe, Beginn des Chorus (hier in B-Dur statt – wie in den Aufnahmen – As-Dur)

des *Tiger Rag* der Respekt vor der ODJB-Vorlage mit einer deutlich kunstvolleren Gesamtanlage verbindet, bestätigt sich auch für den Rest der Aufnahme. Der Jazz ist in den dazwischenliegenden zehn Jahren reflektierter geworden; symptomatisch dafür ist das wie beiläufig eingestreute, aber deutlich als solches erkennbare Zitat aus Gershwins *Rhapsody in Blue* im fünften Chorus (bei 2:57).

Freilich kann Ellington auf eine größere Besetzung zurückgreifen: Während die ODJB ein Quintett aus Kornett, Klarinette, Posaune, Klavier und Schlagzeug war, verfügte er über ein »Orchester« aus elf Musikern, das sich aus der dreiköpfigen Reed Section (Rohrblattinstrumente, hier Klarinette und Saxophone), der vierköpfigen Brass Section (Blech, hier Posaune und drei Trompeten) und der vierköpfigen Rhythm Section (Klavier, Banjo, Bass und Schlagzeug) zusammensetzte. Die drei arrangierten Chorusse von *Tiger Rag* gehören sukzessive der Reed Section (D_2, mit eingeworfenem Posaunen-»Gebrüll«), der Brass Section (D_5) und abschließend einem gleichberechtigten Konzertieren von Reeds und Brass (D_{10}). Die übrigen sieben Chorusse enthalten Soli in einem planvollen Wechselspiel zwischen Holz- und Blechbläsern.

Formaler Vergleich der *Tiger Rag*-Aufnahmen

Original Dixieland Jazz Band				***Duke Ellington***		
Beginn	**Inhalt**		**Formteil**	**Beginn**	**Inhalt**	
	Solo	Arrangement			Solo	Arrangement
0:00	Klar.	Kor./Pos.	AABA	0:00	Klar.	Brass
0:32	Klar.	Kor./Pos.	C	0:28	Klar.	Brass
1:03	kollektiv		D_1	0:56	Klar.	
1:33	Klar.	Kor./Pos.	D_2	1:24		Reeds mit Pos. (»Tiger«)
2:03		Klar./Kor. mit Pos. (»Tiger«)	D_3	1:52	Trp.	
2:35	kollektiv		D_4	2:22	Bariton-Sax.	
			D_5	2:50		Brass
			D_6	3:17	Alt-Sax.	
			D_7	3:43	Trp. m. Dpf.	
			D_8	4:12	Klar.	
			D_9	4:39	Pos.	
			D_{10}	5:07		Brass/Reeds

Die Chorus-Abfolge der ODJB-Aufnahme ist völlig anders gestaltet. Ihre Mitte nehmen zwei offensichtlich arrangierte Ensembles ein, von denen der Chorus D_3, der das synkopische »Hold that tiger!«-Motiv in Klarinette und Kornett mit dem Tiger-Growling der Posaune konfrontiert, bereits erwähnt wurde. Ebenso regelmäßig von einem einheitlichen Motiv durchzogen ist der vorangehende Chorus D_2 (1:33–2:03), nur dass es hier die Klarinette ist, die solistisch gegen die Motivrepetitionen von Kornett und Posaune antritt. Das Motiv von D_2 selbst ist so gestaltet, dass das spätere »Hold that tiger!«-Motiv (D_3) als dessen rhythmische Augmentation erscheint. Auf diese Weise sind die Chorusse D_2 und D_3 nicht nur satztechnisch, sondern auch motivisch eng aufeinander bezogen.

Ähnliches gilt für die rahmenden Chorusse D_1 (1:03–1:33) und D_4 (2:35–3:06), nur sind die Bezüge hier gleichzeitig viel weitreichender und weniger offensichtlich. Oberflächlich betrachtet handelt es sich um Beispiele für Kollektivimprovisation, wie sie für den New-Orleans-Stil (Dixieland) als charakteristisch erachtet wird: Die drei an der Aufnahme beteiligten Melodieinstrumente Klarinette, Kornett und Posaune spielen in scheinbar improvisatorischer Polyphonie über die vom Klavier artikulierten Akkordwechsel (»Changes«); mal gelangt dabei das eine, mal das andere Instrument für einen Augenblick stärker in den Vordergrund, um dann gleich wieder in das Gewebe des solistischen Trios zurückzutreten. Die beiden äußeren Chorusse D_1 und D_4 mit ihrer Kollektivimprovisation bilden damit in der ODJB-Aufnahme einen wirkungsvollen Kontrast zu den inneren Chorussen D_2 und D_3, für die ein offensichtliches motivgeprägtes Arrangement je zweier Instrumente charakteristisch ist, während das dritte Instrument solistische Aufgaben übernimmt.

Kollektivimprovisation wird gerne als musikalische Chiffre für vollendete Freiheit aufgefasst, jedoch zeigt die Höranalyse, dass die Abschnitte D_1 und D_4 der ODJB-Aufnahme einander bis auf Nuancen genau entsprechen. Die vermeintliche Kollektivimprovisation enthüllt sich damit als ein polyphones Arrangement, das auswendig gelernt und beliebig oft reproduziert werden kann. Die Mythologisierung der Jazzimprovisation als tendenziell unwiederholbare Augenblickserfindung stammt aus späteren Jahrzehnten (und ist auch für diese nie uneingeschränkt gültig). Ein ähnliches Phänomen lässt sich an den Soli der Ellington-Aufnahme beobachten: Die Chorusse von Klarinettist Barney Bigard (D_1, 0:56–1:22) und Trompeter Freddie Jenkins (D_3, 1:52–2:20) finden sich zu großen Teilen in der Aufnahme von *High Life* wieder (His Master's Voice B. 4956), die Ellingtons Orchester ebenfalls im Januar 1929 produzierte. Bigards Chorus beginnt in *High Life* bei 0:23, derjenige von Jenkins bei 0:51. Möglich wird die Übernahme der Soli dadurch, dass *High Life*, nominell eine Eigenkomposition Ellingtons, in seinem Chorus auf denselben Harmoniewechseln wie *Tiger Rag* beruht – ein auch Kontrafaktur genanntes Verfahren zur Generierung neuer Kompositionen, das urheberrechtlich bedenklich erscheint, aber im Jazz ebenso gängige Praxis blieb wie die Wiederholung oder Paraphrase von Soli.

Auch wenn hinsichtlich einer vollständig improvisierten Entstehung der Soli Zweifel angemeldet werden müssen, bezieht die Ellington-Aufnahme einen großen Teil ihrer Attraktivität aus der hier hervortretenden individuellen Gestaltungskraft ihrer Musiker. Jenkins' Solo etwa (D_3), das nicht nur von ihm selbst, sondern auch von anderen Musikern kopiert wurde, könnte im ersten Moment ein wenig steif wirken, weil es dazu neigt, nach jeder Viertakteinheit eine Zäsur anzubringen und damit das formale Gerüst übermäßig zu betonen.

Bei näherem Hinhören ist die Dramaturgie seines Solos jedoch lebendig und individuell: Entwerfen die beiden ersten Viertakter jeweils weit ausschwingende Bögen, so fokussieren sich die beiden folgenden auf die Quinte *f-c* und auf Tonwiederholungen bei rhythmischen Verschiebungen. Um die Mitte des Chorus geht die Dichte der Impulse merklich zurück, dafür werden die wenigen Töne spitz artikuliert – es ist, als ob das Solo, bei aller grundsätzlichen Übereinstimmung mit dem leichtfertigen Grundcharakter von *Tiger Rag*, eine spannungsvolle, inhaltlich unbestimmte Geschichte erzählt. Den Sinn für die Individualität der hier beteiligten Musiker schärft der Vergleich mit dem anderen Tompetensolo der Aufnahme (D_7), das James »Bubber« Miley spielt: Dieses kontrastiert mit Jenkins' Beitrag unter anderem wegen der ausgiebigen Verwendung solcher Hot-Effekte wie Dämpfertechniken und Growling, für dessen imaginative Handhabung Miley berühmt war.

Objektivierungen: Neoklassizismus und Neue Sachlichkeit

Wie in Kapitel 2 beschrieben, führte die Begegnung mit dem Jazz und verwandten Formen der Unterhaltungsmusik dazu, dass sich Teile der akademischen Musikkultur nach dem Ersten Weltkrieg für Reformen öffneten. Jean Cocteaus Idealisierung des Jazz und seine manifestartige Beschwörung einer Alltagsmusik in *Le Coq et l'Arlequin* stehen am Anfang einer besonders für das erste Nachkriegsjahrzehnt typischen Tendenz, Kunstmusik einer Vereinfachung zuzuführen, sie von einem als falsch verstandenen Pathos zu befreien und von der Last, Weltanschauung zu verhandeln. Psychologisierende Musik galt vielen in diesen Jahren als veraltendes Konzept, dessen vollendeter Gegenentwurf in Partituren bestand, die bloß »Objekt« sein wollten. Das wohl radikalste Beispiel ist die »musique d'ameublement« (übersetzt etwa: musikalische Inneneinrichtung), die Erik Satie in Paris erstmals 1917 und weitaus öffentlichkeitswirksamer erneut 1920 vorstellte: Seine Stücke *Tapisserie en fer forge* (»Schmiedeeiserner Wandteppich«) und *Carrelage phonique* (»Akustische Fliesen«), die in den Pausen zwischen den Akten eines Schauspiels erklangen, bestehen jeweils aus nur vier Takten, die unablässig wiederholt werden sollen, um sie dadurch einem klingenden Tapetenmuster anzunähern. Die Musik »möbliert« den Raum, um darin eine Atmosphäre zu schaffen; mit Konzentration und Empathie gehört werden will sie nicht.

Im Kreis um Cocteau führte die Suche nach Tauglichkeit für den modernen Alltag dazu, dass Komponierende sowohl Elemente der Unterhaltungskultur einbezogen als auch Rückgriffe auf Musik früherer Epochen vornahmen, die sich nicht nur an den Kenner, sondern vor allem auch an den Liebhaber gerichtet hatte. Das Resultat war eine betont leichtfertige, angenehm zu hörende, dabei durch Überraschungen geistreiche Musik, die in den 1920er-Jahren als typisch französische Form der musikalischen Moderne rezipiert wurde. In Francis Poulencs erstem der *Trois Mouvements perpétuels* für Klavier (1918) wiederholt die linke Hand fast über die gesamte Dauer von 24 Takten immer dieselbe Figur, die Variante eines klassischen Alberti-Basses in B-Dur. Darüber spielt die rechte Hand wechselnde Melodien, jedoch zum Teil in anderen Tonarten (zum Beispiel Ges-Dur in T. 10 f., Notenbeispiel 15). Da jede der Schichten für sich genommen erkennbar tonal ist, handelt es sich nicht um Atonalität, sondern um Bitonalität, ein Verfahren, das die Fundamente der Tonalität erhält und gleichzeitig – durch die Anmutung von »falschen Noten« – ironisch bricht. Der charmant-freche Charakter dieser Musik, die sich von Schwere und Psychologie völlig befreit hat, resultiert ebenso aus der naiven Einfachheit der Melodien wie aus der hier auf engstem Raum angedeuteten Form des Rondos, die in klassischer Instrumentalmusik mehr als jede andere mit einer gelöst-heiteren Ausdruckssphäre einhergeht. Eine umfangreicher ausgeführte Realisation dieser Ideen begegnet 1919 bei Darius Milhaud, der wie Poulenc ein Mitglied der von Cocteau protegierten Gruppe Les Six war: Auch Milhauds Ballett *Le Bœuf sur le toit* verbindet »leichte«, populäre Melodik (hier mit lateinamerikanischen Tanzrhythmen wie Samba und Habanera versehen) mit Rondoform und Bitonalität.

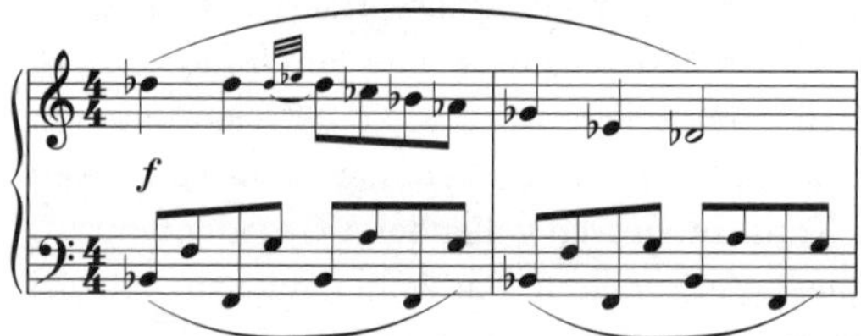

Notenbeispiel 15: Francis Poulenc, *Trois Mouvements perpétuels*, I. Satz, T. 10 f.

Igor Strawinsky, der seinen Lebensmittelpunkt bereits vor dem Ersten Weltkrieg in den frankophonen Raum verlegt hatte, schlug ebenfalls 1918 mit seiner *Histoire du soldat* den Weg zu einer kleinteiligen, mit populären Tänzen wie Tango und Ragtime arbeitenden Musik ein. Sein Ballett *Pulcinella* (1920), in dem er vorklassische Musik mit den Mitteln eigener, in den früheren Balletten entwickelter Kompositionstechniken verfremdete, war die erste jener mannigfaltigen Reflexionen historischer Stile, die sein Schaffen für die nächsten drei Jahrzehnte prägen sollten. Dem objektiven Zeitgeist entsprechend ist *Pulcinella*

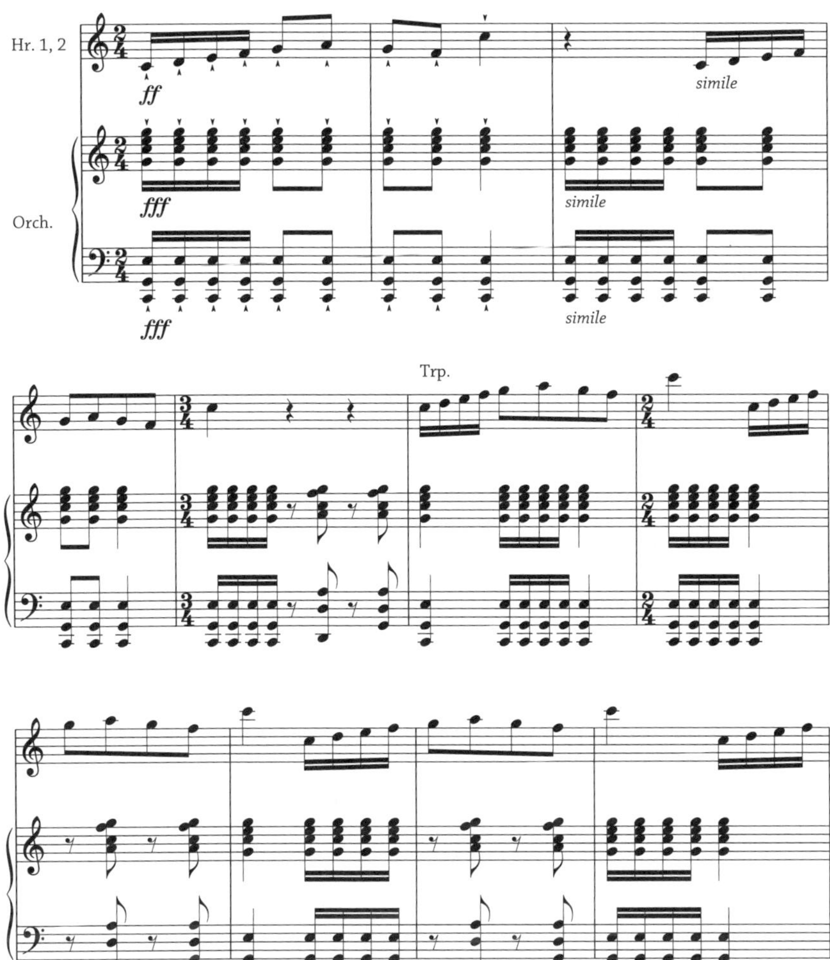

Notenbeispiel 16: Igor Strawinsky, Pulcinella (Ballett), Partiturauszug ab Ziffer 202

weniger von Einfühlung in den alten Stil getragen als von einer leicht spöttischen Distanz. Wie der Komponist die Bestandteile des Gegebenen seziert und gemäß dem für ihn typischen Baukasten-Verfahren neu kombiniert, lässt sich gut an den letzten Takten des Finales verfolgen (Notenbeispiel 16), die harmonisch fest in C-Dur verankert sind. Das hier wiederaufgenommene Hauptmotiv (oberes System, zunächst in den Hörnern, dann in der Trompete) projiziert seine rhythmische Gestalt im Moment seines ersten Erklingens auf den C-Dur-Akkord des Tutti (untere Systeme). Danach machen sich die beiden Schichten zunächst dadurch selbstständig, dass die Hörner ihr Material eine Viertel später wiederholen als das Tutti das seinige. Entscheidendes ereignet sich in Takt 5 des Beispiels, wo Strawinsky das aus vier Achteln bestehende Rhythmuselement des Tutti bei seiner nächsten Wiederholung variiert (Ersetzung der Positionen 1 und 3 durch Pausen, Ersetzung der bisherigen Tonika-Akkorde durch Dominantklänge). Für den Rest des Finales sind somit im Tutti drei rhythmische Bausteine definiert: A – vier Sechzehntel; B – Folge von vier Achtelpausen bzw. -noten; C – eine Viertelnote. Diese kombiniert Strawinsky frei miteinander zu der Folge ABC-AC-ACBC-AB-AC usw., während er in der Trompete eine Wiederholung des Grundmotivs an die andere reiht: vorklassisches Material, betrachtet durch die Brille einer konstruktivistischen Moderne.

Strawinskys neuer kompositorischer Weg manifestierte sich auf unterschiedliche Weise, sodass sich der Begriff »Neoklassizismus«, mit dem man ihn bald belegte und der einen Rückgriff auf Musik des 18. Jahrhunderts suggeriert, eigentlich als irreführend erweist. Wenn man die Bandbreite der musikhistorischen Bezüge ins Auge fasst, so reflektiert Strawinsky allein in den Jahren 1927/28 stilistische Vorbilder von Giuseppe Verdi (Iokaste-Arie des Opern-Oratoriums *Oedipus Rex*), Jean-Baptiste Lully (Ballett *Apollon musagète*) oder Pjotr Tschaikowsky (Ballett *Le Baiser de la fée*), er beschränkt sich also beileibe nicht auf im engeren Sinne klassische Quellen. Andererseits lässt sich die Vorstellung von Klassizismus gut mit dem Streben nach Objektivität verbinden, das Strawinskys Partituren nun zweifellos eigen ist, sei es in Form humoristisch-ironischer Distanz (wie im Finale des Oktetts für Blasinstrumente, 1923) oder über einen betont förmlichen und nicht-expressiven, dabei aber ernsten Gestus (wie er große Teile von *Oedipus Rex* kennzeichnet). Überhaupt kann man die häufige Verwendung lateinischer Textvorlagen als Teil eines Programms zur Zurücknahme des Expressiven verstehen. Angesichts der Vielfalt von Ansätzen allein bei Strawinsky ließ sich der Begriff »Neoklassizismus« bald auf ein breites Spektrum von Erscheinungen anwenden, die entweder mit Relikten der Tradition (Tonalität und / oder Form) oder mit Elementen alltäglicher, meist mit dem Jazz verwandter Musik einen gebrochenen Umgang pflegen, in vielen Fällen sogar mit beiden. Hochburg blieb die von den Six und von Strawinsky geprägte Pariser Szene, die über die vermittelnde Kompositionslehrerin Nadia Boulanger vor allem auch in die USA ausstrahlte, auf Aaron Copland und andere: »die quicken Zöglinge der pädagogischen Statthalterin Strawinskys«, wie Theodor W. Adorno, der den Neoklassizismus als Phänomen der Restauration betrachtete, bissig notierte.[17]

In Deutschland und Österreich war der Bruch, der 1918 mit dem verlorenen Weltkrieg und dem Ende der Monarchie einherging, besonders fühlbar. Im

Kulturleben mehrten sich Stimmen, die nach dem Übergehen der alten Hoftheater in öffentliche Verwaltung auch eine grundlegende Reform der an diesen Stätten dargebotenen Kunst befürworteten. Zu den am häufigsten vorgebrachten Forderungen an Komponist:innen gehörte es, die wachsende Distanz zum breiten Publikum zu überwinden. »Suchen wir den verlorenen Kontakt mit der Außenwelt«, schrieb Ernst Krenek 1927, »so müssen wir Gegenstände darstellen, die Gemeingut der Außenwelt sind, und müssen sie mit Mitteln darstellen, die die Außenwelt versteht«.[18] Krenek reflektiert in diesem Zusammenhang den Stilbegriff »Neue Sachlichkeit«, der für den deutschsprachigen Musikdiskurs um die Mitte der 1920er-Jahre Ähnliches leistete wie derjenige des Neoklassizismus für den französischen: Neue Sachlichkeit meint die Abwendung von spätromantischen und expressionistischen Musikidealen, von Individualismus und Metaphysik, eine Hinwendung zu einer nüchternen Weltsicht, die sich musikalisch auch in der Aneignung populärer Idiome ausdrücken konnte. Als Erfolgswerk der Zeit kam Kreneks aktuelle Oper *Jonny spielt auf* mit ihrem in der Gegenwart situierten Personal diesem Ideal schon recht nah (siehe Kapitel 2, S. 25). Indem das Werk, wie man damals gern sagte, »allen Komfort der Neuzeit« auf die Bühne bringt – Telefone, Schnellzüge, das Radio und eine »versachlichte« Einstellung zur Sexualität –, begründete es das deutsche Genre der »Zeitoper«. Mit Krenek gesprochen, behandelten Zeitopern wie *Jonny* Gegenstände, die Gemeingut der Außenwelt waren – mit Mitteln, die diese Außenwelt verstand.

Die neben Krenek herausragenden Komponisten des deutschsprachigen Raums, deren Namen sich in den 1920er-Jahren mit der Neuen Sachlichkeit verbanden, waren Paul Hindemith und Kurt Weill. Hindemith erreichte Objektivierung mit einer Reihe von manchmal als neobarock apostrophierten, konzertanten *Kammermusiken* (1922–1927) oder mit der Zeitoper *Neues vom Tage* (1929), Weill mit seiner Hinwendung zum Typus des populären »Songs« in den gemeinsamen Musiktheaterwerken mit Bertolt Brecht (vor allem *Dreigroschenoper*, 1928, und *Aufstieg und Fall der Stadt Mahagonny*, 1929). In den 1930er-Jahren wurden alle drei – Hindemith, Weill und Krenek – vom NS-Regime in die Emigration getrieben und gelangten in die USA. Wie die meisten Komponisten, die im ersten Nachkriegsjahrzehnt objektiven bzw. neoklassizistischen Tendenzen gehuldigt hatten, waren Krenek und Hindemith allerdings schon gegen 1930 zu großen, teils auch weltanschaulich aufgeladenen Werken zurückgekehrt. Weill hingegen widmete sich im Exil der Gattung des Broadway-Musicals. Einige seiner Songs (wie *September Song* aus dem Musical *Knickerbocker Holiday*, 1938, oder *My Ship* aus dem Musical *Lady in the Dark*, 1941) sind zu Jazzstandards geworden.

Zwölftontechnik

Auch auf manche Werke Arnold Schönbergs aus den 1920er-Jahren ist der Begriff des Neoklassizismus angewendet worden. Zur Begründung führt man in der Regel an, dass Schönberg damals – im Gegensatz zum vorangegangenen Jahrzehnt – zu tradierten Form- und Gattungsmodellen wie Suite (op. 23, op. 29), Serenade (op. 24), Sonatensatz (erster Satz von op. 30) oder Variationen zurückkehrte (zweiter Satz von op. 30, op. 31). Diesem nicht von der Hand zu weisenden Faktum steht eine fundamentale Differenz zum französischen Neoklassizismus entgegen: Schönberg war es weder um eine Modernisierung der Musik unter dem Eindruck der neuen Unterhaltungskultur zu tun noch um eine Reduzierung der Ausdrucksintensität, und auch der Kontakt zu breiteren Hörerschichten war nicht Teil seines Programms. Das Komponieren in alten Formen stellte für ihn keine Abkehr von dem bereits 1908/09 eingeschlagenen Weg zur Atonalität dar, sondern dessen Vollendung – Ausdruck der Tatsache, dass Schönberg mittlerweile eine Lösung für das Problem gefunden hatte, in Abwesenheit tonaler Gesetzmäßigkeiten wieder große Zeitverläufe kohärent zu gestalten.

Sowohl er als auch seine Schüler Webern und Berg hatten nach dem Durchbruch zur Atonalität erst immer kürzere, formal freie Instrumentalsätze geschrieben und schließlich ganz auf reine Instrumentalmusik verzichtet. Im expressionistischen Selbstverständnis dieser drei fehlte auf diesem Gebiet eine Legitimation für größere Formen – anders als in der Vokalmusik, wo als Rechtfertigung für Großdimensioniertes der zu vertonende Text ausreichte, wenn er entsprechend umfangreich war. Während ihrer langjährigen Schaffenspausen in der Instrumentalmusik (1912–1920 bzw. 1916–1922) arbeitete Schönberg an der *Jakobsleiter* – einem Oratorium, das unvollendet blieb – und Berg an der Oper *Wozzeck*. Erst nachdem Schönberg in den Jahren 1921 bis 1923 die »Methode des Komponierens mit zwölf nur aufeinander bezogenen Tönen« entwickelt hatte, die sogenannte Zwölftontechnik, auch Reihentechnik oder Dodekaphonie genannt, schrieben er, Berg und Webern auch wieder Instrumentalmusik. Am Anfang jeder neuen Komposition steht dabei die Erfindung einer Zwölftonreihe, einer sukzessiven Anordnung aller zwölf möglichen Tonqualitäten, die dem gesamten Kompositionsprozess als Bezugssystem dient. Stark vereinfacht gesagt, lässt sich der Komponist bei der Entscheidung darüber, welche Tonqualitäten er in der Partitur fixiert, von der Reihe und ihren Derivaten leiten. Bei konsequenter Handhabung lässt sich jede notierte Tonhöhe des abgeschlossenen Werks als Bestandteil des Ablaufs einer der 48 möglichen Gestalten der Reihe erklären (Grundgestalt, Umkehrung, Krebs und Krebsumkehrung mit je 11 Transpositionsmöglichkeiten). Das Wechseln von einer dieser 48 Gestalten zur anderen schuf dabei eine

Alternative zu dem aus der Tonalität vertrauten Modulieren zwischen Tonarten. Entsprechend vertrat Berg um 1930 die Auffassung, die Zwölftonreihen seien »an die Stelle der Dur- und Molltonarten« getreten[19] und die Zwölftonmethode als Ganzes sei »ein System [...], das der alten Harmonielehre hinsichtlich Gesetzmäßigkeit und Materialgebundenheit in nichts nachsteht«.[20]

Aufschlüsse über die Eigensicht der Schönberg-Schule geben einige halböffentliche Vorträge zur Zwölftontechnik, die Webern 1932 in Wien hielt. Dabei unterstrich er die fundamentale Bedeutung, die die Erfindung der jeweiligen Reihe für das Komponieren spielte: »Gesichtspunkte der Symmetrie, Regelmäßigkeit treten jetzt gegenüber der früheren Hervorhebung der Hauptintervalle – Dominante, Unterdominante, Mediante etc. – in den Vordergrund. [...] Im übrigen wird gearbeitet wie bisher. Die Reihe in der ursprünglichen Form und Tonhöhe gewinnt eine Stellung analog der ›Haupttonart‹ der früheren Musik; die ›Reprise‹ wird naturgemäß zu ihr zurückkehren. Wir schließen ›im gleichen Ton‹! – Ganz bewußt wird diese Analogie zu früheren Gestaltungen gepflegt, und so wird es wieder möglich, zu größeren Formen überzugehen.«[21] Den Gedanken des »wie bisher« bekräftigt Webern auch an anderer Stelle seines Vortrags[22] und betont damit, dass Zwölftontechnik aus Sicht der Wiener Schule nicht der umstürzlerische Akt war, als der sie vielen damals erschien und teilweise bis heute erscheint, sondern nur die Anpassung etablierter Kompositionsverfahren an die neuen Verhältnisse der Atonalität. Zentraler Referenzpunkt war dabei das auf Haydn und Beethoven zurückgehende Ideal der Ökonomie durch motivisch-thematische Einheit: Mit Zwölftontechnik ließ sich eine vergleichbare Einheit nicht erst über ein Motiv oder Thema herstellen, sondern bereits über die Reihe als allgegenwärtiges substrukturelles Bezugssystem.

Eine weitere zentrale Funktion der Dodekaphonie war es, die Gefahr zu bannen, beim Komponieren in Relikte früher angeeigneter melodischer und harmonischer Wendungen zu verfallen. Dass Musiker sich beim Komponieren selbst Fesseln auferlegen, mag befremden, entspricht aber Grundprinzipien der Kreativität – auch zum Spielen bedarf es Regeln. »Man baut sich nach Belieben den eigenen Kerker«, schrieb György Ligeti 1958 mit Blick auf das serielle Komponieren, »und ist dann ebenso beliebig tätig zwischen dessen Mauern – also nicht ganz frei, aber auch nicht total gezwungen«.[23] Über die Zwölftontechnik heißt es bei Webern: »Ganz paradox gesprochen: Erst auf Grund dieser unerhörten Fessel ist volle Freiheit möglich geworden!«[24]

Der Rückfall in tonale Harmonik wird in der Zwölftontechnik, wie Schönberg sie entwarf, dadurch vermieden, dass in der Reihe alle zwölf Tonqualitäten nur einmal vorkommen und keine einzelne dominiert. Dadurch wird im Prinzip auch für das Gesamtwerk sichergestellt, dass die zwölf möglichen Tonqualitäten annähernd gleich oft vertreten sind. Bei strenger Anwendung ist nur die unmittelbare Wiederholung einer gerade gebrachten Tonqualität davon ausgenommen, nicht jedoch in Form der Oktave: Bereits in seiner *Harmonielehre* von 1911 hatte Schönberg empfohlen, »Oktavverdopplungen zu vermeiden«, und diesen Grundsatz betonte er auch für die Zwölftontechnik. »Verdoppeln heißt Betonen«, schrieb er 1935, »und ein betonter Ton könnte als Grundton oder sogar als Tonika gedeutet werden; die Folgen einer solchen Deutung müssen vermieden werden«.[25]

Dezidiert auf die Schaffung von Freiraum zielen dagegen zwei Prinzipien, die von Anfang an zur Zwölftontechnik gehörten: Erstens verloren enharmonische Notationsvarianten ihre Bedeutung; die Tonqualitäten *gis* und *as* etwa werden in der Zwölftontechnik – gemäß dem nun abgeschlossenen Übergang aus der Diatonik zur Chromatik – in der Regel als gleichbedeutend aufgefasst und nicht nur als gleich klingend. Zweitens verstanden die Komponisten der Wiener Schule ihre Reihen implizit nicht als Anordnung von konkreten Intervallen, sondern von weitaus variableren »Intervallklassen«: Wenn eine bestimmte Reihe in ihrer schriftlich fixierten Grundgestalt die Abfolge f^1-e^1-g^1 enthält, heißt das nicht, dass an der entsprechenden Stelle jedes Durchlaufs einer Grundgestalt stets kleine Sekunden und kleine Terzen in Gegenrichtung aufeinanderfolgen. Möglich sind vielmehr auch große Septen (auf gleicher Transpositionsstufe also etwa f-e^1) oder kleine Nonen (f^2-e^1) bzw. große Sexten (e^1-g) oder große Dezimen (e-g^1) oder sogar größere Intervalle, und damit auch die Überführung dieses Reihensegments in eine Linie von gleich bleibender Bewegungsrichtung (f-e^1-g^1). Die Fülle der Möglichkeiten erschwert freilich die Erkennbarkeit des jeweiligen Reihenbezugs beim Hören und Analysieren, insbesondere wenn die jeweils zu analysierende Stelle auf eine Spiegelung und/oder Transposition der Grundgestalt zurückgeht. Eine derartige Transparenz gehörte jedoch nicht zu den Zielen Schönbergs. 1932 bekundete er gegenüber dem Geiger Rudolf Kolisch sein Missfallen an pedantischen Analysen der Reihenverläufe in seinen Zwölftonwerken, »da sie ja doch nur zu dem führen, was ich immer bekämpft habe: zur Erkenntnis, wie es *gemacht* ist; während ich immer erkennen geholfen habe: was es *ist!*«[26]

Wer sich dennoch auf Analysen der Reihenstruktur einlässt (und dabei nicht selten durch hochinteressante Einsichten über die jeweilige Formvorstellung belohnt wird), ist noch mit einer weit größeren Problematik konfrontiert. Mehrstimmigkeit wird in zwölftöniger Musik entweder erreicht, indem sich mehrere Reihenfäden simultan in unterschiedlichen Linien eines polyphonen Satzes ausdrücken, oder aber indem das Prinzip der »Zerlegung im Tonsatz« (auch »Reihenbrechung«) angewandt wird. Darunter verstand Schönberg die Aufteilung eines einzelnen Reihendurchlaufs auf mehrere Instrumente bzw.

unterschiedliche Schichten des Tonsatzes, unter anderem die Aufteilung auf Hauptstimme und Begleitung. Es kann also sein, dass die melodieführende Stimme zum Beispiel nur die Tonqualitäten 2 und 9 eines Reihendurchlaufs übernimmt, während die übrigen Tonqualitäten in der Begleitung aufgehen, wo sie gegebenenfalls die Form von Akkorden annehmen. Die Sukzessivität von Reihentönen geht dann in eine Simultanität über, was die Spuren des Reihendenkens verwischt. In solchen Fällen kann es leicht vorkommen, dass die auf die Melodie entfallenden Töne Intervalle bilden, die die Reihe selbst gar nicht hergeben würde. Für die analytische Rekonstruktion der einzelnen Reihenfäden aus der Partitur allein – ohne Rekurs auf etwa erhaltene Skizzen – ist das oft verwirrend. Hinzu kommt, dass sich die tatsächlich angewandten Kompositionsverfahren der Zwölftontechnik schon in der ersten Generation der Schüler Schönbergs stark unterscheiden.

Alban Berg: Violinkonzert
Entstehung: März–August 1935, Wien, Auen am Wörthersee • Uraufführung: 19. April 1936, Barcelona, Internationales Musikfest der IGNM, Violine: Louis Krasner, Dirigent: Hermann Scherchen

Anton Webern: Konzert op. 24 für neun Instrumente
(Flöte, Oboe, Klarinette, Horn, Trompete, Posaune, Geige, Bratsche und Klavier) • Entstehung: Sommer 1934 (Vorarbeiten seit 1931), Maria Enzersdorf bei Wien • Uraufführung: 4. September 1935, Prag, Internationales Musikfest der IGNM, Dirigent: Heinrich Jalowetz

Äußerlich durch die gleiche Gattung (Konzert), die annähernd gleiche Entstehungszeit (Mitte der 1930er-Jahre) und dieselbe stilistische Herkunft ihrer Komponisten (Wiener Schule) scheinbar aufs Engste miteinander verbunden, könnten diese beiden Werke gegensätzlicher nicht sein. Die Differenz beginnt beim Verständnis der Gattung, die Berg im Sinne des Solistenkonzerts, Webern hingegen in dem des Orchesterkonzerts auffasst, in dem die einzelnen Stimmen annähernd gleichberechtigt sind. (Zwar ist in Weberns Werk eine gewisse Dominanz des Klavierparts festzustellen, aber von einem Klavierkonzert auszugehen wäre verfehlt.) Vor allem aber sind stilistische Differenzen augenfällig. Pointiert gesagt, ist Bergs Konzert eine der letzten großen Manifestationen spätromantischer Expressivität, mit Wurzeln in der Zeit um 1900, während dasjenige Weberns seiner Gegenwart um 20 Jahre voraus ist – ein rigoroses Beispiel für »strukturelles Komponieren«, ohne dass man damals den Begriff dafür gehabt hätte, den Karlheinz Stockhausen erst in den 1950er-Jahren prägte.[27]

Bergs Stück ist durchtränkt mit »Transzendenz«, ausgeführt mit exquisiten Farben, reich an intertextuellen und außermusikalischen Bezügen, während Weberns Opus 24 ganz karge Zeichnung ist, ökonomisch bis zum Exzess und in jeder Hinsicht »abstrakt«. Dass Webern bei der Planung seines Konzerts Assoziationen mit Kärntner Landschaften notierte, wurde erst lange nach seinem Tode publik und ist dem Werk nicht anzumerken.

Im Fall von Bergs Konzert hatte die Öffentlichkeit dagegen bereits Monate vor der Uraufführung Kenntnis über außermusikalische Konnotationen. Bergs Schüler Willi Reich, der entsprechende Hinweise seines Lehrers im August 1935 in einer Wiener Zeitung veröffentlichte, überlieferte, dass Berg sein Konzert als Hommage an die im Alter von 18 Jahren verstorbene Manon Gropius verstanden hat, die Tochter von Alma Mahler und Walter Gropius. Daher rührt nicht nur die Zueignung »Dem Andenken eines Engels« über der Partitur, sondern die gesamte Konzeption des zweiteiligen Konzerts, in dem der erste Teil ein musikalisches Porträt Manons entwirft und der zweite die inhaltlichen Motive Todeskampf, religiöse Ergebenheit und Totenklage aufgreift. Damit war für das Werk ein biographischer Kontext aufgespannt, der seine Rezeption bis heute bestimmt. Verstärkt wurde die besondere, überwiegend von Respekt und Empathie getragene Haltung der Öffentlichkeit zum Violinkonzert noch dadurch, dass Berg selbst im Dezember 1935 starb, nur wenige Monate nach Fertigstellung des Konzerts. Da es sich inhaltlich mit dem Tod beschäftigt, lag die vielfach begegnende Annahme nahe, Berg habe mit seinem letzten vollendeten Werk auch sein eigenes Requiem geschrieben. Eine tatsächlich in diese Richtung weisende Absicht ist über biographische Quellen nicht nachweisbar.

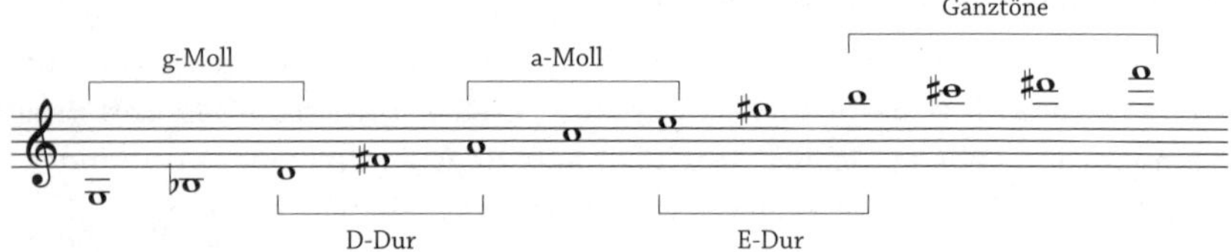

Notenbeispiel 17: Alban Berg, Reihe des Violinkonzerts

Dass dieses Konzert zum vielleicht bekanntesten Werk in Zwölftontechnik überhaupt werden konnte, liegt aber nicht nur an diesen biographischen Konstellationen, sondern auch an der besonderen Form, in der Zwölftönigkeit und Tonalität einander begegnen. Schon die Gestaltung der Reihe (Notenbeispiel 17) eröffnete Berg die Möglichkeit tonal anmutender Bezüge: Ausgehend von den Tonhöhen der Violinsaiten (g-d^1-a^1-e^2), die sie auf den Positionen 1, 3, 5 und 7 platziert, füllt die Reihe die leeren Quinten so mit Terzen auf, dass die Grundgestalt die Akkordfolge g-Moll, D-Dur, a-Moll und E-Dur suggeriert: Eine entsprechende funktionsharmonische Abfolge von Tonika und Dominante, gefolgt von ihrer Sequenz, erklingt schon bald nach dem Anfang des Konzerts (I, T. 11 ff., Notenbeispiel 18). Mit diesen und weiteren Entscheidungen unterläuft Berg geradezu die von Schönberg erhoffte Funktion der Zwölftontechnik, tonale Bezüge zu vermeiden: Auch der Schlussklang des I. Teils ist ein großer g-Moll-Septakkord (als Übereinanderschichtung der ersten vier Tonqualitäten der untransponierten Grundgestalt), und an weiteren formalen Nahtstellen des I. Teils lassen sich – wenn auch flüchtige – Bezüge zu mit g-Moll verwandten Tonarten wie d-Moll und B-Dur ausmachen. Der II. Teil wiederum endet mit einem B-Dur-Dreiklang mit hinzugefügter Sexte g (dies eine Übereinanderschichtung der ersten drei Töne der Grundgestalt und des letzten), und entsprechend wird die stärkste formale Zäsur dieses II. Teils, das Zitat des in B-Dur stehenden Bachchorals »Es ist genug« (T. 136 ff., besonders T. 142 ff.), durch einen gewaltigen Orgelpunkt auf *F* vorbereitet (T. 97–135). Der vollständig tonale Choralsatz ist darüber an die Reihe angebunden, dass die Ganztonfolge seiner ersten vier Melodietöne mit den letzten vier Reihentönen intervallisch übereinstimmt.

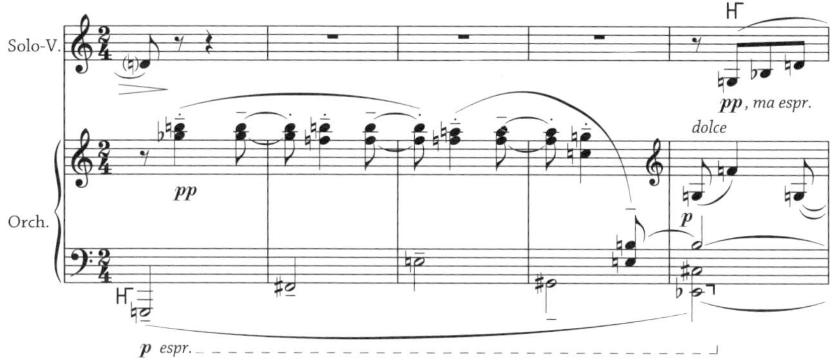

Notenbeispiel 18: Alban Berg, Violinkonzert, I. Teil, Klavierauszug, T. 11–15

Skizzen zu dem Werk belegen, wie Berg an weiteren Techniken zur Vermittlung von Zwölftönigkeit und Diatonik arbeitete, darunter vor allem an der Mischung von zwei Reihenformen, mit der sich Skalenausschnitte herstellen ließen: Der Beginn des »Klagegesang« genannten Abschnitts im II. Teil (T. 164 ff.) etwa ist für die Solo-Violine so gewonnen, dass die auf der Tonqualität *g* beginnende Krebsumkehrung und die auf *dis* beginnende Grundgestalt frei abwechselnd Materialien beisteuern. An dieser Stelle ergibt das Verfahren vor allem Ausschnitte der Ganztonleiter. Dazu kommen in Bergs Konzert außerdem zwei »objets trouvés« aus funktionstonaler Musik: Neben dem bereits erwähnten Choral ist es eine »Kärntner Volksweise«, der im I. Teil (T. 214 ff.) die Aufgabe zufällt, den lebensfrohen, naturverbundenen Charakter Manons auszudrücken, und die am Ende des Werks (II, T. 208–213) als Erinnerung an die Verstorbene »wie aus der Ferne«, fast geisterhaft im Non-vibrato-Pianissimo der Streicher durch die Partitur schwebt.

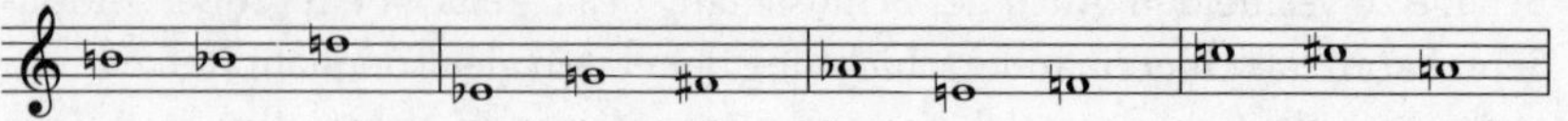

Notenbeispiel 19: Anton Webern, Reihe des Konzerts op. 24

Ist die Zwölftontechnik in Bergs Violinkonzert also sehr frei gehandhabt und durch die Kombination mit tonalen Ausdrucksmitteln verschleiert, so wird sie in Weberns Konzert grell ausgeleuchtet. Auch hier ist bereits die Gestaltung der Zwölftonreihe aufschlussreich für den Werkcharakter (Notenbeispiel 19): Diese gliedert sich nämlich in vier Dreitonreihen, die zueinander in den vier möglichen Spiegelungsverhältnissen Grundgestalt (*h-b-d*), Krebsumkehrung (*es-g-fis*), Krebs (*as-e-f*) und Umkehrung (*c-cis-a*) stehen. Die Reihe gerät somit gewissermaßen selbst zum Demonstrationsobjekt der Reihentechnik, und dies setzt sich im Partiturbild fort, das die Bedeutung der Zahl 3 ebenso klar artikuliert wie diejenige der Spiegelbeziehungen. So wie die Reihe auf Symmetrien zwischen ihren dreitönigen Teilreihen beruht, so beruht die Partitur offensichtlich auf der Reihe – das verdeutlicht nicht nur die Allgegenwart von Dreitongruppen, die in der Regel paarweise gegenläufige Bewegungsrichtung aufweisen, sondern auch die Reduzierung des Tonsatzes auf denkbar wenige Elemente, sodass sich die Aufmerksamkeit zwangsläufig auf die Art der Konstruktion richtet (Notenbeispiel 20).

Der dritte und letzte Satz sei unter diesem Gesichtspunkt näher beleuchtet. Er ist mit 1:20 Minuten Spieldauer zugleich der kürzeste des Werks, das insgesamt nur knapp sieben Minuten umfasst. Webern blieb auch nach seiner Aneignung der Zwölftontechnik der Miniaturist unter den drei Wienern, und doch entspricht das Finale seines Konzerts den Anforderungen an eine »große Form« deutlich mehr als zum Beispiel die letzten Instrumentalwerke vor der großen Schaffenspause auf diesem Gebiet, die drei Stücke für Violoncello und Klavier op. 11 (1914). Der »Sehr rasch« auszuführende Satz lässt an einen beschwingten Konzertabschluss im Sinne der Gattungstradition denken, doch ist eine formale Anlehnung etwa an ein Rondo nicht festzustellen. Stattdessen gliedert er sich in fünf Abschnitte annähernd gleicher Dauer, die jeweils durch einen »poco ritardando« auszuführenden Takt voneinander getrennt werden (T. 13, 27, 41, 55) – Letzteres ein für die Wiener Schule typisches Mittel der Formartikulation, von dem auch Bergs Violinkonzert reichen Gebrauch macht.

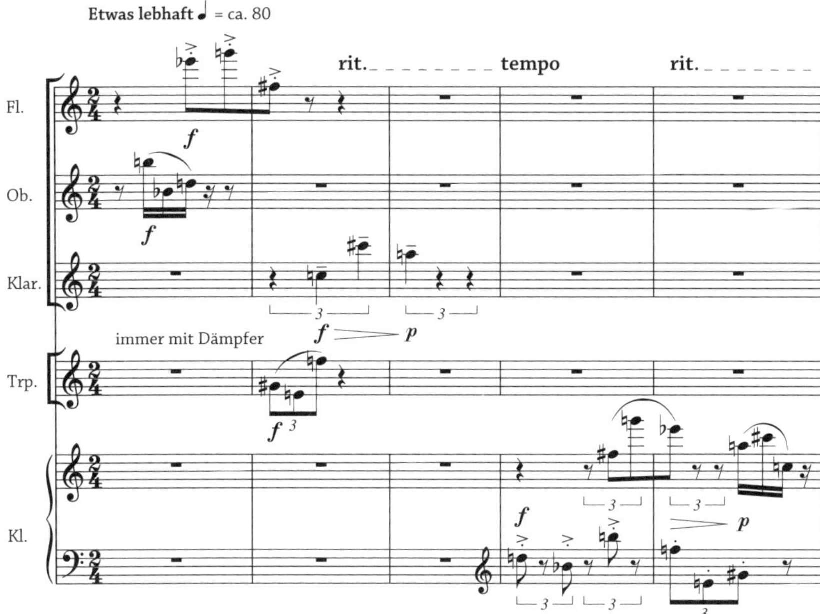

Notenbeispiel 20: Anton Webern, erste Partiturseite des Konzerts op. 24

Der erste Abschnitt hebt den mit der Zahl 3 verbundenen Bauplan geradezu überdeutlich hervor, indem aufeinanderfolgende Dreitongruppen stets klangfarblich differenziert werden. Durch zeitliches Überlappen des letzten Tons der jeweils alten mit dem ersten Ton der neuen Dreitongruppe verschränkt Webern die Phrasen miteinander und vermittelt durch ständiges Kontrastieren der Bewegungsrichtung den Eindruck von Folgerichtigkeit. Anders als die Notation der Reihe es suggeriert, vermeidet er in der Melodik kleine Sekunden und ersetzt sie durch die bei diesen Intervallklassen ebenfalls möglichen großen Septen und kleinen Nonen. Eine »sangliche« Melodik (wie sie das Berg-Konzert durchaus kennt) wird durch solche weiten Intervalle von vornherein durchkreuzt; die Prägnanz der Struktur erscheint wichtiger als die Wiedererkennbarkeit von Melodik. Besonders akzentuiert ist im ersten Abschnitt schließlich das karge rhythmische Material: Mit den Dreitongruppen verbinden sich hier nur zwei Rhythmuselemente, deren eines aus drei gleichförmigen Halbenoten besteht und das andere aus einer dazu kontrastierenden Folge »Viertel – Achtelpause – Achtel – Viertel«: einer Art Auftaktfigur.

Diese starr anmutende Struktur wird nun schrittweise aufgelöst. Im zweiten Abschnitt spielt Webern verschiedene Möglichkeiten durch, das Rhythmuselement aus drei Halbenoten zu verändern: Zunächst (T. 14) verbindet er es nicht mehr mit Einzeltönen wie noch im ersten Abschnitt, sondern mit dreitönigen Akkorden, die jeweils aus vertikalen Schichtungen der Teilreihen aus je drei Tonqualitäten bestehen. Auf dieser neuen Basis verändern sich in den nächsten Schritten die Artikulation (T. 16 f., 18 f.) und die Geschwindigkeit (T. 19 f. und öfter: drei Halbe werden zu drei Vierteln). Schließlich gibt Webern auch das bis hierhin geltende Prinzip der einheitlichen Klangfarbe für dieses Element auf: In Takt 24 f. werden der erste Akkord von drei Bläsern, die beiden übrigen vom Klavier übernommen, wobei durch die Artikulation der beiden letztgenannten Klänge ein neues Rhythmuselement mit dem Muster »lang – kurz« entsteht.

Es ist dieses neue Element, das nun seinerseits dem dritten Abschnitt seine Prägung gibt (ab T. 28), und da Webern dort auch die Auftaktfigur aufgibt, erreicht er eine zunehmend aufgelockerte Faktur. Es fehlt hier an Raum, auf die Einzelheiten dieses Prozesses einzugehen; der Hinweis muss genügen, dass der letzte Abschnitt (ab T. 56) zur Starre des ersten zurückkehrt – und dabei die Tonqualitäten dergestalt fixiert, dass für die Dauer dieses Abschnitts jede Tonqualität nur in einer einzigen Oktavlage erklingt: Nimmt man alle Tonhöhen dieses Abschnitts zusammen, ergibt sich ein symmetrisch angeordnetes Zwölftonfeld. Die Bedeutung der Symmetrie für Weberns Musikauffassung wird auch darin deutlich, dass hier eine Brücke geschlagen wird zum Beginn des Konzerts, dessen erster Satz ebenfalls von einem symmetrischen Zwölftonakkord ausging (T. 1–5, Notenbeispiel 20). Ganz wie er es den Hörenden seiner Wiener Vorträge geschildert hatte, schließt Webern zudem »im gleichen Ton« – die Dreitongruppen in den letzten 15 Takten des Finales enthalten die gleichen Tonqualitäten wie jene in den ersten 5 Takten des Kopfsatzes.

Bemerkenswert ist, dass die geschilderten Prozesse sich beschreiben (und zum Teil auch leicht wahrnehmen) lassen, ohne die Reihenverläufe der Partitur vollständig zu analysieren, ohne über Krebs- und Umkehrungsformen zu sprechen. Man muss nicht wissen, welche Reihengestalt gerade einen bestimmten Takt regiert, um den Formverlauf zu verstehen. Andererseits ist die Konzeption dieses Satzes kaum vorstellbar ohne die Inspiration, die Webern aus der Reihentechnik bezog. Ähnlich wie Berg, der die Reihe als symbolische Fundierung und als Legitimation für eine Inklusion des Tonalen nutzte, suchte auch Webern in ihr das, was seiner eigenen, bereits in den frei atonalen Werken ausgeprägten Poetik gemäß war. Ein Rückblick auf den oben analysierten dritten seiner *Fünf Sätze für Streichquartett* erweist: Jene Set Class [0, 1, 4], die dem Stück von 1909 sowohl vertikal wie horizontal das Gepräge gab, begegnet im Konzert von 1934 erneut – als das Substrat der Dreitonreihen, und damit als Essenz von Reihe und Werk selbst.

Kapitel 4
Stile im Zenit der Moderne: 1945 bis 1975

Serielle und Experimentelle Musik

Wie in Kapitel 2 beschrieben (Abschnitt »Popularität und Hermetik«) begünstigte der kulturelle Wettstreit des Kalten Krieges ab der Jahrhundertmitte auf westlicher Seite eine bis dahin ungekannte Revision der akademischen Kompositionstechnik. Zwei Entwürfe lassen sich dabei unterscheiden: Vorwiegend in Westeuropa fand die Entwicklung der Seriellen Musik statt, deren Protagonisten manchmal als »Darmstädter Schule« zusammengefasst werden, da die 1946 eingerichteten Darmstädter Ferienkurse für Neue Musik als Forum dieser Tendenz zentrale Bedeutung hatten. Eine tatsächliche Ausbildungsinstitution stand jedoch ebenso wenig hinter der Darmstädter Schule wie hinter der »New York School«, mit der man einige US-amerikanische Komponisten der 1950er-Jahre zusammenfasst: Ihnen verdankt sich der zweite nachhaltig wirksame neue Kompositionsentwurf dieser Zeit, der auch als Experimentelle Musik bezeichnet wird.

Der Begriff der Seriellen Musik kommt vom französischen »la série« (die Reihe) und betont damit die Herkunft der gemeinten Techniken aus der Dodekaphonie. Tatsächlich kann je nach Wortverständnis auch die Zwölftonmusik im Sinne Schönbergs im Französischen unter »musique sérielle« oder im Englischen unter »serialism« subsummiert werden. Im Deutschen ist mit den begrifflichen Pendants »Serielle Musik« oder »Serialismus« dagegen immer jene seit den 1950er-Jahren gebräuchliche potenzierte Anwendung der Reihentechnik gemeint, für die im Englischen der Begriff »total serialism« gebräuchlich ist. Der Weg dorthin lässt sich anhand einiger programmatischer Texte verfolgen, die Pierre Boulez, einer der damals tonangebenden jungen Komponisten, um 1950 über Zwölftonmusik schrieb. Im Essay »Mißverständnisse um Berg« kritisierte er 1948 Bergs Violinkonzert, insbesondere das darin enthaltene Bach-Zitat: »In der Exposition dieses Chorals, in der die reihenbestimmte Harmonik Bergs mit der tonalen Bachs alterniert, kommt es zu einem untragbaren Bruch infolge der Kreuzung des tonalen Systems in seiner festesten Gestalt mit dem Zwölftonsystem. [...] Man soll sich für eine dieser Lösungen entscheiden und nicht beide zusammengießen; da die Materialien von ungleicher Natur sind, kann die Konstruktion weder Rechtfertigung noch Gediegenheit für sich beanspruchen. [...] Im übrigen meine ich, der Zwölftonsprache sei Wichtigeres aufgegeben als einen Bach-Choral in ihre Zügel zu nehmen.«[1] Boulez' Überlegungen verabsolutieren Werte wie technische Konsequenz und Reinheit der kompositorischen Sprache, und genau mit diesen Argumenten wendet er sich wenige Jahre später gegen Schönberg selbst. Dieser habe – so heißt es sinngemäß 1951 im Darmstädter Vortrag »Schönberg ist tot« – die Reihentechnik zwar erfunden, aber nicht zu Ende gedacht.

Jenes Bedürfnis, »im übrigen zu arbeiten wie bisher«, das aus Weberns Vorträgen des Jahres 1932 als Prinzip der Wiener Schule überliefert ist, legt Boulez 20 Jahre später Schönberg zur Last, der zwar die Reihe für den Bereich der Tonqualitäten erfunden hatte, aber »sich nicht der Mühe unterzog, das spezifisch Reihenmäßige im strukturellen Bereich zu erforschen [...]. Und wir verstehen hier das Wort Struktur in seiner ganzen Breite, von der Bereitstellung der Kompositionselemente bis zur Gesamtarchitektur eines Werkes. Mit einem Wort: der logische Zusammenhang zwischen der Gestaltung von Reihenformen und davon abgeleiteten Strukturen lag generell außerhalb der Gedankenwelt Schönbergs«.[2] Mit der Zurückweisung der Zwölftonwerke Bergs und Schönbergs als nicht konsequent genug gerät 1951 gleichzeitig Webern in Boulez' Blickfeld, der im Gegensatz zu den beiden anderen Wienern »die Architektur des Werkes in gerader Linie vom Aufbau der Reihe abgeleitet« habe.[3] Offenbar dachte Boulez dabei an einige typisch Webern'sche Formstrategien, die oben am Beispiel seines *Konzerts für neun Instrumente* diskutiert wurden (siehe S. 132 ff.). Um der Reihe, die Schönberg ausschließlich für die Fixierung der Tonqualitäten nutzte, eine größere Bedeutung für die Gesamtarchitektur des Werks zu verleihen, schlug Boulez vor, man solle »das Reihenprinzip verallgemeinernd auf vier Klangkomponenten anwenden: auf Höhe, Dauer, Lautstärke und Spielart, [bzw.] Klangfarbe«.[4] Kompositorisch umgesetzt findet sich dieser Entwurf in Boulez' *Structure Ia* für zwei Klaviere (1951), einem der ersten seriellen Werke. Indem die zugrunde liegende Zwölftonreihe in eine abstrakte Zahlenreihe aus den Elementen 1–12 umgewandelt wird, konnte Boulez auch die anderen »Klangkomponenten«, für die sich bald die Bezeichnung »Parameter« durchsetzte, mit dieser Reihe ansteuern: Auf der Ebene der Tondauern interpretierte er eine Zahlenreihe wie 8-5-2-9 als Dauernfolge von acht, fünf, zwei und neun Zweiunddreißigstelnoten, im Bereich der Dynamik definierte er zwölf Lautstärkegrade zwischen *pppp* (= 1) und *ffff* (= 12), und bei den Spielarten des Klaviers fand Boulez immerhin die Möglichkeit, zehn der zwölf Positionen mit Angaben zu legato, staccato und verschiedenen Akzentformen zu besetzen.

Die Komposition *Structure Ia*, in der Boulez nahezu alle Parameter der Einzeltöne von Reihenoperationen bestimmen ließ, repräsentiert auch innerhalb des Serialismus eine extreme Position. Wenn sie auch unablässig dazu herangezogen wurde, serielles Komponieren exemplarisch zu erklären, so ist doch kein zweites Stück bekannt geworden, das den gleichen Regeln folgte. Typischerweise gehört nämlich im Selbstverständnis des Serialismus die Konstruktion des »Automaten« – oder die Erfindung der Spielregeln – zur Komposition hinzu; sie ist gewissermaßen ein neues Feld, auf dem sich kompositorische Originalität erweist. Selbst unter den frühesten seriellen Werken sind die konzeptionellen Unterschiede so weitreichend, dass sich bisweilen noch nicht einmal eine Zwölftonreihe als Grundlage des Werks ausmachen lässt. Darin wird ein fundamentaler Unterschied zwischen seriellem Komponieren und den dodekaphonen Ansätzen Schönbergs und Bergs sichtbar: Während diese ihre Reihen mit Blick auf deren Potenzial für Melodik und Harmonik entwarfen, sind die Werkideen des Serialismus eher struktureller Natur: Es geht um sich verändernde Dichtegrade des Tonsatzes, Bewegungsrichtungen im Raum, Zusammenhänge zwischen Klangfarben und -dauern und so weiter.

Was von Schönbergs Reihendenken im Serialismus erhalten blieb, lässt sich am besten abstrakt formulieren: Als Material der Komposition wird in beiden Fällen eine Menge von Elementen definiert (bei Schönberg: die zwölf Tonqualitäten der chromatischen Skala) und eine Mechanik, die deren gleichberechtigte Verteilung auf den gesamten Tonsatz sichert (bei Schönberg: die Anwendung der Reihe mit ihren Spiegelungen und Transpositionen). Serielle Musik potenziert dieses Prinzip, indem sie nicht nur in einem einzigen (der Tonqualität), sondern gleich in mehreren Parametern gleichberechtigte Verteilung anstrebt (in Boulez' *Structure Ia*: Tondauer, Lautstärke, Spielart). Im ersten Satz von Karlheinz Stockhausens *Kreuzspiel*, einem ebenfalls 1951 entstandenen Werk für Kammerensemble, sind es neben den Tonqualitäten die Einsatzabstände und die Oktavlagen, die nach seriellen Prinzipien geordnet sind. Die Oktavlage ist ein gegenüber Boulez' *Structure Ia* neuer Parameter: Da mit dem Instrumentarium von *Kreuzspiel* sieben Oktavlagen verfügbar sind, steuert nicht die für die Tonqualitäten zuständige Zwölftonreihe, sondern eine andere Reihe aus sieben Zahlenwerten diesen Prozess. Beide Reihen sind voneinander unabhängig entworfen, teilen aber eine zusätzliche, nur für dieses Stück gültige Anwendungsmechanik miteinander: Wie die Zwölftonreihe für die Tonqualitäten, so ist in *Kreuzspiel* auch die siebengliedrige Reihe der Oktavlagen in einen Prozess eingebunden, der für jeden neuen Reihendurchlauf ein Vertauschen der Elemente »über Kreuz« involviert. Hierin liegt die eigentliche

Werkidee, die sich in den einzelnen Parametern auf je unterschiedliche Weise äußert und der Komposition letztlich auch ihren Namen gab.

Unabhängig davon, welche Parameter jeweils einbezogen wurden, war mit der neuen seriellen Technik eines nicht mehr möglich: »im übrigen zu arbeiten wie bisher«. Dass nicht allein die Tonqualitäten – wie bereits in der Zwölftontechnik –, sondern darüber hinaus auch weitere klangliche Eigenschaften des jeweils auf das Notenpapier zu setzenden Einzeltones der Intuition des Komponisten entzogen und einer Automatik überantwortet wurden, ließ das klangliche Resultat bisweilen wie Musik von einem anderen Planeten erscheinen. Frühe serielle Kompositionen machen nicht selten den Eindruck, als sei der Einzelton mit seiner Fülle an individuellen Bestimmungen schon ein selbstgenügsames Ereignis. Für diese Frühphase der seriellen Musik war bald der Begriff »Punktuelle Musik« gefunden, dem derjenige der »Gruppenkomposition« auf den Fuß folgte: Hierbei war es nicht mehr der als »Punkt« isolierte Einzelton, dessen Eigenschaften auf seriellem Wege determiniert wurde, sondern die als größerer Verbund von Einzeltönen aufgefasste Tongruppe. Für sein 1952 entstandenes *Klavierstück I* fand Stockhausen Wege, Parameter wie Gruppendauer oder die übergeordnete Klangcharakteristik jeder Gruppe seriell zu ordnen. In traditionelle Fahrwasser zu geraten war auch mit dieser seriellen Technik ausgeschlossen.

Gerade diese Vermeidung gebrauchsfertiger Ausdrucksmittel (des Adorno'schen »Kanons des Verbotenen«) schwebte wie ein Motto über dem europäischen Serialismus, ganz ähnlich wie das Bedürfnis nach der großen Form für die Entwicklung und Anwendung der Zwölftontechnik durch die Zweite Wiener Schule leitend gewesen war. Die nach 1945 hervortretenden jungen Komponist:innen Europas teilten die traumatische Erfahrung von Krieg, Faschismus, rassistisch motiviertem Völkermord – und das Bewusstsein, dass die Fortführung von Kunst, Kultur, Musik »wie bisher« nichts davon hatte verhindern können, manches davon sogar unterstützend begleitet hatte. Dazu trat nach 1948 die schockhafte Einsicht, dass tonale Musik im Gefolge von Spätromantik oder Neoklassizismus genau die Sprache war, die Stalin den Komponierenden der Sowjetunion aufoktroyierte. Dies alles zu meiden und nach einer von solchen Zusammenhängen nicht kontaminierten Schreibweise zu suchen, war in dieser Situation ein naheliegender Weg.

Eine eigentümliche Korrespondenz existiert zwischen dem westeuropäischen Serialismus und der US-amerikanischen Experimentellen Musik, die ebenfalls in den 1950er-Jahren bekannt wurde. Einige Werke John Cages und anderer Komponisten der New York School (Earle Brown, Morton Feldman und Christian Wolff) stellen auf radikale Weise die Idee von Kunstproduktion selbst infrage. Ein erster Schritt dazu war die Einbeziehung des Geräuschhaften, das Cage bereits in den späten 1930er-Jahren erst in Kompositionen für unkonventionelle Schlagzeugbesetzungen, in den 1940er-Jahren dann mittels der Erfindung des präparierten Klaviers kompositorisch verfügbar gemacht hatte. Bereits mit den Schlagzeugstücken verband Cage die Hoffnung, dass deren Hörer:innen sich den ästhetischen Erfahrungen, die das Leben abseits tradierter Kunstbegriffe bereit hält, öffnen würden: »Die Leute mögen meine Konzerte verlassen und denken, sie haben ›Lärm‹ gehört [...], aber dann werden sie ganz plötzlich die Schönheiten in ihrem Alltagsleben hören. Meine Musik ist von therapeutischem Wert für Stadtbewohner.«[5] In den 1950er-Jahren ging Cage dann dazu über, die Entscheidungen über die zu verwendenden Klänge dem Zufall zu überantworten. Sein Klavierwerk *Music of Changes* komponierte er unter Befragung des Münzwurforakels des chinesischen *I Ging* (»Book of Changes«, »Buch der Wandlungen«) im selben Jahr 1951, in dem auf der anderen Seite des Atlantiks die ersten seriellen Kompositionen entstanden. Die Ergebnisse ähneln sich insofern, als sie auf die herkömmlichen Wege zur Herstellung von Zusammenhang verzichten und das kompositorische Subjekt in ihnen weitgehend zurücktritt.

Nachdem Cage um die Mitte der 1950er-Jahre von der westeuropäischen Avantgarde in breiterem Umfang rezipiert wurde, zogen Zufallsverfahren unter dem Schlagwort der »Aleatorik« auch in das Methodenarsenal des Serialismus ein. Mit den Grundideen der Seriellen Musik war dies insofern vereinbar, als die angestrebte Gleichverteilung von Elementen sich auch durch Münzwurf oder Ähnliches herstellen ließ. Eine weitere gewollte »Unschärfe«, die sich dem Cage-Einfluss verdankt, bestand im Offenlassen von Leerstellen in den Notentexten, deren Ausfüllung man in gewissem Rahmen den Interpreten überantwortete. Diese Kompositionsstrategie, die meist ebenfalls unter dem Begriff »Aleatorik« rubriziert wird, obwohl sie nicht mit Zufallseinwirkung gleichzusetzen ist, hat zu mannigfachen schöpferischen Weiterentwicklungen der Notationstechnik geführt. Stockhausens *Klavierstück XI* (1956) hat auf einem einzigen überdimensionierten Papierbogen Platz, auf dem frei auf dem Blatt verteilt 19 einzelne Gruppen notiert sind. Zur Werkidee gehört, dass die genaue Reihenfolge und Wiederholungshäufigkeit der Gruppen nicht festgelegt ist, ebenso wenig Geschwindigkeit, Lautstärke und Anschlagsform, mit der die jeweilige Gruppe zu spielen ist. All dies bleibt in einem gewissen Rahmen dem Spieler überlassen, der – so Stockhausens Werkbeschreibung – »absichtslos [...] mit irgend einer zuerst gesehenen Gruppe« beginnt und die drei genannten, nicht direkt fixierten Parameter für diese Gruppe frei auswählt. Am Ende der Gruppe findet er Angaben darüber, mit welcher der je sechs vorher definierten Geschwindigkeiten, Lautstärkegrade und Anschlagsformen die nächste Gruppe auszuführen ist; die mit diesen Angaben zu spielende Gruppe selbst wählt er jedoch wiederum »absichtslos« aus. »Wird eine Gruppe zum drittenmal erreicht, so ist eine der möglichen Realisationen des Stückes zu Ende. Dabei kann es sich ergeben, daß einige Gruppen nur einmal oder noch gar nicht gespielt wurden.«[6] Für die Interpret:innen boten solche Aufführungsvorschriften ungekannte Probleme, zum Beispiel dass sie jede der 19 Gruppen des *Klavierstücks XI* in ganz unterschiedlichen Geschwindigkeiten, Lautstärken und Anschlagsformen spielen können müssen, ohne sicher zu wissen, ob die jeweilige Kombination jemals während einer konkreten Aufführung verlangt wird. Die Pianisten Steffen Schleiermacher und Pierre-Laurent Aimard z.B. greifen daher auf im Vorfeld der Aufführung »absichtslos« (etwa per Losverfahren) selbst hergestellte und dann fixierte Reihenfolgen der Gruppen zurück, die sich auf herkömmlichem Wege einstudieren lassen. Auch in diesem Fall jedoch werden zwei Interpretationen des Stücks einander kaum gleichen. Werke wie das *Klavierstück XI* brachten damit auch die überlieferten Vorstellungen über musikalische Form als eine unveränderliche Anordnung klanglicher Ereignisse in der Zeit ins Wanken.

Zwei Entwicklungen, die von den seriellen und experimentellen Strömungen der 1950er-Jahre ihren Ausgang nahmen, seien hier wenigstens kurz erwähnt. Das Bestreben, unter allen denkbaren Parametern auch denjenigen der Klangfarbe seriell zu erfassen, führte Komponisten auf die Spur der elektronischen Klangerzeugung (siehe S.79). Und mit John Cages *Aria* für Stimme allein (1958) war die experimentelle Revision kunstmusikalischer Ausdrucksmöglichkeiten bei dem Verhältnis zur Sprache angelangt, was wiederum ein Genre namens »Sprachkomposition« begründete (siehe S.52). Als Abkömmlinge von Serialismus und Experimenteller Musik lassen Elektronische Musik und Sprachkomposition den bilderstürmerischen Charakter erkennen, den Neue Musik in den 1950er-Jahren angenommen hatte. Das Ausmaß, in dem man in der damaligen westlichen Welt akademische Kompositionsprinzipien revidierte, konnte danach nicht mehr übertroffen werden.

Luigi Nono: *Il canto sospeso* für Sopran, Alt, Tenor, gemischten Chor und Orchester

Entstehung: Venedig, Oktober 1955 bis Mai 1956 • Uraufführung: 24. Oktober 1956, Köln, Großer Sendesaal des WDR, Dirigent: Hermann Scherchen

Die Kölner Uraufführung von Luigi Nonos *Il canto sospeso* war für die Geschichte der Seriellen Musik ein herausragendes Ereignis. Für Zeitgenossen wie

Nachgeborene diente und dient sie als Beleg dafür, dass serielle Technik – der weit verbreiteten Skepsis von Musiker:innen und Musikliebhaber:innen zum Trotz – künstlerisch überzeugende Resultate zeitigen konnte. Herbert Eimert, selbst einer der Protagonisten elektronischen Komponierens in serieller Technik, notierte nach dem Abend: »Daß der Beifall für den sichtlich ergriffenen Komponisten ›überwältigend‹ war, mag nicht viel besagen, aber daß er einem kompromißlos radikalen Werk der verselbständigten Klangmaterie galt, […] muß über den Augenblick der Aufführung hinaus festgehalten werden. Dies eine Werk würde genügen, die vielumrätselte ›Webern-Nachfolge‹ endgültig zu legitimieren.«[7] Entsprechende Hinweise auf das Werk durchziehen Monographien zur Neuen Musik seither, Tausende Stunden analytischer Arbeit haben musikinteressierte Menschen mit seiner Partitur verbracht. Dass es dennoch 36 Jahre dauerte, bis 1992 eine erste kommerzielle Tonaufnahme des Werks erscheinen konnte, erhellt schlaglichtartig die Probleme Serieller Musik, die selbst in ihren berührendsten Exemplaren kaum ein Publikum findet und die für die Ausführenden mit extremen Schwierigkeiten verbunden ist.

Den Text seiner Kantate stellte Nono auf der Grundlage der Anthologie *Lettere di condannati a morte della resistenza europea* (hg. von Piero Malvezzi und Giovanni Pirelli, Turin 1954) zusammen, die im Jahr vor der Kölner Uraufführung auch in deutscher Übersetzung herausgekommen war (unter dem Titel *Und die Flamme soll euch nicht versengen. Letzte Briefe zum Tode Verurteilter aus dem europäischen Widerstand*, Zürich 1955). Der Band enthält Abschiedsworte und -briefe von fast 300 Personen, die von den Nazis in ganz Europa hingerichtet wurden. »Kann man das ›vertonen‹?«, fragte Eimert mit der Stimme des Advocatus Diaboli, um gleich darauf einen Zugang über traditionelle musikalische Ausdrucksmitteln als unangemessen zu verwerfen: »Peinlich zu denken, das geschähe mit den herkömmlichen Mitteln expressiver Affektgestaltung, als Schilderung, als Sensationsreportage im Stil von Illustrierten-Großaufnahmen.«[8] *Il canto sospeso* geriet damit zum Modellfall, bei dem der Text, den es zu vertonen galt, die Vermeidung alter, »abgebrauchter«, vielleicht sogar »kontaminierter« Ausdrucksmittel erzwang. Im Hintergrund stand das vielzitierte Diktum Theodor W. Adornos, »nach Auschwitz ein Gedicht zu schreiben, ist barbarisch«,[9] das 1951 veröffentlicht worden war. Gedichte wurden weiterhin geschrieben, auch andere Kunstformen blühten, aber sie konnten nicht mehr dieselben sein wie vor dieser Erfahrung unfassbarer Unmenschlichkeit. Serielle Musik ließ sich vor diesem Hintergrund auch begreifen als die unter rigider Selbstdisziplinierung errungene Möglichkeit einer nicht-barbarischen Musik nach Auschwitz.

Nonos Werk umfasst neun Sätze, von denen drei – die Nummern 1, 4 und 8 – rein orchestral gehalten sind. Die übrigen sechs stellen unterschiedliche

Bezüge zwischen den Klangkörpern her: Der Chor begegnet zuerst a cappella (Nr. 2), später mit Orchester (Nr. 6) und am Schluss des Werks nur mit Pauken (Nr. 9); dazwischen stehen Soli im Vordergrund: Sopran, Alt und Tenor mit Orchester (Nr. 3), Tenor mit Orchester (Nr. 5), Sopran mit Frauenchor und Orchester (Nr. 7). In der Verteilung der Texte auf die Gesangsnummern übernimmt Nono die grundsätzliche Anlage seiner Textquelle zunächst insofern, als er Briefautor:innen nach ihren Herkunftsländern gruppiert. Die Verfasser:innen stammen aus Bulgarien (Nr. 2), Griechenland (Nr. 3), Polen (Nr. 5 und 6) und der Sowjetunion (Nr. 7) – bis dahin stimmt die Reihenfolge genau mit derjenigen überein, in der die genannten Länder in der Anthologie angeordnet sind. Für die abschließende neunte Nummer durchbricht Nono dieses Prinzip und kombiniert Briefzeugnisse aus drei unterschiedlichen Ländern miteinander (der Sowjetunion, Italien und Deutschland); dieser Schritt betont eine über Ländergrenzen hinweg geteilte Erfahrung von Unterdrückung, körperlicher Gewalt und dem Glauben an eine bessere Zukunft. Der Titel *Il canto sospeso* ist doppeldeutig: Er lässt sich einerseits als »Der unterbrochene Gesang« verstehen und verweist damit auf das gewaltsame Ende der Menschen, die in den Texten zu Wort kommen. Andererseits hat »sospeso« im Italienischen auch die Bedeutung »schwebend«, womit ein Aspekt der Kompositionstechnik angesprochen ist, den Nono wie folgt umschrieb: »Ich wollte eine horizontale melodische Konstruktion, die sämtliche Register ergreift; ein Schweben von Laut zu Laut, von Silbe zu Silbe: eine Linie, die manchmal aus der Abfolge von Einzel-Tönen oder Einzel-Tonhöhen entsteht und manchmal sich verdickt zu Klängen.«[10]

Das Ausdrucksspektrum des *Canto sospeso* ist weit. Von einem Extrem zum anderen durchmessen wird es im sechsten Satz, der als einziger bereits durch die Nummerierung der Partitur in zwei Teile gegliedert ist. Sowohl 6a als auch 6b verwenden einen Text, der sich an einer Trümmerwand der von den Nazis niedergebrannten Synagoge von Kowel in Wolhynien (heute Ukraine) fand. Er ist mit dem Namen Esther Srul unterzeichnet und auf den 15. September 1942 datiert, mitten im Zeitraum der systematischen Ermordung aller ortsansässigen Juden durch die Nazis. Die in 6a von Nono (in italienischer Übersetzung) verwendeten Zeilen lauten auf Deutsch: »Die Tore öffnen sich. Da sind unsere Mörder. Schwarzgekleidet. Sie jagen uns aus der Synagoge.« Während Nono diesen Abschnitt laut, klanglich brutal und in undurchsichtiger, wild anmutender Bewegung gestaltet hat, ist 6b in allem sein Gegenteil. Sein Text »Wie hart ist es, von dem so schönen Leben für immer Abschied zu nehmen« stammt ebenfalls aus der Abschiedsnotiz von Esther Srul. Dieser Abschnitt ist inhaltlich wie im musikalischen Ausdruck gleichzeitig die Überleitung zum siebten Satz. Dieser, der allgemein als der lyrische Höhepunkt des

Canto sospeso erachtet wird, nutzt die Abschiedsworte der sowjetischen Partisanin Ljuba Schewtzowa aus Krasnodon (ebenfalls heute Ukraine), die in der Anthologie von 1954 ganz am Ende stehen: »Leb wohl, Mutter, Deine Tochter Ljubka geht fort in die feuchte Erde.«

Die Nummern 6a und 7 zu studieren, ist gerade hinsichtlich des Verhältnisses von Konstruktion und Ausdruck interessant. Sie zeigen, dass serielle Technik keinesfalls die Ausdrucksqualitäten von Musik nivellieren muss, selbst wenn beide Sätze auf eine merkliche Distanz zu herkömmlichen Verfahren der Textbehandlung gehen. Um den Vergleich zuzuspitzen, könnte man die Nummer 7 als ein fein gewirktes Liniengeflecht bezeichnen, die Nummer 6a dagegen als erratischen Granitblock. Die damit evozierten Strukturdifferenzen lassen sich anhand der Partitur gut nachvollziehen, aus deren Analyse die Vorüberlegungen, die Nono vor der eigentlichen Komposition getroffen haben muss, klar hervorgehen. Typisch für serielle Verfahren ist dabei, dass Nonos Vorüberlegungen mehrere Parameter betreffen: nicht nur die Abfolge der Tonqualitäten (wie in der Zwölftonmusik), sondern auch diejenige der Dauern, der Dynamik, der Klangfarbe und der Dichte des polyphonen Satzes.

Die lichte Abschiedsmusik der Nummer 7 (T. 414–488 des Gesamtwerks) besetzte Nono mit Solosopran, Frauenchor (aufgeteilt in je eine Sopran- und Altstimme) sowie einer Auswahl an Orchesterinstrumenten, die auf Blechbläser ganz verzichtet, vom Holz nur die beiden Flöten beschäftigt und dafür gestimmte Schlaginstrumente wie Glockenspiel, Marimba und Vibraphon herausstellt, darüber hinaus Harfe und Celesta. Analog zu den beteiligten Singstimmen sind auch die Instrumente nahezu ausschließlich in den höheren Registern aktiv. Als tiefster Ton wird zweimal das *f* der kleinen Oktav erreicht (Harfe in T. 423, Kontrabassflageolett in T. 455), das den Umfang des Choraltes nur geringfügig unterschreitet; nach oben hin geht der verwendete Umfang von Instrumenten wie Glockenspiel und Celesta deutlich über denjenigen von Chor- und Solosopran hinaus. Ist dadurch schon eine Vorentscheidung hinsichtlich eines eher »schwerelosen« Klangbildes getroffen, so verstärkt diesen Eindruck die Dynamik, die in dieser Nummer nur die drei Werte *ppp*, *p* und *mf* kennt. Stellt man sich die Dynamikskala als ein räumliches Kontinuum von sehr laut (schwer, unten) zu sehr leise (leicht, oben) vor, so fällt Nonos Auswahl mit seinen Entscheidungen in den Parametern Klangfarbe und Oktavlagen zusammen: Dieses Stück ist in der »oberen Hälfte« der verfügbaren Klänge angesiedelt.

Mit den so ausgewählten Klangmitteln komponiert Nono in Nummer 7 nun das angesprochene Flechtwerk aus Linien, genauer gesagt: aus zwölftönig organisierten Tonhöhenverläufen, die sich abwechselnd, jeweils für die Dauer eines Reihendurchlaufs, zu einem entweder ein-, zwei- oder dreistimmigen

Satz fügen. Die Grundreihe des *Canto sospeso* tritt nicht in Erscheinung (zu ihr siehe unten), sondern wird vielfältigen Permutationen (Vertauschungen) unterworfen, die die Abfolge der Tonqualitäten für jeden Reihendurchlauf neu fixieren. Die Rhythmik dieser Linien bestimmt eine Dauernreihe, die stets dieselben zwölf Dauernelemente enthält, aber ebenfalls für jeden neuen Reihendurchlauf über Permutation verändert wird. Als Folge hat jeder Reihendurchlauf die gleiche Länge (in diesem Fall 31 Achtelnoten). Die Grenzen der einzelnen Verläufe lassen sich an der Partitur am Wechsel der Stimmenzahl erkennen: Die erste einstimmige Linie macht auf der zweiten Achtelnote von Takt 420 einem dreistimmigen Verlauf Platz (Notenbeispiel 21). Insgesamt sind je vier ein-, zwei- und dreistimmige Abläufe komponiert und in der Folge 1-3-2 2-3-1 2-3-3 2-1-1 angeordnet, wobei jede Ziffer für eine Einheit von 31 Achteln Länge steht, die eben entweder ein-, zwei oder dreistimmig komponiert ist. Auch auf dem Parameter der vertikalen Satzdichte wird also ein Material vordefiniert (1, 2 oder 3), das dann über Permutation gleichmäßig auf die Komposition verteilt wird. Die verhältnismäßig geringe Satzdichte trägt zu jenem Eindruck eines lichten Gewebes bei, den der Satz hinterlässt.

Aufschlussreich ist die Instrumentierung, die Zuordnung der Reihenfäden und Einzeltöne zu Klangkörpern, denn sie lässt weitere rigorose Vorstrukturierungen des Komponisten erkennen. Eine davon bestand darin, dass jeder einzelne Reihenfaden in seiner Instrumentierung nur einen der vokalen

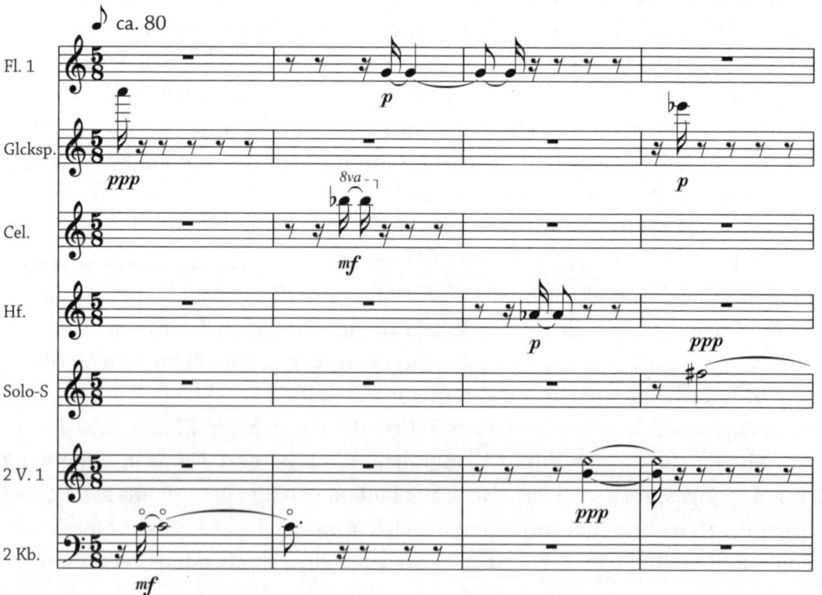

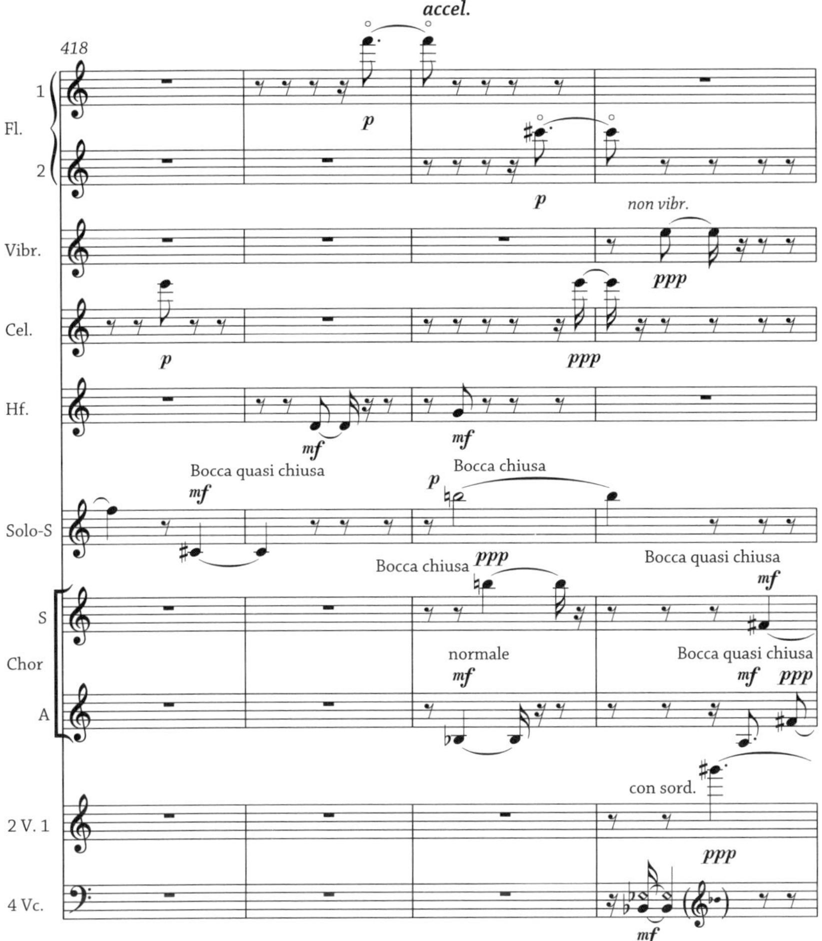

Notenbeispiel 21: Luigi Nono, *Il canto sospeso*, Beginn von Nr. 7 (T. 414ff.)

Klangkörper (Sopransolo oder eine der beiden Chorstimmen) verwendet, und dass der Solosopran dabei den Vorrang hat. Dies bedeutet, dass in den einstimmigen Abschnitten von den vokalen Kräften immer nur der Solosopran beschäftigt ist, dreistimmige alle drei vokalen Klangkörper verwenden und zweistimmige eine Kombination entweder von Solosopran und Chorsopran oder von Solosopran mit Choralt. Nie aber wird dabei ein Reihenfaden ausschließlich vokal umgesetzt, sondern nur in jeweils einzelnen seiner Töne, während die übrigen auf die Instrumente verteilt sind. Namentlich in den einstimmigen Partien ergibt sich dadurch ein »punktuelles« Bild aus räumlich und klanglich oft weit voneinander entfernten Ereignissen, die aber durch die Disziplin der Dauern in einen kontinuierlichen Verlauf eingebunden sind. Die mehrstimmigen Partien hat Nono so instrumentiert, dass die sich durch die besagte Technik ergebenden Dopplungen von Tonqualitäten meist in die Singstimmen gelegt werden, auch Intervalle mit hohem Schwebungsgrad (kleine Sekunden, aber auch große Septen und kleine Nonen) sind bevorzugt hier angesiedelt. Zum besonderen Charakter dieses Satzes gehört schließlich, dass Nono für die menschlichen Stimmen einen Spielraum zwischen »gesungen« (nur im Solosopran) und »mit geschlossenem Mund / gesummt« (»bocca chiusa«) definiert; dazwischen liegen die ebenfalls textlosen Werte »normale« (auf Vokal »a« oder »o«) und »bocca quasi chiusa«. Im Summen mit ganz oder nahezu geschlossenem Mund nähern sich die Singstimmen der instrumentalen Schicht an; die (bezogen auf die Gesamtdauer des Satzes) vergleichsweise wenigen Fälle, in denen tatsächlich gesungen wird, sind so in einer gleichsam seriellen Abstufung mit der instrumentalen Schicht des Tonsatzes vermittelt.

Verglichen mit Nummer 7 hinterlässt Nummer 6a einen grobschlächtigen Eindruck – fast, so macht es den Anschein, programmusikalischer Tradition gemäß, denn hier sind es die Täter, deren Unwesen der vertonte Text schildert. Die instrumentale Schicht (zwei Fagotte, vier Hörner, vier Posaunen, Pauken, Celli und Kontrabässe) verwendet das zum orchestralen Bereich der Nummer 7 komplementäre Register unterhalb des *es* der kleinen Oktav, die Dynamik reicht bis zum vielfach verwendeten *fff*. War Nummer 7 von der komplexen Konstruktion und Überlagerung von Reihenfäden bestimmt, verweilt jede Stimme in Nummer 6a lange Zeit auf einer einzelnen Tonqualität, die sie unablässig wiederholt. Was sich beim Hören als dichtes klangliches Gestrüpp vermittelt, ist eine Überlagerung von aperiodischen und zwischen den Stimmen nicht synchronisierten Tonwiederholungen. Kraft dieser Hinauszögerung des Wechsels zwischen den Tonqualitäten wird in der gesamten Nummer 6a nicht einmal ein einziger vollständiger Verlauf einer Zwölftonfolge erreicht. Am deutlichsten exponieren die Singstimmen die Grundreihe des gesamten Werks, ein fortlaufendes Weiten der Intervalle in beständiger Gegenbewegung: es^1, e^1, d^1, f^1, cis^1, fis^1, c^1, g^1, *h*, as^1 – bevor die fehlenden *b* und a^1 in den Singstimmen abgerufen werden können, ist das Stück vorbei, wie ein gewaltsam beendetes Leben (Notenbeispiel 22).

Wiederum sind die bestimmenden Entscheidungen struktureller Art: Die vier Sätze des Textzeugnisses (»Die Tore öffnen sich. Da sind unsere Mörder. Schwarzgekleidet. Sie jagen uns aus der Synagoge.«) sind auf die Singstimmen dergestalt verteilt, dass der erste Satz eine einzige Tonhöhe enthält (es^1), der

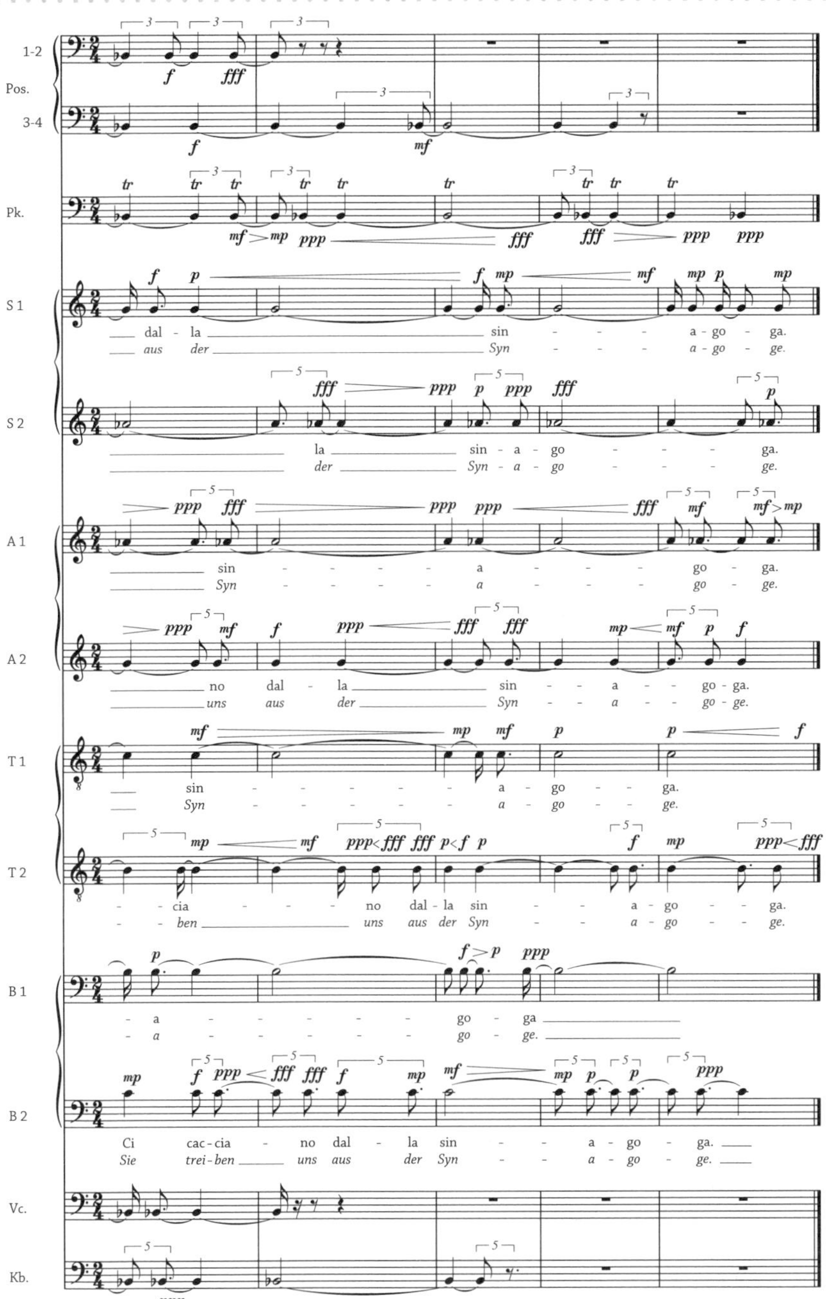

Notenbeispiel 22: Luigi Nono, *Il canto sospeso*, Schluss von Nr. 6a (T. 359–363)

zweite zwei, der dritte drei und der vierte vier (*c*[1], *g*[1], *h*, *as*[1]). Diese Schicht, die zweifellos die Stimme der Bedrohten darstellt, wird im Verlauf des Satzes klangvoller, mächtiger, während die orchestrale Schicht, wohl die Stimme der Aggressoren, abbaut. Diese ist zur vokalen dann auch fast exakt krebsförmig organisiert, wobei der (auch hier unvollständige) Reihenverlauf bereits früher abgebrochen erscheint. Das alleinige, nicht leicht aus Reihenoperationen erklärbare Erklingen der Tonhöhen *es* und *A* in den Takten 338–354 ist als Tonsymbolik für die Nazi-Organisationen SS und SA gedeutet worden.

Während der Tonhöhenverlauf in 6a verhältnismäßig einfach zu überblicken ist, fällt die Strukturierung des Parameters Tondauer äußerst differenziert aus. Wie schon bei der Nummer 7, deren intrikates Liniengeflecht der emotional hochkomplexen Situation des Abschiedsgrußes der Tochter an die Mutter entspricht, liegt auch der Nummer 6a eine mit dem Textinhalt korrelierende Strukturidee zugrunde. Ging es in den Worten der Nummer 7 um nur zwei (weibliche) Personen, evoziert Nummer 6a große Menschengruppen auf Täter- wie Opferseite. Die vielgestaltige Dauernstruktur des bis zu 16-stimmigen Satzes, in dem kaum einmal zwei rhythmische Impulse zeitlich zusammenfallen, ist geeignet, sowohl blinde Aggression auszudrücken (im Orchester) als auch der Verzweiflung der in der Synagoge eingeschlossenen Menschen eine Stimme zu geben (im Chor).

Modern Jazz

»Modern Jazz« ist ein Oberbegriff für Stile wie Bebop, Cool Jazz, Third Stream, Hard Bop, Free Jazz und Fusion, die den Jazzdiskurs in den ersten drei Jahrzehnten nach dem Ende des Zweiten Weltkriegs prägten. Dabei entstand Bebop als der historisch früheste dieser Stile schon um 1940, doch ein von der US-amerikanischen Musikergewerkschaft organisierter Streik gegen die Honorierungspraktiken der Schallplattenlabels verhinderte, dass in der ersten Hälfte der 1940er-Jahre Tonaufnahmen entstanden und der neue Stil bereits damals eine größere Öffentlichkeit erreichen konnte. Dies änderte sich erst im Jahr 1945, das daher auch für den Bebop – und damit den Modern Jazz als Ganzes – eine markante Epochenschwelle bildet.

Zum Swing, dessen Dominanz bis zum Zweiten Weltkrieg ungebrochen war, verhält sich der Bebop einerseits antithetisch, andererseits als organische Fortsetzung. Er übernimmt vom Swing die grundsätzliche Anlage der Rhythm Section, insbesondere das Zusammenspiel von Walking-Bass-Fundament und swingendem Schlagzeug; ebenso führt er das in Kapitel 3 beschriebene Formprinzip der Chorusreihung fort, bei dem das Thema der Komposition (als »Head« bezeichnet) am Anfang und am Ende steht und eine variable Anzahl von Soli rahmt.

Schon im Swing der 1930er-Jahre hatte die Praxis bestanden, bei Aufführungen gelegentlich von der Big-Band-Besetzung zur kleinen, etwa fünfköpfigen Combo zu wechseln, um einzelnen Musikern ausgiebigeres Solospiel zu ermöglichen. Was im Kontext des Swing eine Ausnahme darstellte, wird im Bebop zur Norm und verdichtet sich darüber hinaus zu einem wesentlichen Charakterzug des Modern Jazz. Das Verhältnis zwischen Arrangement und improvisiertem Solospiel verschiebt sich damit entschieden zugunsten des Letzteren. Im jazzgeschichtlichen Bewusstsein wird der Bebop entsprechend als Rebellion herausragender Musikerpersönlichkeiten gegen das enge Korsett der Ensemblearrangements im Swing verstanden. Seine Entstehung ist mit New Yorker Clubs wie Minton's Playhouse in Harlem verbunden, in denen die in den Big Bands beschäftigten Musiker an dienstfreien Abenden zu ausgedehnten Jam Sessions zusammentrafen. Nicht selten entstand dabei eine Kunst *For Musicians Only*, wie es ein späterer Albumtitel (1958) des Trompeters Dizzy Gillespie ausspricht: Weit von der Massentauglichkeit des Swing entfernt, rückte der Bebop ausgedehntes Solospiel bei oft stupender Geschwindigkeit und ungewöhnlicher, asymmetrischer Phrasierung in den Vordergrund. Ermöglicht wurde diese Praxis durch die Loslösung des Jazz von seiner tanzmusikalischen Funktion. Indem maßstabsetzende Musiker wie Gillespie oder der Altsaxophonist Charlie Parker die Bedeutung des subjektiven Ausdrucks im Jazz aufwerteten, räumten sie mit der im Swing noch selbstverständlich verbreiteten Ansicht auf, Jazz sei vor allem Entertainment. Im Bebop traten Jazzmusiker:innen erstmals dezidiert als Künstler:innen im emphatischen Sinn in Erscheinung, was in den USA der Nachkriegszeit auch mit einem erstarkenden Selbstbewusstsein der afroamerikanischen Bevölkerung einherging. Die nachfolgenden Stile des Modern Jazz haben die im Bebop erreichte Autonomie nicht mehr aufgegeben.

An einer frühen Bebop-Aufnahme, Charlie Parkers *Ornithology* (aufgenommen und veröffentlicht 1946, Dial 1002), lässt sich der Gegensatz zum Swing gut ermessen, denn das von Parker und Bennie Harris komponierte Stück ist die Kontrafaktur des noch zu Swing-Zeiten populär gewordenen Songs *How High the Moon*. Die 32-taktigen Chorusse von *How High the Moon* und *Ornithology* teilen miteinander die Harmoniefolge, und entsprechend übernimmt Parkers und Harris' neues Thema auch die Form des Originals (ABAC mit je achttaktigen Abschnitten). Vergleicht man *Ornithology* mit der 1940 entstandenen Swing-

Einspielung von *How High the Moon* durch Benny Goodman and His Orchestra mit der Sängerin Helen Forrest (Columbia 35391), ist zunächst die ungeheure Beschleunigung bei Parker offensichtlich. Beide Aufnahmen nutzen die Maximalspieldauer von drei Minuten einer 78er-Schallplatte aus, doch Parker bringt es in diesem Zeitraum auf fünf Durchgänge des Chorus, während Goodman nur zweieinhalb »schafft« (je einen instrumentalen und einen vokalen, dazu eine instrumentale Coda über die letzten 16 Takte – Abschnitte AC – des Chorus). Improvisation – wenn darunter nicht allein die individuelle Phrasierung des Themas gemeint ist – findet in der Swing-Aufnahme nur an wenigen Takten der instrumentalen Chorusse statt und beschränkt sich auf Goodmans Klarinettenspiel. Ganz anders *Ornithology*: Zwischen der Vorstellung und Wiederaufnahme des Head am Anfang und Ende der Aufnahme sind drei hochvirtuos ausgeführte Chorusse für Altsaxophon, Trompete und Tenorsaxophon angesiedelt. Improvisation, in Goodmans *How High the Moon* lediglich schmückendes Beiwerk, ist in Parkers *Ornithology* die Hauptsache, und selbst der unisono von den Bläsern ausgeführte Head bewahrt mit seinen rasenden Linien Züge des Spontanen oder stellt zumindest instrumentale Virtuosität und Originalität als zentral heraus. Notenbeispiel 23 zeigt die Anfänge des Heads von *Ornithology* (oben) und der Melodie von *How High the Moon* (unten) im Vergleich.

Die eklatanten Unterschiede zwischen den Aufnahmen Goodmans und Parkers sind dabei nicht allein auf die Ab- oder Anwesenheit der menschlichen Singstimme zurückführbar: Ella Fitzgeralds Bebop-Aufnahme von *How High the Moon* (1949, Decca BM 04351 A) zeigt die Möglichkeiten des neuen Stils auch für den Gesang. Nach einem ersten, noch im Swing-Idiom gehaltenen Chorus wechselt Fitzgerald abrupt in das hohe Tempo von Parkers *Ornithology* und erfindet vier Chorusse lang zunächst neue Worte, dann neue Melodielinien. Als Trägermaterial der Improvisation dienen Nonsens-Laute, darunter übrigens auch das Silbenpaar »be bop« – die bereits seit den 1920er-Jahren bestehende Praxis des sogenannten Scat-Gesanges wird als eine mögliche Erklärung für die Herkunft dieses Stilbegriffs angeführt. Bemerkenswert an Fitzgeralds Aufnahme ist das ausgiebige Zitieren; so spielt sie am Beginn des dritten Chorus auf den Jazz-Standard *Poinciana* an und verwendet den gesamten Head von Parkers *Ornithology* im vierten.

Über seine Vorlage *How High the Moon*, das aus einer Broadway-Revue stammt, ist auch *Ornithology* an eines der beiden Kernrepertoires angebunden, aus dem der Modern Jazz sein Material bezog: die Entertainmentkultur der US-amerikanischen Großstädte. Im Gegensatz zu den meist 12-taktigen Bluesformen – womit das andere der beiden Kernrepertoires genannt wäre – bildeten Revue- und Musicalsongs meist 32-taktige Formen, entweder nach

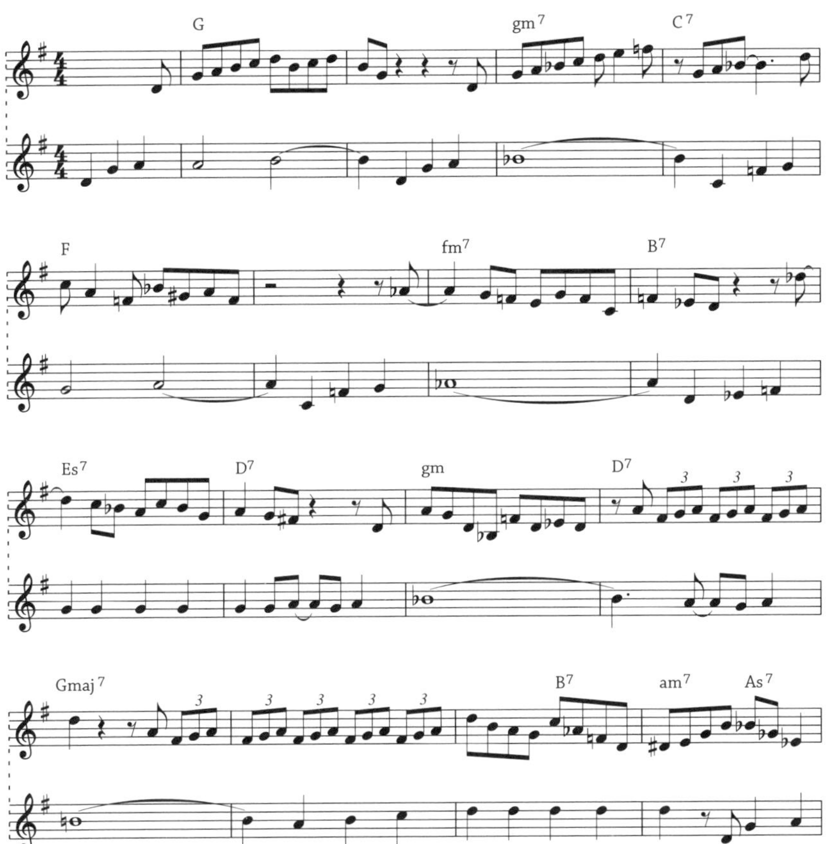

Notenbeispiel 23: *Ornithology* (oben) als Kontrafaktur von *How High the Moon* (unten)

dem Schema der »American Song Form« (AABA; Beispiele: *Over the Rainbow*, *Ain't Misbehavin'*) oder, wie bei *How High the Moon*, als ABAC. Für solche Songformen waren – wieder im Gegensatz zum harmonisch überschaubaren Blues – differenzierte, stark individualisierte harmonische Verläufe die Norm. Eine Transkription von Parkers *Ornithology* registriert elf verschiedene Akkorde (acht Dur- und drei Mollakkorde, wobei Varianten, die durch Hinzufügen bzw. Weglassen von Septimen, Nonen etc. entstehen, nicht als selbstständig gerechnet sind); zu einem Akkordwechsel kommt es durchschnittlich einmal pro Takt. Wenn Musiker:innen im Bebop über solche Chorusse improvisierten, orientierten sie sich an den Akkordwechseln (»Changes«), die es zu memorieren galt, wollte man an jeder Stelle die passenden, das heißt innerhalb des Stils akzeptablen Töne finden. Die entsprechende Solospielweise fügte also der jeweils erklingenden Harmonie Melodien hinzu, die sich primär von den jeweiligen Akkordtönen ableiteten. Vom Changes-Prinzip ließen sich Jazzer:innen der 1940er- und 1950er-Jahre auch bei Kontrafakturen leiten; so ergibt sich der Head von *Ornithology* (Notenbeispiel 23 oben) nicht etwa aus einer verzierten Variante der Melodie von *How High the Moon*, sondern aus der Umspielung der jeweiligen Akkordtöne, wobei Durchgangs- und chromatische Nebentöne einbezogen werden: G-Dur (T. 1–2), g-Moll^7 (T. 3), C-Dur^7 (T. 4), F-Dur (T. 5) usw.

Die Komplexität dieser Praxis stieg mit zunehmender Dichte des harmonischen Verlaufs und erreichte ihren Höhepunkt in der Komposition *Giant Steps* des Tenorsaxophonisten John Coltrane (aufgenommen 1959 und veröffentlicht auf dem gleichnamigen Album 1960). *Giant Steps* übertraf sowohl in der Dichte der Akkordwechsel als auch im Tempo *Ornithology* bei Weitem und verband dabei auch entlegene Harmonien miteinander. Hinsichtlich des virtuosen, an Changes orientierten Solospiels waren Coltranes Chorusse auf dieser Aufnahme kaum zu überbieten. In unmittelbarer zeitlicher Nähe zu *Giant Steps* leitete allerdings das sogenannte modale Spiel, wie es – ebenfalls unter der Beteiligung von Coltrane – das von Miles Davis geleitete Sextett auf dem Album *Kind of Blue* (1959) demonstrierte, eine neue Art ein, Improvisation im Jazz zu denken (siehe die Werkbesprechung im Anschluss).

Mit dem Bebop, der die Big Bands zunehmend als eine Institution der Vergangenheit erscheinen ließ, avancierte die kleine, meist vier- bis sechsköpfige Combo zur Normbesetzung des Jazz. Dies gilt auch für den wenige Jahre nach dem Bebop aufkommenden Cool Jazz, auch wenn einige seiner maßstabsetzenden Aufnahmen – wie die unter dem Namen *Birth of the Cool* geläufigen von Miles Davis' Capitol Band (1949/50) – über diese Besetzungsnorm hinausgehen. Der Geltungsbereich des Stilbegriffs »Cool« ist umstritten; konsensfähig ist aber, dass sich mit der so bezeichneten Musik ein neues, dem vormals dominanten »Hot«-Spiel gerade entgegengesetztes Klangideal verbindet. Cool Jazz, wie ihn etwa das Modern Jazz Quartet, die Pianisten und Ensembleleiter Lennie Tristano oder Dave Brubeck verkörpern, zeichnet sich durch eine eher verhaltene Tongebung aus. Gleichzeitig streben manche seiner Protagonisten danach, sich der Komplexität der europäischen Musiktradition anzunähern; entsprechend hoch ist in diesen Fällen die Neigung, das Arrangement bzw. die Formgebung differenzierter zu behandeln als das beim Bebop geschah.

Zu vollkommenen Brüchen mit dieser Tradition kommt es allerdings selten. Selbst in einer Aufnahme wie *Django* des Modern Jazz Quartet (1954, auf dem gleichnamigen Album 1956), einer für die Rezeption des Cool Jazz herausragenden Komposition, bildet das Formprinzip der Chorusreihung weiterhin das Rückgrat: Der Hauptteil besteht aus je zwei solistischen Chorussen des Vibraphons und des Klaviers. Dass sich mit Blick auf *Django* gleichwohl von einer erhöhten – und wenigstens von ferne an die akademische Komposition gemahnenden – Komplexität sprechen lässt, begründet sich erstens über die Hinzufügung einer ausgedehnten langsamen Einleitung, die in der Mitte (beschleunigt) und am Ende des Stücks wieder aufgegriffen wird, und zweitens aus der ungewöhnlichen Binnenstrukturierung des Chorus, dessen 32 Takte sich in 6 + 6 + 8 + 4 + 8 Takte gliedern. Die unterschiedlich großen Abschnitte kontrastieren zum Teil auch in rhythmischer Hinsicht stark miteinander.

In der Aufnahme von Dave Brubecks *Blue Rondo à la Turk*, enthalten auf dem Album *Time Out* (1959) seines Quartetts, sind nur die Außenteile von formal ambitionierten Arrangements geprägt. Dagegen werden die »cool« intonierten Soli (Altsaxophon und Klavier) des Hauptteils auf je vier Durchgänge eines konventionellen 12-taktigen Bluesschemas verteilt. In den spektakulären Außenteilen herrscht eine intensiv-nervöse Rhythmik vor, bei der Brubeck sich von türkischen Quellen beeinflussen ließ: Der für den Jazz ungewöhnliche $^9/_8$-Takt wird in *Blue Rondo* sowohl in 2 + 2 + 2 + 3 als auch in 3 + 3 + 3 Achtel gruppiert. Bezeichnend für den – im Sinne der europäischen Kompositionsgeschichte – experimentellen Zugriff sind die Übergangsphasen, die zum Hauptteil hin- und von ihm wieder wegführen und in denen der $^4/_4$-Takt des Blues und der $^9/_8$-Takt des »à la Turk« fließend und engmaschig miteinander kombiniert werden.

Begünstigt wurden formale Erweiterungen wie die genannten durch das in den 1950er-Jahren neue Format der Langspielplatte, das ununterbrochene Aufnahmen von bis zu 20 Minuten Länge möglich machte. Eine andere aufnahmetechnische Innovation, die in diesen Jahren Experimente anregte, war das Overdubbing, die nachträgliche Hinzufügung einer oder mehrerer weiterer Tonspuren, was Tristano etwa bei den Aufnahmen seiner Stücke *Line Up* und *East Thirty-Second* nutzte, um für sein Klavierspiel größtmögliche Freiheit von dem vorher aufgenommenen Spiel der Rhythm Section zu erreichen. Das Overdubbing bei seinem Klavierstück *Turkish Mambo* dagegen dient der Herstellung eines dichten polymetrischen Gewebes, das auf herkömmlichem Wege nicht hätte erreicht werden können (alle auf dem Album *Lennie Tristano*, 1956).

Der Hornist und Komponist Gunther Schuller, der in den 1940er- und 1950er-Jahren sowohl in klassischen Orchestern (wie dem der New Yorker Metropolitan Opera) als auch in Jazzensembles spielte (wie der Capitol Band von Miles Davis), entwarf damals die Vorstellung eines als »Third Stream« bezeichneten Stils, der die Ausdrucksmittel der europäischen Kompositionstradition und des Jazz nicht nur punktuell, sondern integral vereinen sollte. Um solche Werke aufzuführen, rief er unter anderem das Orchestra U.S.A. (1962–1965) ins Leben, und auch auf die Ausbildung junger Musiker:innen, die in beiden Traditionen gleichermaßen versiert sein sollten, erstreckten sich seine Pläne. Zu Schullers Third-Stream-Kompositionen, bei deren Vortrag akademisch ausgebildete Musiker:innen und solche des Jazz zusammenwirkten, zählt das Melodram *Journey into Jazz* (1962, enthalten auf der LP *Jazz Journey* des Orchestra U.S.A., 1963). Der gesprochene Text des Werks erzählt davon, wie ein junger, an der europäisch geprägten Avantgarde (»modern music«) geschulter Trompeter zum Jazz findet, und expliziert daran die Philosophie des Jazz – ein hörenswertes Kuriosum der Musikgeschichte, in dessen Schlussteil sich die Worte finden: »That's what jazz is: you. And that's why jazz is always changing: because you change, and the people you play with change.«[11] Wenngleich der Third Stream aus der historischen Rückschau nicht gleichberechtigt neben Jazz und Avantgarde treten konnte, steht er doch für ein nicht nur in den USA immer wieder begegnendes Bestreben, diese beiden Pole zu verbinden. Allerdings ist zu beobachten, dass entsprechende künstlerische Resultate in der Regel entweder dem Jazz oder eben der Avantgardekomposition zugeschrieben werden, und kaum noch einem Third Stream. Ein Third-Stream-Studiengang, den Schuller 1973 am New England Conservatory in Boston einrichten konnte, wurde mit der Zeit erst in »Contemporary Improvisation«, schließlich in »Contemporary Musical Arts« umbenannt.

Seinen experimentellen Höhepunkt erreichte der Modern Jazz in der Erscheinungsform des Free Jazz, dessen Etablierung um 1960 gerne mit der Wendung Arnold Schönbergs zur Freien Atonalität ein halbes Jahrhundert zuvor verglichen wird. Bereits 1949 hatte Tristano mit seinem Quintett die freien Gruppenimprovisationen *Intuition* und *Digression* aufgenommen (1954 auf dem EP-Album *Classics in Jazz* veröffentlicht), über deren Verlauf die beteiligten Musiker vorher nur minimale Absprachen vorgenommen hatten. Stilbildend wurde aber erst das 1961 veröffentlichte Album *Free Jazz* des Saxophonisten Ornette Coleman, auf dem zwei Quartette, die in der Stereoaufnahme dem rechten bzw. linken Kanal zugeordnet sind, eine »collective improvisation« – so der Untertitel des Albums – ausführen und dabei ohne Bezugnahme auf ein vorher abgesprochenes, formgebendes harmonisches Schema auskommen. Wie Duke Ellington 30 Jahre zuvor die Dauer von *Tiger Rag* verlängerte, indem er die zweite Schallplattenseite als direkt anschließende Fortsetzung der ersten nutzte, verfuhr Coleman bei *Free Jazz* mit dem Medium der Langspielplatte: Der auf beide Seiten verteilte einzige Track des Albums, betitelt eben *Free Jazz*, nimmt eine für Jazzaufnahmen bis dahin unvorstellbare Länge von 37 Minuten ein. Einzig die kurzen Überleitungen zwischen den Soli sind dabei auskomponiert, so etwa die bei 9:43 auf der ersten Schallplattenseite einsetzende, erst akkordische und dann als Unisono-Linie fortgeführte Einleitung zum Solo Colemans. Der Rest des Werks besteht aus umfangreichen Soloimprovisationen, die von lebendiger Interaktion der Musiker untereinander geprägt sind.

Wie bei allen Tendenzen des Modern Jazz sind die Abstufungen des Free Jazz vielfältig, und manche Musiker, die man als dem Free Jazz eher fernstehend begreift, übernahmen seine Ideen wenigstens teilweise. So entwickelte Miles Davis für sein zweites Quintett um die Mitte der 1960er-Jahre das »Time, no changes«-Konzept, das das Prinzip der Chorusreihung dadurch variierte, dass während der Soli die gemeinsame harmonische Grundlage suspendiert (»no changes«), das Metrum (»time«) als verbindliche Grundlage aber beibehalten wurde. Ein Beispiel ist *Pinocchio* vom Album *Nefertiti* (1968): Die Soli von Davis (Trompete), Wayne Shorter (Tenorsaxophon) und Herbie Hancock (Klavier) dauern 40, 48 bzw. 38 Takte und entbehren einer gemeinsamen harmonischen Verlaufsform. Zum Ausgleich erklingt der 18-taktige, vollständig arrangierte Head nicht nur zu Beginn (viermal) und am Schluss, sondern auch zwischen den einzelnen Soli.

Wenn sich Cool Jazz, Third Stream und Free Jazz in je unterschiedlicher Art solchen Werten und Konventionen annäherten, wie sie für akademische Komposition typisch waren, so suchten andere Trends des Modern Jazz ganz im Gegensatz dazu die Berührung mit populären Stilen, durchaus auch um größere Publikumsschichten zu erreichen. In derjenigen Musik, die ab Mitte der 1950er-Jahre als Hard Bop bezeichnet wurde, verband sich die Virtuosität des Bebop mit einer wieder eingängigeren Themenbildung und mit dem rhythmischen Impetus von Rhythm and Blues und Soul, den damals dominanten Stilen afroamerikanischer Popularmusik. Die Aufnahme *The Sidewinder* des Trompeters Lee Morgan ist dafür exemplarisch: Äußerlich folgt sie mit ihrer Reihung von 16 Chorussen in raschem Tempo (Introduktion, zweimal Head, ausgedehnte Soli von Trompete, Tenorsaxophon, Klavier und Kontrabass, abschließend wieder zweimal Head) den formalen Konventionen des Bebop, doch statt des üblichen Walking-Spiels des Kontrabasses mit seinem weiträumigen Abschreiten der Harmonien bestimmen hier Repetitionen einer eintaktigen und prägnant rhythmisierten Bassfigur das Geschehen. Das Thema, erstmals im zweiten Chorusdurchgang von den Bläsern präsentiert, entsteht aus einer zweitönigen Synkopenfigur, die in der Introduktion vom Klavier vorgestellt wurde: Was anfangs als reines Begleitmotiv erscheint, mutiert beim Einsatz des Head (0:37) zum Protagonisten eines Riffs, das dem zweimaligen »Call« der Synkopenfigur regelmäßig ebenso lange, aber stärker variierende »Responses« hinzufügt. Das harmonische Fundament dieses unmittelbar eingängigen Themas ist eine Variante des Bluesschemas in Es (gedehnt auf 24 Takte), in der als Schlusspointe überraschend die Subdominantparallele f-Moll die Stelle der

Dominante vertritt. Auch die gegenüber anderen Tendenzen des Modern Jazz größere Massentauglichkeit des Hard Bop wird an *The Sidewinder* deutlich: Das gleichnamige Album entwickelte sich zum größten kommerziellen Erfolg des Blue-Note-Labels und rettete dieses damit vor dem drohenden Ruin; der Titeltrack wurde (auf zwei Seiten verteilt) auch als Single veröffentlicht.

Noch weiter in der Annäherung an populäre Musikformen gehen der Jazzrock (auch Jazz-Rock-Fusion oder Fusion genannt) und der Jazz-Funk. Bei dem für den Jazzrock vorbildhaften Album *Bitches Brew* (1970) von Miles Davis zeigt schon die Elektrifizierung des Instrumentariums eine Orientierung an den Spielpraktiken des Rock an: Bis dahin verstand sich Jazz, dem gelegentlichen Hinzuziehen einer elektrischen Gitarre in der Rhythm Section zum Trotz, als eine primär akustische Kunst; nun zog Davis zusätzlich drei E-Pianos sowie einen E-Bass hinzu. Daneben verzichtet das Schlagzeug- und Percussion-Spiel (zu dem Davis auf diesem Album nicht weniger als sechs Musiker einsetzte) weitgehend auf die jazztypischen ternären Shuffle- oder Swing-Figuren und bedient sich an dem von binären Einteilungen bestimmten Vokabular des Rock. Auf analoge Weise nutzt der Jazz-Funk, wie ihn etwa Herbie Hancocks Album *Head Hunters* (1973) repräsentiert, die tanzbaren Grooves des Funk, der sich am Ende der 1960er-Jahre auf der Basis von Soul und Rhythm and Blues entwickelt hatte. Während Elektrifizierung und genretypisches Schlagzeugspiel die Fixpunkte von Jazzrock und Jazz-Funk bildeten, gab es hinsichtlich der Form unterschiedliche Philosophien. Die langen Stücke auf *Bitches Brew* – oft ohne prägnante Heads – erinnern in ihrer harmonischen Statik, mit der Davis sein »Time, no changes«-Konzept weiterführt, bisweilen an Experimente des Free Jazz. Kleinteiliger im Ablauf, stärker von Harmoniewechseln und dem Kontrast unterschiedlicher Themen oder Riffs geprägt ist dagegen etwa die Musik von Weather Report, einem Ensemble um die *Bitches-Brew*-Musiker Wayne Shorter und Joe Zawinul, das dem Jazzrock seinen vielleicht größten kommerziellen Erfolg sicherte, die Komposition *Birdland* (1977, auf dem Album *Heavy Weather*). Der sektionale, stark durcharrangierte Aufbau erinnert interessanterweise von ferne an die durcharrangierte Musik der Big Bands im Swing.

Miles Davis: *Kind of Blue* (Album)

Aufnahmedaten: New York, 2. März und 22. April 1959 • Veröffentlichung: 17. August 1959 als Columbia 8163 (Stereoversion)

Unter den Musikern des Modern Jazz ragt Miles Davis schon dadurch heraus, dass er zu nahezu allen Tendenzen (am wenigsten noch zum Free Jazz) Prägendes beisteuerte. Er betrat die New Yorker Szene 1945, als der Bebop neu war, und spielte bereits in dieser Zeit in der Combo von Charlie Parker. Ein frühes Projekt als Leader, einige Aufnahmen mit der Capitol Band von 1949 und 1950, wurde im Nachhinein als *Birth of the Cool* bekannt und damit werbewirksam zum Schlüsseldokument der nächsten großen Strömung des Modern Jazz stilisiert. In der zweiten Hälfte der 1950er-Jahre galt sein Quintett als die beste Adresse des Hard Bop, und am Ende der 1960er-Jahre legten seine beiden Alben *In a Silent Way* und *Bitches Brew* den Grundstein für den Jazzrock. Davis war in gewisser Hinsicht der Taktgeber des Modern Jazz, und auch *Kind of Blue* reiht sich hier ein.

Der Titel des Albums bezieht sich auf die Tradition des Blues. Das Bluesschema und seine Varianten verwenden zwar nur zwei der auf ihm enthaltenen fünf Stücke, *Freddie Freeloader* und *All Blues*, doch das Gefühl der Melancholie, das mit dem Blues einhergeht, prägt das Album als Ganzes. Klanglich greifbar wird das schon in Davis' Trompetenspiel, dessen Grundfarbe durch den häufigen Gebrauch des Dämpfers gleichsam abgetönt ist. Dazu kommen die eher gemessenen Tempi, die auch bei den schnellsten Stücken des Albums einen Wert von Viertel = 138 nicht übersteigen – Lee Morgans *The Sidewinder* groovt dagegen mit etwa Viertel = 159, Charlie Parkers *Ornithology* mit Viertel = 220. Vor allem aber fallen einige Stücke von *Kind of Blue* zusätzlich durch eine Verlangsamung des harmonischen Rhythmus auf, die direkt zum ästhetischen Programm des Albums gehört. Davis übt sich hier in einer Reduktion der Akkordwechsel (Changes) und schlägt damit eine neue Seite der Jazzgeschichte auf: *Kind of Blue* markiert vielleicht nicht den Beginn selbst, aber die erste deutlich vernehmbare Artikulation einer »modalen« Spielweise. Das Solospiel orientiert sich dabei nicht mehr an Changes, sondern an einer verabredeten, über einen längeren Zeitraum geltenden Skala, einem Modus im Sinne der Kirchentonarten. In seiner Autobiographie bezeichnete Davis es als primären Vorzug der modalen Spielweise, »daß sie dich bei den Improvisationen nicht einschränkt. Man braucht sich um nichts zu kümmern, um keine Akkordwechsel, um nichts. Man kann sich mehr auf die Melodieführung konzentrieren. Bei der modalen Form mußt du melodische Phantasie beweisen«.[12]

Ein Beispiel für modales Spiel ist *So What*, der erste Track des Albums. Dessen Chorus unterscheidet sich in seiner 32-taktigen AABA-Form äußerlich nicht von zahlreichen im Jazz verwendeten Standards der American Song Form, verzichtet jedoch auf ausgeprägte Akkordwechsel. Den Head, der nach einer langsamen Einleitung bei 0:33 beginnt, bestimmt eine zweitaktige Konfiguration des Call-and-Response-Schemas: Der Kontrabass gibt ein in Achteln fortschreitendes Motiv vor, dem zwei Akkorde des Klaviers folgen (später verstärkt von den Bläsern). Die beiden Akkorde werden jedoch in den folgenden Soli nicht als Harmoniewechsel aufgefasst, vielmehr dient der erste lediglich als Vorhaltsklang für den zweiten, der in den A-Teilen des Chorus stets ein d-Moll-Septakkord bleibt. Nur die B-Teile weichen harmonisch davon ab, indem sie die gesamte Call-and-Response-Struktur um einen Halbton nach es-Moll verschieben. In den anschließenden Chorussen improvisieren die Musiker jeweils 16 Takte in d-Dorisch, gefolgt von acht Takten in es-Dorisch und wieder acht Takten in d-Dorisch. Davis' Solo, das sich über zwei Chorusse erstreckt (1:30–3:25), hält sich streng an das vorgegebene minimale Material und nutzt nur gelegentlich die Alteration der siebten Stufe (*cis* in d-Dorisch, *d* in es-Dorisch) als Leitton der jeweiligen Skala. Gerade diese Beschränkung regte die von ihm als Ziel ausgerufene »melodische Phantasie« offenbar an, denn ihm gelang eine Melodieführung, die, obwohl sie auf Virtuosität verzichtete, universale Bewunderung fand. Seine prägnanten und vielgestaltigen Formulierungen ließen das Solo beinahe als Originalkomposition eigenen Rechts erscheinen; jedenfalls wird eine solche Auffassung in der künstlerischen Aneignung von *So What* durch George Russell und das Living Time Orchestra hörbar: Deren Version (enthalten zum Beispiel auf ihrem Album *The London Concert*, 1990) verzichtet ganz auf den Head der Komposition und erhebt stattdessen Davis' komplettes (und hier für Bläser-Unisono arrangiertes) Solo zum neuen Thema, das bei 1:29–3:00 vorgestellt und bei 5:51–7:18 wiederholt wird.

Der für den Modern Jazz charakteristische Bedeutungsgewinn des Solospiels gegenüber den arrangierten Ensembles setzt sich mit diesem Ansatz konsequent fort und erscheint auf der letzten Aufnahme von *Kind of Blue* zu Ende gedacht: *Flamenco Sketches* hat überhaupt keinen melodisch definierten Head mehr, wie ihn noch *So What* mit seiner Call-and-Response-Figur aufwies, sondern beginnt gleich nach der viertaktigen Einleitung mit Solospiel. Damit geht eine für den Jazz fundamental neue Formvorstellung einher. Bill Evans, der Pianist der Aufnahme, erklärte im Begleittext der Schallplatte, das Stück basiere auf »a series of five scales, each to be played as long as the soloist wishes until he has completed the series«.[13] Verabredet war vor der Aufnahme offenbar nur, dass jeder der Solisten nacheinander in fünf verschiedenen Modi improvisiert – c-Ionisch, as-Mixolydisch, b-Ionisch, d-Phrygisch und g-Dorisch – und den Wechsel zum jeweils neuen Modus den anderen Musikern durch ein Zeichen anzeigt. Auf diese Weise entstehen fünf in ihrer Länge variable Chorusse, nacheinander solistisch gestaltet von Davis, John Coltrane (Tenorsaxophon), Julian Cannonball Adderley (Altsaxophon), Bill Evans und wieder Davis.

Da der Musik keine detaillierte Notation vorausging, bleiben viele entstehungsgeschichtliche Aspekte im Unklaren. Mehr zufällig ist ein Foto von

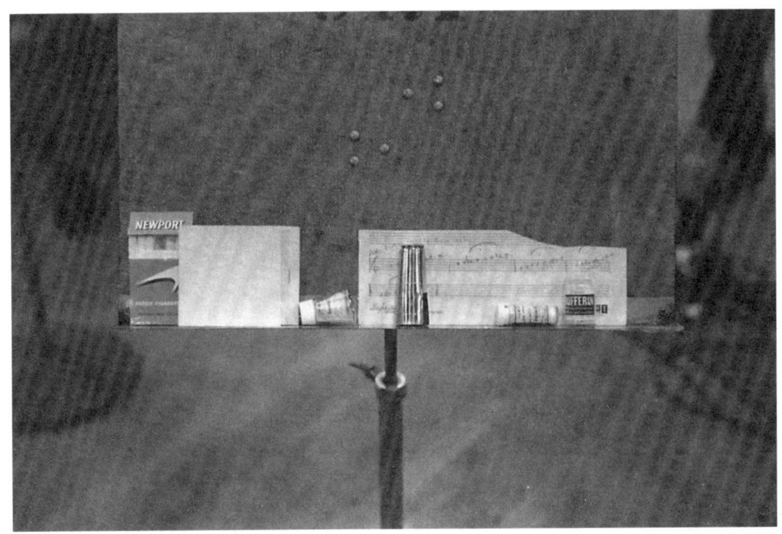

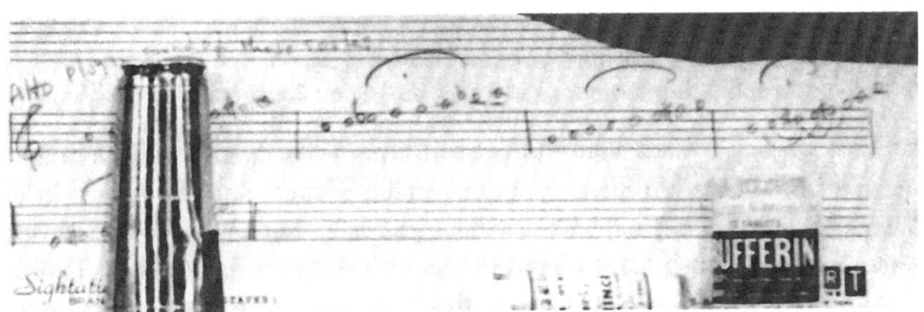

Abbildung 5: Notierte Skalen auf Cannonball Adderleys Notenständer, Detail einer Fotografie von den Aufnahmesessions zu *Kind of Blue*

den Aufnahmesessions erhalten, das im Detail (Abbildung 5) ein aufschlussreiches Dokument auf dem Notenständer von Cannonball Adderley erkennen lässt. Von Evans' Hand sind auf einem Streifen Notenpapier fünf Skalen angegeben (für Altsaxophon, also in Es), die mit den verwendeten Modi von *Flamenco Sketches* weitgehend übereinzustimmen scheinen. Inwieweit im Vorfeld auch die zeitlichen Proportionen der fünf Chorusabschnitte festgelegt wurden, verrät diese Quelle ebenso wenig wie irgendeine andere, und so ist man auf die Analyse der Aufnahme angewiesen. Dass Davis in der formalen Aufteilung seiner beiden Chorusse (beginnend bei 0:18 bzw. 7:47) mit derjenigen Coltranes übereinstimmt – beide widmen den fünf genannten Modi jeweils 4+4+4+8+4 Takte –, ist in der Literatur bisweilen so aufgefasst worden, dass nicht nur die Modi selbst und ihre Reihenfolge, sondern auch die Länge der einzelnen Chorus-Abschnitte im Vorfeld vereinheitlicht worden seien und nur Adderley und Evans von dieser Verabredung abgewichen seien. Eine 1997 ans Licht gekommene und seither auf allen CD-Wiederveröffentlichungen des Albums enthaltene Alternativaufnahme von *Flamenco Sketches*, die am selben Tag wie die ursprünglich veröffentlichte Aufnahme entstand, zeigt dagegen eine weitaus größere Varianz der Aufteilung: Hier gleicht kein Chorus in seinen Proportionen dem anderen, auch nicht der vermeintlichen »Normaufteilung«, die Davis und Coltrane in der zuerst veröffentlichten Aufnahme wohl eher zufällig miteinander teilen. Man kann daher davon ausgehen, dass ein proportionales Abweichen der Chorusse voneinander erwünscht war – ein deutlicher Schritt weg von der formalen Starre, die sich seit dem Bebop aus dem Prinzip der Chorusreihung ergeben hatte.

Blue in Green schließlich, der lyrische Höhepunkt des Albums, erprobt eine weitere Variante des hier angedeuteten neuen Weges. Ebenfalls auf einen melodischen Head verzichtend, aber reich an Harmoniewechseln, ist sein Chorus durch eine feststehende Folge von zehn Akkorden definiert, während der harmonische Rhythmus – bei gleichbleibendem Grundzeitmaß – von Solo zu Solo variiert. Die Akkorde wechseln in den einzelnen Durchgängen des Chorus entweder nur taktweise (Wechselfrequenz 1), halbtaktig (Wf. 2) oder vierteltaktig (Wf. 4), sodass der jeweilige Chorus zehn, fünf oder nur zweieinhalb Takte dauert. Die Solisten übernehmen dabei jeweils zwei aufeinanderfolgende Chorusse gleicher Wechselfrequenz. Die beim ersten Hören entsprechend schwer aufzufassende Form ist also: Davis (Wf. 1, 20 Takte), Evans (Wf. 2, 10 Takte), Coltrane (dito), Evans (Wf. 4, 5 Takte), Davis (Wf. 1, 20 Takte) und wieder Evans (Wf. 2, 10 Takte). Vor- und Nachspiel des Klaviers erhöhen die Komplexität dadurch, dass sie sich zu einem weiteren einzelnen Chorus (Wf. 2, 5 Takte) virtuell ergänzen, wobei allerdings das Vorspiel nur dessen Takte 2–5 bringt und das Nachspiel die Taktgruppe 1–2 »nachliefert«. Alles in allem treibt *Blue in Green* ein hoch manieristisches Spiel mit Zeit- und Formgestaltung, was allerdings seiner Wertschätzung als besonders ausdrucksvoller, ja sogar erotisierender Musik keinen Abbruch tat. Auch hier übrigens, im harmonisch komplexesten Stück des Albums, orientiert sich die Improvisation nicht an den durchaus vorhandenen Changes, sondern verharrt weitestgehend auf dem Tonvorrat der »weißen Tasten«, in Einklang mit dem harmonischen Zentrum d-Moll. Selbst da, wo die Begleitung einen übermäßigen Dreiklang auf *a* oder einen A-Dur-Septakkord erreicht, intoniert der jeweilige Solist eher *c* als *cis*, oder *g* anstelle von *gis* über E-Dur.

Neue Klangkonzepte

Für den, der die rasch wechselnden Tendenzen der Neuen Musik einprägsam memorieren möchte, erweist sich das dritte Viertel des 20. Jahrhunderts als gnädige Periode. Die 1950er-Jahre fallen mehr oder weniger mit der Zeit von Serieller und Experimenteller Musik zusammen, die 1960er-Jahre dagegen mit der sogenannten Klangkomposition. Dies gilt, auch wenn selbstverständlich serielles Denken noch in den 1960er-Jahren und darüber hinaus begegnet und auch wenn neben der Klangkomposition in diesem Jahrzehnt noch weitere Strömungen zu nennen wären: Gemeint ist mit den Zuordnungen stilistischer Tendenzen zu Jahrzehnten in beiden Fällen die Situation einer besonderen und alles andere in den Schatten stellenden Blüte, einer Phase, in der ein neuer Stil bzw. ein neues Denken über Musik die Gemüter vorrangig bewegte. So wie die 1960er- die 1950er-Jahre in einem rein kalendarischen Sinne ablösten, so markiert die klangliche Wende in der westlichen Musikwelt um 1960 das Ende der Vorherrschaft des seriellen Zugriffs. Gleichzeitig richtete sich mit dem Bekanntwerden von György Ligeti, Krzysztof Penderecki und Witold Lutosławski, den ersten Protagonisten der neuen Tendenz, das Interesse der westlichen Musikwelt wieder auf die Komponist:innen Ostmitteleuropas, namentlich Ungarns und Polens, die in den zurückliegenden etwa 20 Jahren – nach dem Tod Karol Szymanowskis und der Emigration Béla Bartóks in die USA, vollends dann nach dem Beginn der sowjetischen Dominanz in dieser Hemisphäre – aus dem Blickfeld der Neuen Musik beinahe verschwunden waren.

Die ersten Furore machenden Klangkompositionen – allesamt Orchesterwerke – erreichten auf den Neue-Musik-Festivals der Jahre 1960 und 1961 ihr Publikum. Auf dem Kölner Musikfest der IGNM im Frühling 1960 stellte Ligeti seine *Apparitions* vor, Penderecki zog bei den Donaueschinger Musiktagen desselben Jahres mit *Anaklasis* nach. Im Jahr 1961 folgten die Erfolgsstücke beider Autoren, Pendereckis *Threnos – Den Opfern von Hiroshima* beim Warschauer Herbst und Ligetis *Atmosphères* erneut in Donaueschingen. Alle diese Stücke bestachen durch eine neuartige Gestaltung des Orchesterklangs, während die Kategorie der Melodik verhältnismäßig unterbelichtet blieb. Nicht die sukzessive, horizontale Intervallik (der Inbegriff der Reihe) diente als ideeller Ausgangspunkt des jeweiligen Stücks, sondern die besondere Art der vertikalen Schichtung von Frequenzen. Für einen auf dichten Clustern basierenden neuartigen Grundklang des Orchesters nutzten beide Komponisten die maximal mögliche Teilung der Streicher aus: Akkorde aus 40 bis 60 eng (auch in mikrotonalen Abständen) beieinanderliegenden Tönen waren keine Seltenheit, ebenso wenig deren beinahe skulptural anmutende Verarbeitung, etwa durch globale

Verlagerungen im Tonraum, allmähliche Veränderungen der Spieltechniken (zum Beispiel stufenloses Gleiten von Sul-tasto- zu Sul-ponticello-Spiel) oder Filterungsprozesse. Die Ergebnisse erinnerten weniger an andere bisher bekannte Orchestermusik als an Geräuschhaftes und Elektronische Musik (siehe die ausführliche Besprechung von *Atmosphères*, S. 45 ff.).

Mit der Fokussierung auf Klangprozesse ging eine Formkonzeption einher, die vor allem unter dem Primat der Wahrnehmbarkeit stand. Komponist:innen räumten verstärkt den Veränderungen auf der Klangoberfläche Priorität ein gegenüber einer in möglichst vielen Parametern stimmigen Tiefenstruktur, wie sie im Serialismus das Maß der Dinge darstellte. Im Idealfall war die jeweilige kompositorische Idee bereits im Moment ihres ersten Erklingens unmittelbar nachvollziehbar. Das Publikum nahm diese frühesten Klangkompositionen, wenn nicht vorbehaltlos, so doch mehrheitlich mit Sympathie und Interesse, zu großen Teilen sogar mit Begeisterung an. Sogar in die Populärkultur zog die Ästhetik der Klangkomposition ein: Wegmarken waren die an Pendereckis Musik orientierten Orchestereffekte im Beatles-Song *A Day in the Life* (auf dem Album *Sgt. Pepper's Lonely Hearts Club Band*, 1967) und der Hollywood-Spielfilm *2001 – A Space Odyssey* (1968, Regie: Stanley Kubrick), der im Soundtrack *Atmosphères* und andere Kompositionen Ligetis verwendete, neben tonalen Kompositionen des 19. und 20. Jahrhunderts.

Dass der Seriellen Musik im vorangegangenen Jahrzehnt Vergleichbares nicht hatte gelingen können, macht die gelegentlichen Versuche verständlich, Klangkomposition und Serialismus in musikästhetischen Debatten gegeneinander auszuspielen. Gleichwohl hatten die frühen Protagonisten der Klangkomposition Anregungen auch von seriellen Werken bezogen. Die Vorstellung, dass zur Klangkomposition nur gelangen konnte, wer vorher das Fegefeuer des Serialismus durchschritten hatte, führte zu der begrifflichen Einverleibung der Klangkomposition und anderer späterer Tendenzen in den sogenannten Postserialismus – die erste von vielen musikbezogenen Begriffsschöpfungen mit dem Präfix »post«, die jeweils Wenden zu weniger auf Reinheit bedachten, flexibleren, eben insgesamt postmodernen Konzeptionen anzeigen. Als Wegbereiterin der Klangkomposition im Reich des Serialismus kann zumal die Elektronische Musik gelten, die in den 1950er-Jahren clusterähnliche Frequenzbänder (sogenanntes weißes Rauschen) erkundete, wie sie dann Penderecki und Ligeti ins Orchester übertrugen. Von Stockhausens elektronischer *Studie II* (1954) etwa mit ihren vielfältig angeordneten Filterungen des weißen Rauschens führt eine Brücke zu den Filterungsprozessen auf den ersten Partiturseiten von Ligetis *Atmosphères*. Eine weitere Anregung konnten die Klangkomponist:innen in der Orchestermusik von Iannis Xenakis finden, dessen

Metastaseis (1955) vor allem in den Anfangs- und Schlussabschnitten bereits auf einige Elemente der neuen Technik vorausweist. Auch Xenakis suchte nach Mitteln, Strukturveränderungen auf der klanglichen Oberfläche wieder hörbar zu machen. Darin liegt vielleicht die hauptsächliche Differenz zum Serialismus mit seinem Bestreben, eine traditionelle Dramaturgie, die über Steigerungen zu Höhepunkten führte, dadurch zu vermeiden, dass alle Elemente des Tonsatzes einer konsequenten Gleichverteilung unterworfen wurden. In seinem Uraufführungskommentar zu *Metastaseis* hat Xenakis seinen wahrnehmungsorientierten Ansatz bildkräftig verbalisiert: »Der Hörer muß gepackt und, ob er will oder nicht, in die Flugbahnen der Klänge hineingezogen werden, ohne daß er darum eine spezielle Ausbildung brauchte. Der sinnliche Schock muß ebenso eindringlich werden wie beim Anhören des Donners oder beim Blick in bodenlosen Abgrund.«[14] Das Vorhaben, eine auf solche Weise »sinnliche« Musik zu schreiben, ohne in vergangene Klischees zu verfallen, steht am Anfang der Klangkomposition.

Im Verlauf der 1960er-Jahre ist dabei zu beobachten, dass die anfangs sperrigen Materialien der Klangkomposition – allen voran der Cluster als dissonante, »neutrale« Masse – nach und nach wieder durch Elemente der Tradition bereichert werden. Bei aller anfänglichen Nähe zum Geräusch erweist sich ausgerechnet die Klangkomposition im Verlauf der 1960er-Jahre als Einfallstor für Tonalität in die Neue Musik. Das Bestreben, die Veränderungsmöglichkeiten der klanglichen Oberfläche in ihrer ganzen Bandbreite zu nutzen, führte wohl zwangsläufig zur Reintegration des Dreiklangs als Gegenspieler zum weißen Rauschen und zum Geräusch. Markante Beispiele sind Pendereckis *Passio et mors Domini nostri Iesu Christi secundum Lucam* (*Lukaspassion*, 1966), Ligetis *Lontano* für Orchester (1967) – beide mit starker Neubetonung des melodischen Elements und tonalen Anklängen – sowie Bernd Alois Zimmermanns *Photoptosis* für Orchester (1968), dessen Mittelteil (Ziffer 36 ff.) tonale Musik in Form von Zitaten (Gregorianik, Bach, Beethoven, Wagner, Tschaikowsky, Skrjabin) in die Klangflächentechnik integriert. Diese »pluralistische Kompositionstechnik« (so der Komponist) sollte die »Vielschichtigkeit unserer musikalischen Wirklichkeit« widerspiegeln, die zunehmend von der Koexistenz von Musik aus allen Zeiten und Epochen geprägt war. Mit seiner Vorstellung einer »Kugelgestalt der Zeit« weist Zimmermann auf ein verändertes Zeitempfinden hin, das sich nicht mehr als bloße lineare Sukzession abbilden ließ.[15] Nicht zufällig reifte dieser Ansatz im stilistischen Kontext der Klangkomposition, mit deren geradezu plastischen Verarbeitungstechniken sich die Zeitkunst Musik gleichsam verräumlichte. Das gehäufte collagenartige Einbeziehen tonaler Zitate bleibt auch in den kommenden Jahren eine vielfach mit den Verfahren der Klangkomposition verbundene Strategie, wie etwa Luciano Berios *Sinfonia* (1969) oder Reiner Bredemeyers *Bagatellen für B.* (1970) belegen.

Das Beispiel Bredemeyers, der in der DDR wirkte, lenkt den Blick auf die besondere Bedeutung, die Klangkomposition für den Osten Europas hatte. Dort, wo die restaurative Doktrin des Sozialistischen Realismus vorherrschte, diente Klangkomposition als Türöffner für avancierte Kompositionstechniken schlechthin. Ligeti trat als ihr Protagonist zwar erst hervor, als er im Gefolge des Ungarnaufstands in den Westen geflüchtet war, doch scheinen erste Skizzen seiner einschlägigen Werke noch in Ungarn entstanden zu sein. In Polen arbeiteten mit der neuen Technik etliche Komponisten, von denen – neben dem primär rezipierten Penderecki – insbesondere Witold Lutosławski internationale Beachtung fand. Lutosławskis Technik des »aleatorischen Kontrapunkts«, die er erstmals in seinen *Jeux vénitiens* (1961) für Orchester anwandte, unterscheidet sich stark von westlichen Aleatorik-Konzepten aus dem Geist von Serialismus und Experimenteller Musik. Speziell in der DDR wurde daraufhin der Begriff der »polnischen Aleatorik« geprägt, der den Einsatz avantgardistischer Stilmittel dadurch legitim erscheinen ließ, dass ein sozialistisches »Bruderland« (eben Polen) es erfolgreich vorgemacht hatte. Lutosławski definierte Aleatorik als Vorgänge, die im Großen und Ganzen genau festgelegt sind, während sie im Einzelnen vom Zufall abhängen. Ein solches Aleatorik-Konzept hob sich deutlich von demjenigen ab, das etwa Stockhausen für sein *Klavierstück XI* verfolgte: Dort nämlich waren es die Einzelheiten, die genau festgelegt waren, während der Verlauf im Großen und Ganzen dem Zufall unterlag. Anders ausgedrückt, ging Stockhausens Aleatorik vom seriellen Prinzip der permanenten Gleichverteilung durch Permutation aus, Lutosławskis Aleatorik dagegen vom Klangeindruck.

Der Holzbläsersatz, der im rondoartig gebauten ersten Teil von *Jeux vénitiens* insgesamt viermal erklingt (Notenbeispiel 24), ist dafür ein gutes Beispiel. Dass die Stimmen, wie für eine Partitur üblich, untereinander notiert sind, ist hier nicht gleichbedeutend mit genauer zeitlicher Koordination. Im Gegenteil: »Jeder Musiker«, heißt es in einer erklärenden Notiz des Komponisten zur Partitur, »führt seinen Part so frei aus, als ob er ihn allein spiele; die rhythmischen Werte dienen nur als Anhalt«.[16] Nur im Moment des ersten Einsatzes durch den Dirigenten oder die Dirigentin sind die Stimmen simultan koordiniert, danach können, ja sollen sie ihre eigenen Wege gehen. Bei den Wiederaufnahmen des Ritornells entscheiden die beteiligten Musiker:innen sogar selbst, an welcher Stelle ihrer Stimme sie neu ansetzen. In den Mikrostrukturen der zeitlichen Koordination bestehen also Unschärfen, doch ist die Hauptsache auf der Makrostruktur-Ebene in allen Einzelheiten vorbedacht: Die Passage ist als dicht wucherndes Gewebe konzipiert, ein im Inneren vielfach

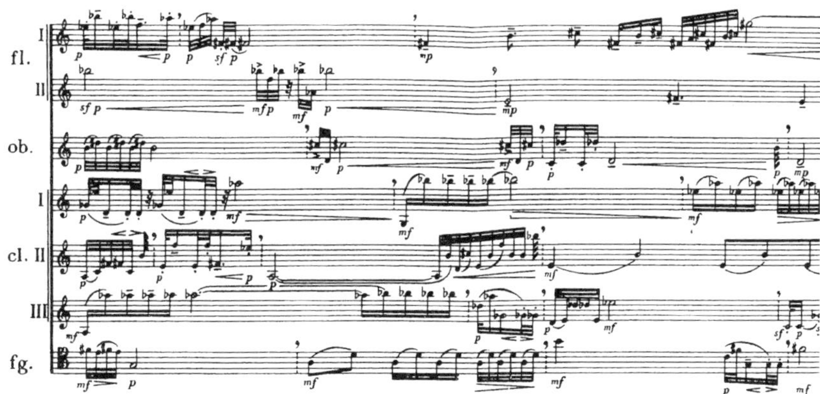

Notenbeispiel 24: Witold Lutosławski, *Jeux vénitiens*, Beginn (nur Holzbläser)

bewegtes, als Gestalt jedoch statisch erscheinendes Knäuel von Linien. Den so gewollten Klangeindruck mit herkömmlichen Notationsmitteln zu erzielen – und ihn im Ensemble nach einer solchen Notation zu realisieren – wäre ungleich aufwändiger. Harmonische Identität erhält diese Passage (wie oft bei Lutosławski) dadurch, dass jede Einzelstimme ihre Tonhöhen aus einem einzigen fixierten, symmetrischen Zwölftonakkord bezieht – ein Verfahren, das an Anfang und Ende von Weberns *Konzert für neun Instrumente* erinnert.

Im Gegensatz zu Lutosławskis aleatorischem Kontrapunkt, aber auch zu Ligetis Mikropolyphonie (siehe die Werkanalyse von dessen *Atmosphères*) arbeitet Penderecki in seinen stilbildenden Klangkompositionen vorwiegend mit innerlich nicht bewegten Clusterklängen, die im Partiturbild in der charakteristischen Form von mehr oder weniger dicken schwarzen Balken erscheinen; die genaue Verteilung der Tonhöhen auf die Instrumente ist in den Orchesterstimmen fixiert. Gleichwohl werden auch Pendereckis Klangmassen raum- und texturbezogenen Veränderungen unterworfen, etwa wenn alle am Cluster beteiligten Instrumente ein Glissando ausführen oder sich die Spielweise der Streicher vom sul tasto zum sul ponticello bewegt. In seinen Partituren begegnen darüber hinaus sogenannte erweiterte Spieltechniken (»extended techniques«), die den Klangvorrat namentlich der Streicher hin zur Geräuschhaftigkeit erweitern – zum Beispiel das »knirschende« Spiel mit starkem Bogendruck am Frosch, das Spiel zwischen Steg und Saitenhalter, das Schlagen auf den Korpus usw. Solche Techniken machten ein völlig neues Arsenal musikalischer Notationssymbole erforderlich und führten mit der Zeit dazu, dass neu entstandene Partituren kaum noch ohne mehr oder weniger umfangreiche Erklärungen der in ihnen gebrauchten Zeichen auskommen.[17]

Von den Tendenzen, die seit den 1970er-Jahren an die Klangkomposition anschlossen, seien die Spektralmusik einerseits sowie der Ansatz Helmut Lachenmanns andererseits hervorgehoben. Wenn die Klangkomposition der 1960er-Jahre besonders vom weißen Rauschen ausging, von Clusterklängen in temperierten oder mikrotonalen Systemen, dann bezieht sich die Spektralmusik (»Musique spectrale«), die seit Anfang der 1970er-Jahre zunächst von französischen Komponisten entwickelt wurde und zunehmend internationale Verbreitung fand, vor allem auf das harmonische Spektrum der Obertonreihe. Für *Périodes* für sieben Instrumente (1974), eine der frühesten spektralen Kompositionen, wählte Gérard Grisey die Aufnahme eines Posaunentons bzw. dessen akustische Analyse als Material. Die ermittelte Formantstruktur dieses Klangs, seine Zusammensetzung aus diversen Teiltönen in je unterschiedlicher Tonstärke, diente ihm als Bezugssystem für dieses und weitere Stücke, die zusammen den Zyklus *Les Espaces acoustiques* (1974–1985) bilden.

Mit den Klangkompositionen der 1960er-Jahre hängt dieser Ansatz ästhetisch insofern zusammen, als er – in fortgeführter Distanzierung vom Serialismus – die Bedeutung der Wahrnehmungspsychologie für das Komponieren herausstreicht. Tristan Murail, wie Grisey ein Kompositionsschüler Messiaens und ebenfalls an der Entwicklung der Spektralmusik beteiligt, betonte im Jahr 2000 die wissenschaftliche Begründung des eigenen Tuns wie seine Unzufriedenheit mit dem sich ebenso wissenschaftlich gebärdenden früheren Ansatz der Serialisten: »Spektralmusik war eine Reaktion gegen deren Weigerung, auch nur das kleinste Zugeständnis gegenüber dem Phänomen der Hörwahrnehmung zu machen. Abstrakte Berechnungen auf dem Papier sind keine Wissenschaft.«[18] Entsprechend häufig beruft sich der Spektralmusikdiskurs auf Natur(-Wissenschaft) als Legitimation.

Was spektrale Verfahren mit denen der Klangkomposition verbindet, ist neben dem Augenmerk auf besondere Arten der vertikalen Schichtung auch an der horizontalen Dimension ablesbar. Spektralmusik gestaltet Prozesse des Werdens und Vergehens von Klängen; entsprechend präsentiert sie sich dem Ohr eher als kontinuierlich-homogen denn als diskontinuierlich-zerstückelt, eher als langsam und von langer Dauer denn als schnell und kurz wie ein Webern-Satz. Unzufrieden mit dem Etikett »Spektralmusik« und der damit suggerierten Fokussierung auf die Obertonreihe hat Grisey wiederholt betont, dass es in seiner Musik vor allem um unterschiedliche Zeitwahrnehmungen gehe. Auch hier sind die Bezugsgrößen der Natur entnommen. Das Frühwerk *Périodes* stellt, wie es im Vorwort zur Partitur heißt, »einen fortlaufenden Zyklus von dreiteiligen Perioden dar, die dem Rhythmus des Atmens entsprechen: Einatmen, Ausatmen, Ruhe«.[19] Spätere Werke wie *Le Temps et l'écume* (1989) und *Vortex temporum* (1996) konfrontieren die menschliche Zeitwahrnehmung mit derjenigen der Vögel und Insekten (zusammengezogene Zeit) sowie der Wale (gedehnte Zeit).

Oberflächlich betrachtet, scheint der Weg nicht weit von Helmut Lachenmanns fast exzessiver Verwendung erweiterter, geräuschnaher Spieltechniken zu den Prinzipien der Klangkomposition – hier: zur Klangwelt Krzysztof Pendereckis –, doch sah sich Lachenmann selbst im Gegensatz zu dieser Tendenz, die er als Rückschritt hinter die Errungenschaften des Serialismus begriff. Seiner 1971 formulierten Auffassung gemäß gaben die Hauptwerke der Klangkomposition um 1960 »das Signal zu einer Verharmlosung des avantgardistischen Anspruchs, und damit zu einer Verbrüderung mit jenen Publikumserwartungen, die mitsamt ihrer bürgerlichen Ideologie zu überwinden Avantgarde sich einstmals vorgenommen hatte«.[20] Lachenmanns eigener Ansatz, der sich erstmals um 1970 in Werken wie *Pression* für Violoncello solo oder *Guero* für Klavier äußerte, gab dem Geräusch im Kontext der etablierten Musikkultur einen eigenen Sinn. Bei der Aufführung von *Pression* sind konventionelle Celloklänge fast nicht zu vernehmen und dafür die sonst mühsam unterdrückten Nebengeräusche des Musizierens ins Zentrum gerückt. Lachenmann benannte diesen Stil als *Musique concrète instrumentale* und verstand darunter »ein dem Alltagsdenken entlehntes realistisches Klangverständnis unter Vermeidung des ›exotischen‹ Effekts: Klang als Nachricht seiner Entstehungsbedingungen; die Einbeziehung und strukturelle Abwandlung dieser Erfahrung als unvermeidliche, notorische Tabuverletzung und gesellschaftliche Provokation«.[21]

In der Dramaturgie der Werke treten entsprechend Korrespondenzen und Divergenzen solcher »Entstehungsbedingungen« in den Vordergrund. So stellt sich der Beginn von *Accanto – Musik für einen Klarinettisten mit Orchester* (1976), über dessen Anlage ein vom Komponisten angefertigter Partiturauszug Auskunft gibt (Notenbeispiel 25), als Schwarm von kurzen, perkussiven Tupfgeräuschen dar: Zu Lippen-Pizzicati der Querflöten, Schlägen auf die durch Abnahme der Birne entstandene Öffnung des Klarinettenrohrs oder tonlosen »slaps« der Trompeten und Posaunen treten mikroskopisch kurze Zuspielungen einer Tonaufnahme von Mozarts Klarinettenkonzert, die – meist stumm im Hintergrund von *Accanto* mitlaufend – nach den Anweisungen der Partitur abrupt hoch- und sofort wieder heruntergeregelt wird. Indem diese klangliche Eröffnung an Geräusche damaliger Radioempfänger bei der Suche nach der richtigen Frequenz erinnert, will sie nicht nur auf die Mozart-Klangebene in *Accanto* hinweisen, sondern auch auf die Existenz gesellschaftlicher Institutionen, die die Wahrnehmung und den Gebrauch von Musik durch die Menschen strukturieren. In die allmählich sich auflösende Klangtextur dringt als erster

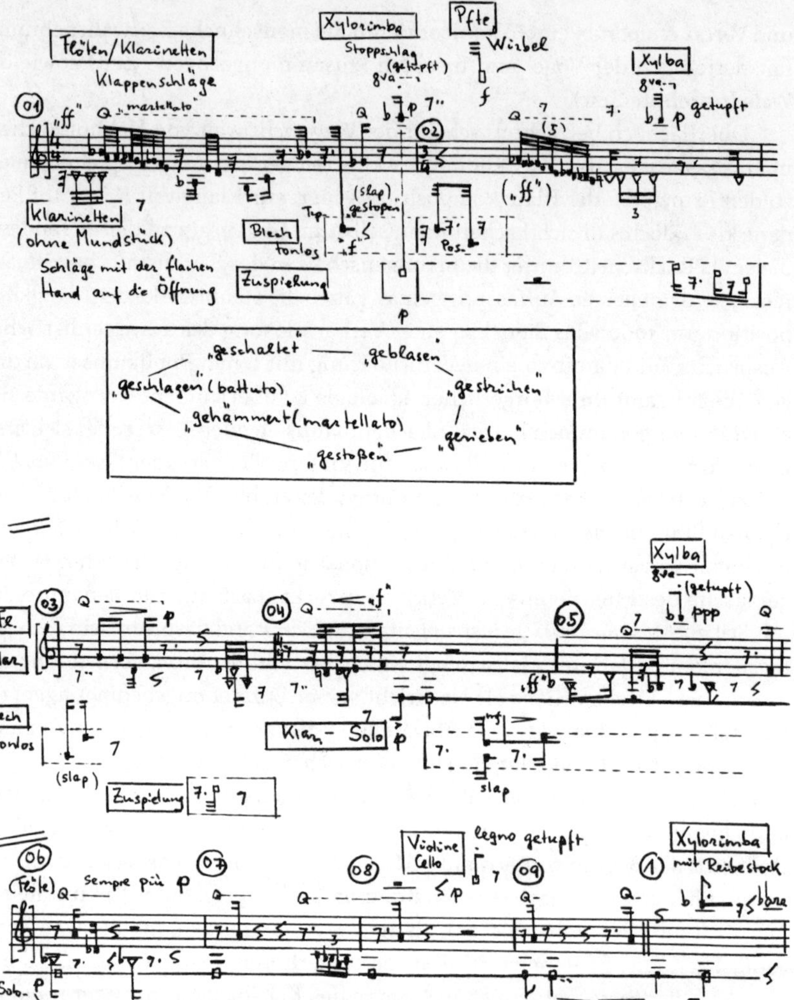

Notenbeispiel 25: Helmut Lachenmann, *Accanto*, Beginn, Partiturauszug des Komponisten

lang anhaltender Einzelklang das tonlose Blasgeräusch der Solo-Klarinette ein, das erst nach einigen Takten sehr langsam zu einem erkennbaren Klarinettenklang mutiert. Das charakteristische, weich hervortretende Dal-niente-Spiele der Klarinette muss sich gegen Nebengeräusche des Musizierens behaupten, die im philharmonischen Sound normalerweise verschwinden – so macht der Beginn von *Accanto* bewusst, dass Kunst Gefahr läuft, zu einem »Medium der Verdrängung« zu werden. In Lachenmanns Verständnis verkommen der konventionelle Wohlklang und auch das mit seiner Hilfe vorgetragene Mozart-Konzert in der Gegenwart zu »Requisiten jenes falsch sprachfertigen Kulturbetriebs, der dazu dient, den Menschen von seinen Widersprüchen, von seinen Ängsten abzulenken, abzulenken von jenem eigenen Abgrund, den er doch fühlt. Und so werden jene Werke [wie Mozarts Konzert], ursprünglich historische Beispiele des geistigen Erwachens des Menschen, heute weithin zu Mitteln des Einschläferns«.[22]

Rockmusik

Wenn hier von den vielen Stilen populärer Musik nach dem Zweiten Weltkrieg die Rockmusik durch ein eigenes Unterkapitel besonders hervorgehoben wird, und wenn Ähnliches nicht auch dem französischen Chanson, dem deutschen Schlager usw. zuteil wird, dann liegen dem drei Überlegungen zugrunde: Erstens ist »Rockmusik« bereits ein Sammelbegriff, der sehr unterschiedliche, seit den 1950er-Jahren entwickelte Stile gedanklich zusammenschließt und auch heute noch fähig ist, neu entstehende Tendenzen in sich aufzunehmen. Zwischen Folk-Rock und Jazzrock, zwischen Hard Rock und Soft Rock, zwischen Progressive Rock und Punk Rock tut sich ein breites Spektrum an Möglichkeiten auf, das in seiner Pluralität letztlich repräsentativer für populäre Musik ist als einzelne ihrer Erscheinungsformen. Diesem Befund entspricht die weite internationale Verbreitung und Diversifizierung des Rock, die sich auch terminologisch in Wortschöpfungen wie Krautrock (Rock aus Deutschland), J-Rock (aus Japan), Latin Rock (aus Lateinamerika) und anderen mehr ausdrückt.

Zweitens hat Rockmusik bei aller Pluralität doch eine erkennbare Identität bewahrt, die sich nicht zuletzt in einer seit Jahrzehnten fortdauernden Wertschätzung quer durch fast alle Gesellschaftsschichten ausdrückt. In ihren Anfängen als vermeintliche Modeerscheinung einer Teenager-Subkultur abgetan, hat sie sich als Ausdrucksform in dem Maße legitimiert, in dem ihre jeweiligen Ersthörer auch als Erwachsene an ihr interessiert blieben und in dem neue Generationen sich auch für inzwischen historisch gewordene Werke erwärmen konnten. Dies wiederum war wohl nur möglich, indem Rockmusiker:innen an Diskursen von gesellschaftlicher Relevanz teilhatten, namentlich im Rahmen von Protestbewegungen und Gegenkulturen; oft genug veränderte sich durch solche Zusammenhänge auch die ästhetische Ausrichtung der Musik selbst.

Drittens schließlich schuf Rock für die Partizipation am Musizieren neue Möglichkeiten. In einer Zeit, in der die Ausführung von Partituren Neuer Musik zunehmend den bestausgebildeten Spezialist:innen vorbehalten blieb, konnten von den maßgeblichen Akteur:innen des Rock nur ausgesprochen wenige auf eine formelle Musikausbildung zurückblicken. Die Schwelle zum aktiven Musizieren, zum Beispiel über die Mitwirkung in einer Band, wird daher im Rock als verhältnismäßig niedrig empfunden, und die Liebe zu dieser Musik dürfte seit mehr als einem halben Jahrhundert für die meisten Menschen den primären Beweggrund dargestellt haben, ein Instrument zu erlernen.

Alle diese Dinge, die eine ungebrochene Erfolgsgeschichte suggerieren, können mit einer gewissen Berechtigung hinterfragt werden. Der heroisch anmutenden Verbindung des Rock zu Emanzipationsbewegungen jeglicher Couleur steht fraglos sein ebenso vorhandenes Potenzial entgegen, rein kommerziellen Interessen zu dienen. Der weiten internationalen Verbreitung ungeachtet sind es von Anfang an die Modelle aus den englischsprachigen Ländern, die den Markt beherrschen. Und der partizipative Impuls führt oft nicht weiter als bis zum Erlernen weniger Akkorde auf der Gitarre, während der weitaus überwiegende Teil seiner Enthusiasten den Rock ohnehin nur rezeptiv erlebt. Diese Widersprüche, insbesondere der zwischen einem möglichen Kunstanspruch und dem faktischen Warencharakter, sind dem Rock von Beginn an inhärent und wurden zu wesentlichen Impulsen seiner Entwicklung, deren erster entscheidender Zeitabschnitt in etwa zwischen 1955 und 1975 anzusiedeln ist. Die folgende Darstellung der Stilgeschichte des Rock in diesem Zeitraum geht von drei Phasen aus, die ungefähr mit den 1950er-, 1960er- und 1970er-Jahren zusammenfallen.

Es war vor allem der Durchbruch des Rock'n' Roll, der die Welt der populären Musik um die Mitte der 1950er-Jahre auf nachhaltige Weise veränderte. Bis dahin war unterhaltende Musik jenseits des Jazz in den USA nicht nur in stilistischer, sondern vor allem in ökonomischer Hinsicht in drei große Felder aufgeteilt: Pop, Country and Western sowie Rhythm and Blues. In den erstgenannten dominierten weiße Interpreten: Country-and-Western-Musik stellte sich als zeitgenössische Weiterführung folkloristischer Traditionen des US-amerikanischen Westens und Südens dar, während Pop seine Quellen in der städtischen Unterhaltungskultur hatte. Dazu gehörten die quasi industriell organisierte Schlagerproduktion des New Yorker Musikverleger-Viertels Tin Pan Alley, die Musical Comedies des Broadway, aber auch der Hollywood-Film. Pop hatte im Gefüge der Unterhaltungsmusik um 1950 das größte Marktsegment und richtete sich auch an das diverseste (nicht ausschließlich weiße) Publikum. Rhythm and Blues dagegen wurde als ausgesprochen afroamerikanischer Musikstil aufgefasst; bis zur Jahrhundertmitte war dafür sogar der Terminus »Race Music« allgemein geläufig.

Will man sich eine plastische Vorstellung der jeweiligen Lager unmittelbar vor dem Durchbruch des Rock 'n' Roll verschaffen, bietet sich ein Blick auf drei Songs des Jahres 1953 an: *I Forgot More Than You'll Ever Know* von den Davis Sisters (Country and Western), *How Do You Speak to an Angel?* von Eddie Fisher (Pop) und *Mama, He Treats Your Daughter Mean* von Ruth Brown (Rhythm and Blues). Text und Musik treten in diesen Beispielen in jeweils anderer stiltypischer Eigenart zusammen. Browns Rhythm-and-Blues-Song ist vom Textgehalt her gesehen in einer Welt erotischer Leidenschaft angesiedelt, die Gewalttätigkeit und sexuelle Faszination miteinander verbindet. Die rau klingende Stimme geht oft an die Grenze zum Schrei (sogenanntes Shouting) und nimmt damit ein charakteristisches Ausdrucksmittel des Soul vorweg. Klanglich dominieren Schlagzeug und Saxophone, und harmonisch wie formal ist die Herkunft vom Blues offensichtlich. Der Countrysong der Davis Sisters dagegen lehnt sich an Ausdrucksmittel ländlicher Folklore an. Über einer behäbig im ¾-Takt dahinschlendernden Begleitung erhebt sich eine einfach gehaltene, zum sofortigen Mitsingen geeignete Melodie. Es ist die Klage einer verlassenen Frau, die, so die Refrainzeile, über ihren Geliebten bereits mehr vergessen hat, als die Nebenbuhlerin jemals erfahren wird. Als für diesen Stil charakteristisches Instrument steuert die Steel-Gitarre ihre typischen Glissandi bei, die in diesem Kontext sentimental-nostalgische Konnotationen annehmen. Die Violine – hier wohl besser als Fiddle bezeichnet – korrespondiert in ihrem Doppelgriffspiel mit dem Gesang der beiden Solistinnen in Close-Harmony-Technik, einem engen Vokalsatz mit gelegentlichen pikanten Vorhaltsbildungen. Fishers Popsong schließlich, ursprünglich Bestandteil eines Broadway-Musicals, ist ganz schwärmerische Anbetung idealisierter Mädchenschönheit, die Effusion eines lyrischen Tenors, getragen von einem Orchester, das alle Register des Pathetischen zieht. Durch das gemäßigte Einbeziehen einer Rhythm Section erlangt auch dieser Song kurzzeitig den Anschein, tanzbar zu sein.

Dass das solchermaßen parzellierte Reich der US-amerikanischen Unterhaltungsmusik um 1955 in Unordnung geriet, verdankt sich nicht zuletzt sozialen Faktoren. Der vormals als Domäne der Schwarzen begriffene Rhythm and Blues wurde in dieser Zeit für ein junges weißes Publikum interessant, das die rigideren Moralvorstellungen seiner Vorgängergeneration ebenso infrage stellte wie den zugehörigen, zunehmend als antiquiert erscheinenden Musikgeschmack. In einer offen bekundeten oder auch nur verdeckten Vorliebe für »schwarze« Musik lag für weiße Teenager um 1955 rebellisches Potenzial. Verstärkt wurde es durch einige charismatische Interpreten, die damals neu hervortraten. Deren Bühnenpräsenz war bisweilen exzentrisch (Little Richards Klavierspiel im Stehen, Chuck Berrys Gitarrenspiel bei gleichzeitiger

»Duckwalk«-Bewegung) und aufgeladen mit sexueller Symbolik (Elvis Presleys Hüftschwung). Von den Genannten gehörte allein Presley der weißen Bevölkerung an; zu den bewunderten Eigenschaften dieses als »King of Rock'n' Roll« apostrophierten Musikers gehörte es indes, dass er den Stil schwarzer Rhythm-and-Blues-Sänger überzeugend nachzuahmen verstand.

Rein musikalisch war der Rock'n' Roll, der sich um 1955 auf breiter Front durchsetzte, nicht neu; vielmehr führte er eine Praxis fort, die zu diesem Zeitpunkt bereits ein Vierteljahrhundert alt war. Typische Ausdrucksmittel des Rock'n' Roll enthält bereits die 1928 veröffentlichte Aufnahme von *Tight like That* von Tampa Red and Georgia Tom (Vocalion, 1216). Aus den darauf folgenden 25 Jahren sind – unter wechselnden stilistischen Etiketten wie Boogie-Woogie, Jump Blues oder eben Rhythm and Blues – etliche weitere Aufnahmen erhalten, die dem späteren Idealbild eines Rock'n' Roll-Songs mehr oder weniger nahekommen: eine elektrisch verstärkte, schnelle, tanzbare Musik im 4/4-Takt, die sich harmonisch und formal auf das Bluesschema beziehen ließ und Texte über Liebe, Arbeitsalltag und das Rock'n' Roll-Tanzen vortrug, oft in einer wenigstens im Ansatz humoristisch-gutgelaunten Haltung.

Chuck Berry: *School Day* (Song)

Entstehung: St. Louis, Ende 1956 • Uraufführung: nicht bekannt. Aufführungen sind im Rahmen von Berrys Konzerten ab dem 16. September 1957 belegt; höchstwahrscheinlich wurde der Song aber auch schon im zeitlichen Umfeld der Singleveröffentlichung auf der Bühne dargeboten. • Aufnahme (hier behandelt): Single A-Seite (B-Seite: *Deep Feeling*), aufgenommen Chicago, 21. Januar 1957, veröffentlicht am 6. März 1957 (Chess 1653)

Chuck Berry ist unter den »klassischen« Rock'n' Rollern insofern ungewöhnlich, als er seine Musik und seine Texte selbst schrieb. Dieser Umstand sicherte ihm ebenso wie sein häufig nachgeahmtes Gitarrenspiel die besondere Achtung zukünftiger Generationen von Rockmusikern, für die das Komponieren eigener Songs im Verlauf der 1960er-Jahre zur Norm wurde. *School Day* (auch als »School Days«, »Ring, Ring Goes the Bell« oder »Hail, Hail Rock'n' Roll« bekannt) spricht die Zielgruppe des neuen Genres dabei so direkt an wie kaum ein anderer Song der Zeit. In seinen fünf Textstrophen zeichnet er den gedrängten Tagesablauf von jugendlichen Schüler:innen nach: das frühe Aufstehen, die Begegnung mit Lehrer:innen und Unterrichtsfächern, mit Leistungsdruck und Mobbing (1. Strophe); die eilige Mittagspause, der weiterer Unterricht folgt (2. Strophe); schließlich der ersehnte Schulschluss um 15 Uhr mit dem anschließenden Ortswechsel zum »juke joint«, einer Art Kneipe (3. Strophe). Dort beginnt mit dem Einwurf der Münze in die Jukebox, die die neuesten Schallplatten abspielt, der einzig ersehnte Tagesabschnitt: die völlige Immersion in Musik, das Tanzen »with the one you love« (4. Strophe). Im Anschluss an diese Passage, die im Text explizit die Musik in ihr Recht setzt, platziert Berry ein Gitarrensolo im Umfang einer kompletten Strophe. Nach der darauffolgenden Wiederholung der vierten Strophe stimmt die fünfte eine Hymne an die neue Musik selbst an: »Hail, hail Rock'n' Roll, / Deliver me from the days of old.« In den Dimensionen des Rocksongs ist *School Day* eine Erlösungsoper en miniature.

Die Besetzung ist äußerst sparsam. Berry singt und spielt die solistischen Einwürfe der E-Gitarre (»Leadgitarre«), während von der Begleitband vor allem der Schlagzeuger und ein weiterer E-Gitarrist (»Rhythmusgitarre«) durchgängig hörbar sind. Der Klavierpart ist tief in der Abmischung verborgen und erst ab der vierten Strophe besser herauszuhören. Harmonisch ist die Strophe (auf der auch das Solo basiert) ein zwölftaktiger Blues in G, der durch die Verteilung der sechs Textzeilen deutlich in Zweitaktgruppen (T – T – S – T – D – T) gegliedert ist. Gesang entfällt dabei jeweils nur auf den drei Viertel einnehmenden Auftakt und die anschließende Takt-Eins, während der Rest jedes Zweitakters bis zum nächsten Auftakt mit einer Replik der Leadgitarre gefüllt ist. Frage und Antwort, »Call and Reponse«, hier von Gesang und Gitarre ausgestaltet, bildet im Rock'n' Roll ein häufiges Bauprinzip, das gerne auf Aufführungspraktiken des Blues, der afroamerikanischen Gospelmusik und damit letztlich auf afrikanische Wurzeln zurückgeführt wird. In rein vokaler Form (aufgeteilt auf Leadsänger und Chor) ist es etwa bei Little Richard (*Kansas City / Hey-Hey-Hey-Hey*), Ray Charles (*What'd I Say*, Teil 2) oder den Isley Brothers (*Shout*, alle 1959 veröffentlicht) zu erleben.

Als direkter Partner von Berrys Gesang steht damit sein Leadgitarrenspiel ganz im Vordergrund der Aufnahme von *School Day*. Während die Rhythmusgitarre in ihrem mittleren und tiefen Register den Song mit motorischen Begleitfiguren grundiert – und dabei Rock'n' Roll-typisch abwechselnd Quinte und Sexte der Harmonie akzentuiert –, wird die Leadgitarre gleichsam zu einer zweiten, imaginären Singstimme, die die geheimen Gefühle des angesprochenen Teenagers während der Schulstunde in einer ihm angemessenen Sprache ausdrückt. Berrys Songs sind der Nährboden, aus dem die E-Gitarre als Leitinstrument der Rockmusik erwächst; nicht zufällig kreierte er 1958 mit *Johnny B. Goode* den Mythos des Gitarrenhelden, eine Projektionsfläche für angehende Rockmusiker. In *School Day* stellen sich seine Gitarreneinwürfe als Varianten der Gesangslinie dar, die sie jedoch nicht einfach imitieren, sondern durch Doppelgrifftechnik energetisch anreichern, gewissermaßen »elektrisieren«. Die

Rhythmusgebung der rechten Hand ist fast aggressiv, zumindest aber kraftvoll-entschlossen zu nennen, ebenso der leicht angezerrte, dabei aber trockene Sound des Instruments. Signalwirkung in dieser Hinsicht hat auch der Beginn des Songs: ein in 13 Triolenachteln hinausgeschleuderter übermäßiger Dreiklang im höchsten Gitarrenregister. Die Geste ist zweifelsohne ein akustischer Reflex der in der zweiten Strophe erwähnten Schulklingel, aber in seinem Dissonieren und seiner maschinengewehrartigen Motorik wird er auch zum Abbild der im Text genannten Belastungen, die dem Teenager bevorstehen: Der kommende »School Day« wird, wie immer, eine Qual sein, nur zu bewältigen durch die Aussicht auf den Rock'n' Roll danach.

Stilbezeichnungen populärer Musik sind inflationär, ihre Verwendung im Diskurs uneinheitlich; auf dem Weg durch das Studium der Musikgeschichte sind sie unzuverlässige Begleiter. Eine vergleichende Durchsicht der wissenschaftlichen Standardwerke erweist, dass nicht einmal über den Grenzverlauf zwischen Rock und Pop eine Einigung zu erzielen ist. Diese terminologische Instabilität dokumentieren 1969 bereits die beiden ersten Versuche einer umfassenden Historiographie der neuen Tendenzen: Obwohl sie dasselbe Territorium abhandeln, benennt Carl Belz seine Monographie *The Story of Rock* und Nik Cohn die seine *Pop from the Beginning*. Wenn Autor:innen dagegen explizit eine Unterscheidung zwischen den beiden Begriffen vornehmen, stützt diese sich häufig auf Diskurse um Standardisierung und Originalität (siehe Kapitel 2): »Pop« erscheint dann tendenziell als klischeehaft in den Ausdrucksmitteln und vorwiegend kommerziellen Interessen dienend, das Produkt von »mehr oder weniger geschickten Unterhaltern« (Schönberg, siehe S. 32), die letztlich von großen Labels aufgebaut und dann wie Marionetten gesteuert werden. »Rock« wäre gemäß dieser Sichtweise das genaue Gegenbild, die authentische Kunst von aus dem Volk hervorgegangenen Musiker:innen (Belz versteht Rock ausdrücklich als »folk art«), die die Grenzen der überlieferten Ausdrucksmittel beständig erweitern. Diese Auffassung ist jedoch nicht konkurrenzlos, wie einige in dieser Hinsicht durchaus wertfrei gebrauchte neuere Stilbegriffe zeigen (»Britpop«, »Elektropop« usw.). Dass der Pop-Begriff in den letzten Jahrzehnten eine Aufwertung erfuhr, verdankt sich wohl auch einer wachsenden Sensibilität dafür, dass die im engeren Sinne als »Rock« verstandenen Stile häufig von Geschlechterstereotypen des »Männlichen« dominiert werden.

Als Gegensatzpaar verstanden, sind die Bezeichnungen »Rock« und »Pop« daher nicht das Ergebnis wissenschaftlich haltbarer Befunde, sondern von Zuschreibungen, die allein mit Blick auf die tatsächliche Stilistik oft nicht nachvollziehbar wären. Einen Song wie *Here, There and Everywhere* vom Beatles-Album *Revolver* könnte man allein aufgrund der in ihm verwendeten Ausdrucksmittel kaum als Rocksong bezeichnen; dass er letztlich dennoch in diesem Bereich verortet wird, hängt damit zusammen, dass die Beatles – auch dann, wenn sie nicht im engeren Sinne »rocken« – gewöhnlich als Rockband verstanden werden. Dies wiederum lässt sich zum einen über die prinzipielle musikalische Prägung dieser Band durch den Rock'n' Roll begründen, zum anderen aber darüber, wie sie den allgemein akzeptierten Vorstellungen über Originalität und Integrität im Rock Genüge tut. Nicht nur die Wahl der Ausdrucksmittel, sondern auch der Habitus von Musiker:innen entscheidet über ihre angebliche Zugehörigkeit zu »Pop« oder »Rock«.

Aus diesen und anderen Gründen lässt sich nur näherungsweise festhalten, dass der Rock'n' Roll seit der zweiten Hälfte der 1950er-Jahre – und vollends im darauffolgenden Jahrzehnt – sich unmerklich in das verwandelte, was man heute gewöhnlich »Rock« nennt. Hinter dieser Verkürzung des Begriffs steckt vor allem die Fähigkeit der gemeinten Musik zur Synthesebildung. Zu der Attraktivität, die der Rock'n' Roll bereits in den 1950er-Jahren für sozial unterschiedliche Hörerschichten hatte – vor allem, indem er rassistische Grenzen überschritt, wie sie die Hautfarbe zuvor zu setzen schien –, kommt in den 1960er-Jahren eine zunehmende Offenheit der Rockmusik gegenüber Ausdrucksmitteln der unterschiedlichsten Herkunft. Begünstigt wurde dies durch eine Musikindustrie, die die wachsende Kaufkraft der Teenager dieser Zeit schnell als Wirtschaftsfaktor ernst zu nehmen gelernt hatte. Schon gegen 1960 machten daher auch andere Genres der Unterhaltungsmusik eine stilistische Modernisierung im Geiste des Rock durch. Auf diesem Wege entstanden Hybride wie der »Rockabilly«, eine Kreuzung von Elementen des auch als »Hillbilly« bezeichneten Country and Western mit dem Rock'n' Roll, die vor allem von weißen Interpreten aus den Südstaaten der USA praktiziert wurde (Johnny Cash, Carl Perkins, Buddy Holly, The Everly Brothers).

Derartige Entwicklungen gingen in der Regel mit der Elektrifizierung des Instrumentariums einher. Der umstrittenste dieser Fälle ereignete sich 1965 und wird unter dem Schlagwort »Dylan Goes Electric« erinnert. Der Sänger und Gitarrist Bob Dylan war damals der Mittelpunkt des American Folk Music Revival, kurz »Folk« – einer Bewegung, die sich als authentische Weiterführung der Tradition eines Volks- und Balladengesangs in den USA verstand. Im Kontext der Bürgerrechtsbewegung seiner Zeit sprach der Folk mit kritischen, zum Teil literarisch anspruchsvollen Texten vor allem Intellektuelle an; seine Aufführungspraxis war rein akustisch, mit dem unverzichtbaren Leitinstrument der Westerngitarre, wie es etwa Woody Guthrie und Pete Seeger in den 1940er- und 1950er-Jahren etabliert hatten. Dass Dylan einen veritablen Skandal verursachte, als er 1965 mit einer elektrisch verstärkten Band auf einem Folk-Festival auftrat, macht einerseits deutlich, wie sehr die US-amerikanische Musikszene damals noch von Purismusvorstellungen geprägt war. Andererseits zeichnet sich mit diesem Schritt auch der bevorstehende Zusammenbruch rigider Grenzen ab: Dylans Musik war nicht erst mit diesem Schritt für ein viel breiteres Publikum interessant geworden, als es das Etikett »American Folk Music Revival« bezeichnen konnte; mit der Elektrifizierung seiner Musik wurde dieser Umstand allerdings schlaglichtartig beleuchtet, was ihm den Vorwurf des Verrats an Folk-Idealen einbrachte. Dass Folk schließlich als »Folk Rock« in den größeren Zusammenhang des Rock eingehen sollten, war damit vorgezeichnet. Für die einen wurden Folk und Folk Rock mit der Zeit zu Synonymen, für die anderen, die am Vorrang des Ursprungsstils festhielten, bestand und besteht ein deutlicher Unterschied. Ähnliches gilt für Country and Western im Bezug zum Rockabilly und für zahllose andere Fälle: Musikstile sind nicht so säuberlich zu trennen wie Arten und Klassen in der Zoologie.

Das Gesamtbild ist zusätzlich dadurch verkompliziert, dass sich auch Rockmusiker:innen an neu entwickelten anderen Stilen bedienten und diese mit eigenen Ausdrucksmitteln verbanden. Auf dem von afroamerikanischen Musiker:innen geprägten Sektor der populären Musik bezeichnete man den Nachfolgestil des Rhythm and Blues in den 1960er-Jahren als Soul, vor allem mit Blick auf die in diesem Kontext praktizierte »seelenvolle«, ekstatische Art des Gesangs. Ähnlich wie der Rhythm and Blues der 1950er-Jahre orientiert sich auch der Soul an musikalischen Praktiken, die in Gottesdiensten der Afroamerikaner:innen begegneten (Gospel). Dies betraf nicht nur den Gesang, sondern auch die Instrumentation, die häufig von (elektrischen) Orgeln und satten Blechbläsersätzen Gebrauch machte. All diese Ausdrucksmittel wurden jedoch bald von weißen Rockmusiker:innen ausgiebig imitiert, was zu der Bezeichnung des »Blue-Eyed Soul« führte. So findet eine für den Soul so charakteristische Aufnahme wie *When a Man Loves a Woman* (1966) des US-amerikanischen Sängers Percy Sledge ein deutliches Echo in *A Whiter Shade of Pale* (1967) der britischen Rockband Procol Harum. Vor dem Hintergrund der den beiden Songs gemeinsamen quasi-religiösen Versenkung, die aus der Verbindung von Orgelklang und Passacaglia-artigem, stufenweise absteigendem Bass in gemäßigtem Tempo resultiert, treten die Unterschiede vor allem im Gesang deutlich hervor. Sledges kraftvoll-rauer Singstil ist ein Abkömmling des aus dem Rhythm and Blues bekannten Shouting; durch verzierende Vokalisen vermittelt sich ein quasi-improvisatorischer Gestus. Im Vergleich dazu erweist sich der Gesang des Procol-Harum-Sängers Gary Brooker bei aller Beeinflussung durch den Soul als in Stimmvolumen und Ausdrucksweite deutlich begrenzt. Dafür ist dieser Song harmonisch reicher und entwickelt durch seinen viel weiträumigeren Bassabstieg einen eigenartigen Sog, während sein Vorbild rasch der Kadenz zustrebt. Der Vergleich beider Aufnahmen gibt einen Eindruck davon, dass Stile wie Soul einerseits als Interessensgebiete bestimmter Musiker:innen- und Hörer:innengruppen ihre Integrität bewahren konnten, andererseits zu dem immer umfangreicher werdenden Hauptstrom der Rockmusik der 1960er-Jahre beitrugen. Diese Offenheit machte den Rock schließlich zu einer sowohl im stilistischen als auch im regionalen und sozialen Sinne beinahe universal anschlussfähigen Kunstform.

Procol Harum ist dabei nur eine von zahlreichen britischen Bands, die in den 1960er-Jahren die Aufmerksamkeit auf sich zogen – in den USA, wo man diese Tendenz als deutlich aufgefrischten Re-Import einer im Kern genuin amerikanischen Musik erlebte, sprach man gar von einer »British Invasion«. Allein die Tatsache, dass nicht mehr vorwiegend begleitete Gesangssolist:innen im Vordergrund standen, sondern zunehmend Bands, die ihre Sänger:innen aus den eigenen Reihen hervorbrachten, markiert einen deutlichen Unterschied zwischen den 1950er- und 1960er-Jahren. (Chuck Berry etwa hatte in den 1950er-Jahren keine feste Band, sondern ließ sich für seine Auftritte jeweils lokale Musiker von den Konzertagenturen stellen.) Dazu trat in den 1960er-Jahren der verstärkte Anspruch der Bands auf vollständige künstlerische Verantwortung für Text und Musik sowie für deren Interpretation. Angesichts der Tatsache, dass kaum ein:e bekannte:r Rockmusiker:in ein Studium oder eine sonstige formelle Ausbildung für auch nur eine einzige dieser künstlerischen Fähigkeiten vorweisen konnte, haften dem Rock seit dieser Zeit Elemente einer Graswurzelbewegung an, mit allen Konnotationen von Authentizität und Konventionsbruch, die damit einhergehen.

Unter den britischen Bands der 1960er-Jahre wurden besonders die Rolling Stones und die Beatles stilbildend. Erstere behielten ihre ursprüngliche musikalische Prägung durch Blues sowie Rhythm and Blues stets bei und verlängern das mit dem Rock 'n' Roll verbundene rebellische Image, das bürgerliche Maßstäbe von Wohlanständigkeit infrage stellt, bis in die Gegenwart hinein: Sänger Mick Jagger und Gitarrist Keith Richards, seit der Bandgründung 1962 dabei, führten die Rolling Stones auch 2022 beim Start ihrer Europatournee als beinahe 80-Jährige durch eine kraftvolle Bühnenshow. Im Gegensatz dazu waren die Beatles nur zwischen 1960 und 1970 als Band unter diesem Namen aktiv, die letzten vier Jahre ausschließlich durch Studioaufnahmen. Wie alle Gruppen aus der Zeit der British Invasion bezogen auch sie ihre Inspiration anfangs vor allem von US-amerikanischen Vorbildern, orientierten sich dabei aber an einem besonders weiten stilistischen Spektrum. Ihr frühes Bühnenrepertoire ist auf dem Album *Live at the Star-Club in Hamburg 1962* dokumentiert, das lange nach Auflösung der Band ohne deren Zustimmung veröffentlicht wurde; unter den dort gecoverten Fremdvorlagen dominierten zwar Rhythm and Blues, Rock'n' Roll und Rockabilly, doch ist auch ein deutlich ausgeprägtes Interesse für die harmonisch reicher differenzierte Welt des Pop vorhanden. Bis zu ihren letzten Konzerten 1966, die noch vereinzelt Chuck-Berry- und Little-Richard-Nummern enthielten, rückten die Beatles schrittweise von der Praxis des Nachspielens fremder Originale (Coverversionen) ab, während die stilistische Bandbreite der Eigenkompositionen sich kontinuierlich vergrößerte.

Die Musik der Beatles stellt den seltenen Fall dar, in dem Popularität beim Massenpublikum und Wertschätzung seitens der hochkulturellen Kritik zu großen Teilen zusammenfielen und -fallen. Durch die konstant hohe Qualität der Songs und ihrer musikalischen Interpretation sowie durch eine kontinuierliche Erweiterung von stilistischen und technischen Grenzen ragte die Band nicht nur aus dem Durchschnitt ihrer Zeit weit heraus, sondern setzte hohe Maßstäbe für alles, was in der Rockmusik folgen sollte.

The Beatles: *Revolver* (Album)

Aufnahmedaten: London, 6. April – 22. Juni 1966 • Veröffentlichung: 5. August 1966 (britische Stereoversion, hier behandelt)

Revolver ist, wie es die miteinander verschmelzenden Porträtzeichnungen der vier Bandmitglieder John Lennon, Paul McCartney, George Harrison und Ringo Starr auf dem Albumcover mehr zufällig anzudeuten scheinen, ein janusköpfiges Werk. Es zeigt die Beatles ungefähr in der Mitte ihrer Schaffenszeit (manche sagen auch: auf ihrem Höhepunkt) und an der Schwelle einer folgenreichen Entscheidung. In vielerlei Hinsicht schreibt *Revolver* die Tendenzen früherer Alben fort und folgt – wie etwa *With the Beatles* (1963), *A Hard Day's Night* (1964) oder *Rubber Soul* (1965) – dem standardisierten äußeren Format, nach dem sich Rockalben als eine bloße Sammlung von etwa 14 je zwei- bis dreiminütigen Songs präsentierten. Die Tatsache aber, dass nicht ein einziger Song des neuen Albums während der direkt anschließenden Konzerttourneen durch Deutschland, Ostasien und die USA erklang, ist ein deutlicher Indikator für ein Umdenken innerhalb der Band. Die Beatles, die sich in ihrer Anfangszeit eine aufsehenerregende Bühnenausstrahlung erarbeitet hatten, mussten feststellen, dass ihre veränderten musikalischen Vorstellungen, wie sie *Revolver* dokumentiert, mit den damaligen technischen Möglichkeiten des Live-Konzertierens nicht mehr zu realisieren waren. Nach den genannten Tourneen beendete die Band ihr Bühnendasein endgültig.

Indem Studioaufnahmen fortan zum Experimentierfeld der Beatles wurden, veränderten sich die Vorstellungen darüber, was die Identität eines Albums ausmacht. *Revolver* ist auch darin ein janusköpfiges Album, dass es noch in einer britischen und einer davon stark abweichenden US-amerikanischen Fassung erschien: Grund für diese seit 1964 bestehende Praxis waren kommerzielle Interessen des US-Labels Capitol Records, das durch eigenmächtige Verringerung der Songanzahl pro Album und durch Verteilung der »übrig gebliebenen« Songs auf »neue«, nur auf dem US-Markt erhältliche Alben die lukrative Möglichkeit wahrnahm, deutlich mehr Beatles-Produkte auf den Markt zu werfen als das britische Parlophone-Label im gleichen Zeitraum. Songs konnten gemäß dieser Sichtweise in Alben abgepackt werden wie andere Waren des gehobenen Alltags auch. Dass die Beatles diese Praxis für ihre Alben ab 1967 unterbanden, zeugt von dem Rang, den die Form des Albums als Gefäß für künstlerisch zu Gestaltendes, für »Werke« im emphatischen Sinn gewonnen hatte, und zwar spätestens seit *Revolver*. Hieran knüpft die zweite Hälfte des Schaffens der Beatles an, vor allem die LPs *Sgt. Pepper's Lonely Hearts Club Band* (1967), *The Beatles* (Doppelalbum 1968, aufgrund seiner Covergestaltung als »Weißes Album« bekannt) und *Abbey Road* (1969). *Revolver* ist damit einerseits ein repräsentatives Beispiel für die Musik der British Invasion, lässt andererseits aber auch die Zukunft des Rock in den nächsten zehn Jahren erahnen.

Das betrifft zunächst die Erweiterung stilistischer Quellen, von denen *Revolver* eine große Anzahl miteinander verschmilzt. Der Blechbläsersatz von *Got to Get You into My Life* und sein (vor allem in den letzten 30 Sekunden) zum ekstatischen »Shouten« tendierender Gesang reflektieren den Soul, *I'm Only Sleeping* orientiert sich in der Spielweise der Westerngitarre am Folk, *Yellow Submarine* steht in Musik und Text irgendwo zwischen Kinderlied und Shanty, *Here, There and Everywhere* repräsentiert jüngere, *Good Day Sunshine* ältere Pop-Traditionen usw. Dagegen folgt kein einziger Song des Albums mehr dem Bluesschema des klassischen Rock'n' Roll, wenngleich das hiervon abgeleitete Ideal des »harten« Rocksongs einige Songs des Albums prägt (zum Beispiel *And Your Bird Can Sing* oder *Dr. Robert*). Selbst im Verlauf des zunächst als Adaption klassischer indischer Musik anmutenden *Love You To* scheint dieses Ideal noch durch.

Klanglich erinnerte daher nur noch ein Teil der Songs an die aus den Anfängen der Beatles gewohnte Aufführungspraxis. Die angestammte Besetzung der Band mit zwei E-Gitarren, E-Bass und Schlagzeug und die charakteristische Verbindung aus Solo- und mehrstimmigem Background-Gesang gibt zwar den meisten Songs die Grundierung, wird aber auf vielfache Weise variiert und erweitert. So tritt in *She Said She Said* eine elektrische Orgel hinzu, *I Want to Tell You* ersetzt eine und *Good Day Sunshine* beide Gitarren durch das Klavier. Der Blechbläsersatz von *Got to Get You into My Life* und die »indische« Besetzung von *Love You To* (mit Sitar und Tabla) wurden bereits erwähnt. Elemente der akademischen Musiktradition sind das konzertante Waldhorn in *For No One* (sowie die barockisierende Klavierbegleitung im Refrain desselben Songs) und die Instrumentierung von *Eleanor Rigby* mit einem Streichoktett, eine Idee, die an die bereits 1965 veröffentlichte Aufnahme von *Yesterday* (LP *Help*) mit Streichquartett-Begleitung anknüpfte. Auf *Yesterday* ist sonst nur noch Paul McCartney (Gitarre), auf *Eleanor Rigby* keiner der Beatles mehr als Instrumentalist zu hören.

Ein noch bedeutsameres Experimentierfeld ergab sich durch aufnahmetechnische Manipulationen, wie sie das Tonstudioteam um Produzent George Martin und Ingenieur Geoff Emerick ermöglichte. Als Zwischenschritt zwischen Aufnahmequelle und Schallplatte wurde das Tonband bereits seit den 1950er-Jahren gebraucht, doch *Revolver* markiert für die Rockmusik ein neues Stadium seiner kreativen Nutzung. Die Entwicklung mehrspuriger Aufnahmegeräte hatte seit dem Anfang der 1960er-Jahre die Möglichkeiten vereinfacht, einer bereits getätigten Aufnahme nachträglich weitere Schichten hinzuzufügen. Dies nutzten die Beatles auf *Revolver* nicht nur im Hinblick auf die erwähnten Zusatzinstrumente, sondern auch zur Erzeugung von Klängen, die in einer Livedarbietung auch mit weiteren Musiker:innen nach damaligem Stand der Technik unmöglich herzustellen gewesen wären. Die Folge ist eine surreal anmutende Klangwelt, die zum Teil mit einer entsprechenden Textlyrik harmoniert. *I'm Only Sleeping* etwa, dessen Text eine Weltwahrnehmung in halbwachem Zustand beschreibt, enthält bei 0:46, 1:33 und 2:46 einige Tonfolgen, die von einem rückwärts abgespielten Gitarrensolo herrühren. *Yellow Submarine*, ein entwaffnend-naives Kinderlied mit fröhlich-absurdem Text, das – wiewohl eigentlich uncharakteristisch für den Stil der Beatles – zu einem ihrer weltweit bekanntesten Songs werden sollte, ist angefüllt mit »maritimen« und »nautischen« Klangeffekten und enthält das dem Studioarchiv entnommene »objet trouvé« einer Blaskapellenaufnahme, die man sich als Bordorchester des im Text besungenen gelben Unterseebootes vorstellen muss.

Im starken Gegensatz zu solcher Fröhlichkeit steht der dunkel und rätselhaft gehaltene Endpunkt des Albums, *Tomorrow Never Knows*, dessen Text aus einem verbreiteten Buch der Gegenkultur jener Zeit zitiert, *The Psychedelic Experience* (1964) von einem Autorenteam um den US-amerikanischen Psychologen und Drogen-Propagandisten Timothy Leary. Die Einnahme von Psychedelika – temporär bewusstseinsverändernden Drogen – verbreitete sich um die Mitte der 1960er-Jahre in der Rock-Szene rasant und hat auf *Revolver* wie auf anderen Songs und Alben dieser Jahre seine Spuren hinterlassen (»Psychedelic Rock«). Learys Schrift bezieht sich auf das Tibetische Totenbuch des 14. Jahrhunderts und die darin beschriebene Erfahrungswelt zwischen Tod und Wiedergeburt. Solche Themen waren – wie auch andere auf *Revolver* – weit entfernt von der angestammten Vorstellungswelt der Rock'n' Roll-Texte, und das Bedürfnis zum Ausdruck solcher neuer Gedanken hatte die Beatles zu ungewöhnlichen Mitteln geführt. Im Produktionsprozess des Albums war *Tomorrow Never Knows* das erste Ergebnis.

Im Medium des Komponierens auf Tonband begegnet Rock hier erstmals in einem größeren Maßstab den Kompositionspraktiken der Avantgarde: Für die Produktion von *Tomorrow Never Knows* wurden Bandschleifen mit vorher aufgenommenen, bereits stark manipulierten »konkreten« Klängen nach einem Zufallsverfahren dem Grundgerüst des Songs hinzugefügt. Dieses Grundgerüst selbst ist von minimalistischer Faktur: Durchgehaltenes Element ist ein Bordunton (»Drone Tone«) über einem einfachen, aber in der Akzentanordnung ungewöhnlich gestalteten eintaktigen Schlagzeugpattern. Harmonisch beschränkt sich der Song auf ein regelmäßiges Abwechseln des Klangzentrums C-Dur mit B-Dur, dem Dreiklang der erniedrigten siebten Stufe. Darüber erheben sich im Gesang nacheinander sieben gleichgebaute, kurze zweizeilige Strophen, aufgeteilt in Gruppen zu drei und vier und getrennt durch einen ausgedehnten instrumentalen Mittelteil. Die daraus resultierende Monotonie ist einerseits ein Korrelat des Textes, der sich größtenteils als Anweisung zur Meditation liest. Andererseits stellt die beschriebene Anreicherung der Grundstruktur durch die Bandschleifentechnik (sowie durch ein weiteres rückwärts abgespieltes Gitarrensolo im instrumentalen Mittelteil und durch ein Honky-Tonk-Barklavier als humoristisches Element in der Ausblendungsphase) eine Informationsdichte her, wie sie im Rocksong bis dahin unbekannt war.

Für die Hörer:innen, die – nach 1966 der Live-Erfahrung beraubt – die Beatles fortan ausschließlich über Aufnahmen rezipieren konnten, bildeten Hörerfahrungen wie diese den Anreiz zu mannigfachen weiteren Erkundungen in den Tiefen der Abmischungen von *Revolver* und späteren Alben. Wie viel Detailreichtum selbst in scheinbar Nebensächlichem steckt, davon kann man sich beim genauen und wiederholten – dabei auch die Stereokanäle einzeln würdigenden – Abhören allein des Anzählens von *Taxman*, dem ersten Song von *Revolver*, selbst überzeugen. Bei aller oberflächlichen Suggestion von Beiläufigkeit ist dieses Anzählen ein kleines akustisches Kunstwerk, was schon daran ersichtlich wird, dass es weder im Tempo noch in den Taktpositionen auch nur annähernd mit dem folgenden Song zusammenstimmt. Die Stimme klingt nach keinem der Bandmitglieder (sie muss also der bedrohlichen Figur des Steuern eintreibenden »Taxman« selbst zuzuordnen sein), und während man vielleicht glaubt, »authentische« Nebengeräusche der sich auf den Aufnahmebeginn konzentrierenden Musiker zu vernehmen, erlebt man tatsächlich einen allmählichen Übergang von Tonbandmanipulationen zu Gitarrenklängen sowie – im letzten Moment vor dem eigentlichen Anfang des Songs – einen Rest des tatsächlichen Anzählens.

Die Entwicklung der Rockmusik in den folgenden etwa zehn Jahren ist atemberaubend. 1966, im Jahr von *Revolver*, veröffentlichte die britische Band The Who ihr Album *A Quick One*, dessen Titelsong *A Quick One While He's Away* die bisher üblichen Konventionen für Songdauer und -dramaturgie beiseite fegte: Mit seiner neunminütigen Länge und der an das Kettenfinale einer Opera buffa erinnernden vielteiligen Form wirkt er wie ein Hörspiel im Medium des Rocksongs. In späteren Jahren bauten The Who diese Idee zu »Rockopern« aus (Alben *Tommy*, 1969; *Quadrophenia*, 1973). Einen weiteren Schritt zur Eroberung der großen Form bedeutete die Idee des »Konzeptalbums«, wie es etwa die US-amerikanischen Mothers of Invention um Frank Zappa in *Freak Out* (1966) verwirklichten: eine Nutzung des Mediums Langspielplatte nicht nur als Sammlung, sondern als Zyklus inhaltlich aufeinander bezogener Songs. Mit der Übertragung von Formkonzepten Ernster Musik (in den genannten Fällen: Oper und Liederzyklus) auf die Rockmusik verband sich ein je unterschiedlich verhandelter Anspruch auf hochkulturelle Akzeptanz. Dies gilt zumal für die genannten Alben der Mothers of Invention, die kaum kommerziellen Erfolg hatten, dafür aber den Habitus der Avantgarde in den Rock trugen. Dazu gehörten auch direkte Anleihen bei der Ernsten Musik des 20. Jahrhunderts (zum Beispiel Zitate aus Werken Strawinskys in *Amnesia Vivace* auf dem Album *Absolutely Free*, 1967). Eine andere US-Band mit dezidiertem Kunstanspruch war The Velvet Underground, die diesen Weg jedoch weniger durch das Bemühen um Komplexität verfolgten, sondern durch ironische Stilisierung der eigenen Rockwurzeln. Künstlerische Inspiration und finanzielle Förderung kam für ihr Debütalbum *The Velvet Underground & Nico* (1967) von dem Pop-Art-Künstler Andy Warhol.

Der Oberbegriff für diese Tendenzen ist »Progressive Rock«; eine Überblicksarstellung apostrophiert diese Kunst als »die ernste Musik der Popmusik«.[23] Für die in diesem Sinne »fortschrittliche« Expansion der Rockmusik zwischen der Mitte der 1960er- und der Mitte der 1970er-Jahre ist die zum Teil maßlos scheinende Verlängerung der Songs charakteristisch, ebenso die häufig als Gegengewicht zur Länge begegnende starke Sektionalisierung der Form: So ist der 28-minütige Song *Shine On You Crazy Diamond* von Pink Floyd auf dem Album *Wish You Were Here* (1975) in neun Teile gegliedert. Nach hochkulturellem Beziehungsreichtum streben mitunter sowohl die Texte (etwa das auf die Dichtung von Edgar Allan Poe bezogene Album *Tales of Mystery and Imagination* von The Alan Parsons Project, 1976) als auch die Musik selbst; auf einer dritten Ebene kommt häufig eine künstlerisch ambitionierte Gestaltung des Albumcovers hinzu. Das Debütalbum *Emerson, Lake & Palmer* der gleichnamigen Band (1970) ist nur eines von vielen Beispielen, die Bearbeitungen Ernster Musik mit den Mitteln des Rock enthalten (*The Barbarian* adaptiert Béla Bartóks *Allegro barbaro*, *Knife-Edge* den ersten Satz aus Leoš Janáčeks *Sinfonietta* und die Allemande aus Johann Sebastian Bachs erster *Französischer Suite*). Schließlich gewinnt instrumentale Virtuosität in dieser Zeit eine Rolle, die in der Rockmusik weder zuvor noch danach übertroffen wird. Nicht zuletzt bieten die verlängerten Songs Raum für vielminütiges Solospiel. Wenngleich hier vor allem der Einfluss des Jazz bzw. Jazzrock bestimmend ist, finden sich derartige Soli doch auch in jazzfernen, »harten« Genres des Rock, zum Beispiel 1972 auf dem Livealbum *Made in Japan* von Deep Purple im fast 20-minütigen Song *Space Truckin'*, dessen Strophe erkennbar noch vom Rock'n' Roll beeinflusst ist.

Minimalismus

Ähnlich wie die oben beschriebene Tendenz der Klangkomposition um Ligeti und Penderecki ist auch der musikalische Minimalismus, der sich ab der zweiten Hälfte der 1960er-Jahre kompositionsgeschichtlich bemerkbar machte, als Antithese zur seriellen Avantgarde verstanden worden. Wie zahlreiche Klangkompositionen sind auch minimalistische Werke darauf angelegt, in einem Prozess von verhältnismäßig langer Dauer klangliche Zustandsveränderungen sinnfällig zu machen. Anders als Klangkomposition weist der Minimalismus jedoch deutliche Berührungspunkte auch zu Jazz und Rock auf. Diese bestehen – neben gelegentlichen äußeren Parallelen etwa im Habitus der beteiligten Akteure – stilistisch vor allem auf den Gebieten der Harmonik und der Rhythmik, auf denen minimalistische Werke häufig durch konsonanzreichen Wohlklang bzw. pulsierende Kontinuität auffallen. Beide Ausdrucksmittel werden mit dem Minimalismus für die Kompositionspraktiken der westlichen Welt wieder verfügbar, wo sie seit etwa 1950 in den relevanten Diskursen als verbraucht verworfen und dem »Kanon des Verbotenen« zugeordnet worden waren.

Spätestens seit Michael Nymans zusammenfassender Monographie *Experimental Music: Cage and Beyond* (1974) sind es vier US-amerikanische Komponisten, die gemeinhin als Begründer des musikalischen Minimalismus (»Minimal Music«) apostrophiert werden. Alle vier – La Monte Young, Terry Riley, Steve Reich und Philip Glass – wurden zwischen 1935 und 1937 geboren und durchliefen eine akademische Kompositionsausbildung. Alle kamen zu einem frühen Zeitpunkt ihrer Karriere in intensiven Kontakt mit außereuropäischen (asiatischen bzw. afrikanischen) Musikkulturen. Fast alle haben schließlich einen Hintergrund als Jazzmusiker (die Ausnahme ist Glass, dem die Biographik jedoch zumindest ein frühes Interesse an dieser Musik bescheinigt), und alle gründeten zur Aufführung ihrer Kompositionen eigene Ensembles, was sie den Praktiken des Jazz und des Rock stärker annähert als denen der Neuen Musik. So einleuchtend die gemeinsame Kanonisierung dieser vier Namen auch ist, verschleiert sie doch die Tatsache, dass Young und Riley heute kaum durch Aufführungen und Einspielungen repräsentiert sind, während Reich und Glass in diesen Bereichen wahre Bestseller hervorgebracht haben. Youngs und Rileys Bedeutung für den Minimalismus liegt aber nicht zuletzt darin, dass sie zu einem verhältnismäßig frühen Zeitpunkt wegweisende Beispiele vorlegten und damit den Erfolgsstücken der beiden anderen den Boden bereiteten.

La Monte Youngs bis heute bekannteste Kompositionen stehen im Kontext des Fluxus, einer Kunstbewegung, die um 1960 – ähnlich wie Dada etwa ein halbes Jahrhundert zuvor – den Werkbegriff durch absurd scheinende alternative Konzepte infrage stellte. Für den Minimalismus waren Youngs Fluxus-Kompositionen insofern prägend, als es in ihnen um die Idee ging, mit dürftigstem musikalischem Material über lange Dauern auszukommen, gerade dadurch aber Raum für die hörende Wahrnehmung zu schaffen. So besteht die Notation seiner *Composition 1960 #7* (1960) nur aus dem Zweiklang *h-fis*^{1} und dem aufführungspraktischen Hinweis »to be held for a long time«. Solchen »Drone Tones« (Bordunklängen) blieb Young auch in späteren Werken verhaftet, und letztlich gab die durch ihn betriebene Erkundung des Borduns als tragfähiger Säule eines Werkganzen Anstöße für die harmonische und formale Architektur des Minimalismus im Allgemeinen.

Geradezu programmatisch artikuliert diese Fundierung im Bordun der Titel von Terry Rileys Werk *In C* (1964), das für den Minimalismus unmittelbar stilbildend wurde. Entworfen für ein beliebig großes Ensemble beliebiger Instrumente – »the more players, the better it goes«, heißt es im Vorwort zur Partitur –, ist *In C* ein Manifest der Zentraltönigkeit, ein je nach Aufführung 45- bis 90-minütiges Verharren im Tonmaterial der C-Dur-Skala, dem sich nur zeitweise die Tonqualitäten *fis* und *b* beimischen. Zur Kontinuität des Tonmaterials tritt diejenige der Rhythmik: *In C* wird durch einen durchgehenden Pulsschlag von *C*-Achtelnoten zusammengehalten, der zwar nicht in der Partitur notiert, wohl aber im Vorwort des Komponisten als obligatorisch erwähnt wird: »The ⅛ note pulse is traditionally played by a beautiful girl«, heißt es hier nicht ganz ohne Rockstar-Attitüde. »She must play loud and in strict tempo for the entire ensemble to follow. [...] All performers must strictly adhere to the tempo of the pulse.«[24] Von den späteren Hauptkonzepten der Minimal Music führt *In C* aber nicht nur den Puls ein, sondern auch diejenigen des Patterns und der Phasenverschiebung. Patterns (Muster) entstehen in Rileys *In C* durch die unablässige Wiederholung jeder einzelnen der 53 Figuren, aus denen die Partitur besteht (Notenbeispiel 26), und durch deren beständig wechselnde, in jeder Aufführung anders realisierte polyphone Überlagerung. Ist der Puls etabliert, entscheidet jede:r der Mitwirkenden individuell, wann mit der ersten Figur eingesetzt wird, und wiederholt diese nach Belieben. Rileys Vorwort, das auf zahlreiche aufführungspraktische Freiheiten hinweist, empfiehlt eine durchschnittliche Verweildauer von einer Minute pro Figur. Da die Länge der einzelnen Figuren zwischen einer Achtelnote (⅛) und acht ganzen Noten (8/1) stark schwankt und da jede:r Mitwirkende individuell entscheidet, wann der Übergang zur nächsten Figur erfolgt, kann es leicht passieren, dass einzelne Figuren von mehreren Musiker:innen gleichzeitig, dabei aber kanonisch gegeneinander versetzt gespielt werden müssen. Dieser Effekt, die sogenannte Phasenverschiebung, ist in Rileys Komposition nur latent vorhanden, da ihre Polyphonie stark interpret:innenabhängig und daher nicht völlig vorhersehbar ist. Durch die Platzierung der jeweils gegeneinander phasenverschobenen Figurenpaare 2 und 3 bzw. 4 und 5 hat Riley allerdings dafür Sorge getragen, dass der Effekt mit größtmöglicher Wahrscheinlichkeit zumindest an diesen Stellen ganz am Anfang des Werks deutlich hörbar wird.

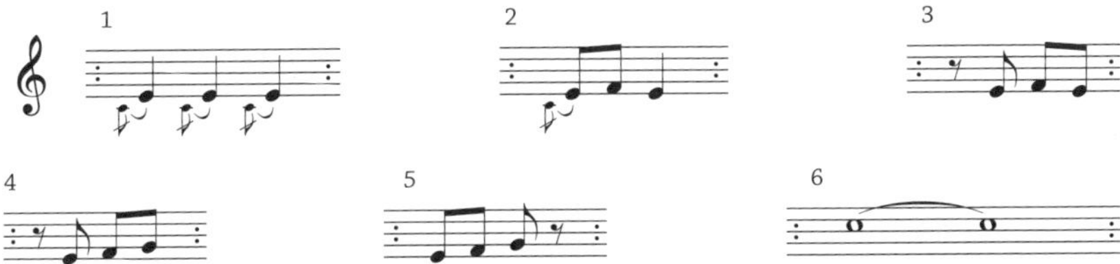

Notenbeispiel 26: Terry Riley, *In C*, Figuren 1–6

Umfassender werden die Möglichkeiten der Phasenverschiebung im Frühwerk von Steve Reich erkundet, der 1964 unter den Musiker:innen der Uraufführung von *In C* gewesen war. Neben abrupt einsetzenden Phasenverschiebungen, wie sie in Rileys Komposition begegnen können, interessierte Reich sich vor allem für den Effekt in seiner graduellen Variante, dem sogenannten Phasing. In seinem *Piano Phase* (1967) spielen zwei Musiker dasselbe Pattern zunächst viele Male synchron, bevor der zweite das Tempo ganz leicht anzieht. Sobald er dem anderen – der immer im Anfangstempo verbleibt – um genau eine Sechzehntelnote voraus ist, passt er sein Tempo wieder demjenigen des Partners an, und beide führen ihre mittlerweile gegeneinander phasenverschobenen Patterns eine Zeitlang im selben Tempo aus. Dies währt so lange, bis Spieler 2 das Tempo erneut leicht beschleunigt und mittels des beschriebenen Vorgangs eine neue Kombination entstehen lässt, in der die Patterns bereits um eine Achtel gegeneinander phasenverschoben sind. Der Prozess wird so lange fortgeführt, bis beide wieder im Einklang angekommen sind. Zu diesem Zeitpunkt ist aus der eintaktigen Klavierfigur ein etwa zehnminütiger Werkabschnitt entstanden. Früh empfand Reich die Notwendigkeit, für solche Konzeptionen die Bandbreite der Klangfarben zu reduzieren: Seine Stücke dieser Zeit verwenden in der Regel nur gleichartige Instrumente (im Gegensatz etwa zu Rileys in dieser Hinsicht völlig offenem *In C*). Reich hielt dies für erforderlich, »weil der Prozess des Phasing nur klar hörbar wird, wenn die zwei oder mehr zueinander gegenläufigen Stimmen von identischer Klangfarbe sind, und sich dadurch für das Ohr zu einem neuen, kombinierten Pattern verbinden«.[25]

Das hier und in anderen seiner Stücke verfolgte Ideal bezeichnete Reich mit »Musik als gradueller Prozess« und zielte damit vor allem auf die Nachvollziehbarkeit struktureller Veränderungen ab. Diese vermisste er in den zeitgenössischen Konzepten musikalischer Avantgarden, ob es sich nun um die Serialisten oder um Cage handelt: »Die kompositorischen Prozesse und die klingende Musik sind nicht hörbar miteinander verbunden. [...] Was mich interessiert, ist ein kompositorischer Prozess und eine klingende Musik, die ein und dasselbe sind.«[26] Der an die Hörer:innen übermittelte »Inhalt« der Werke ist ihre Struktur, und in der Tat ist eine »absolutere« Musik als diese kaum vorstellbar. Nach den frühen Tonbandstücken *It's Gonna Rain* (1965) und *Come Out* (1966), in denen er die Wirkung des Phasing zwischen Tonbandschleifen (»tape loops«) von Sprachaufnahmen erstmals erprobte, verschwinden für ein Jahrzehnt alle inhaltlichen Bezüge zugunsten der beschriebenen Prozessidee aus Reichs Œuvre. Erst die 1980er-Jahre bringen mit der Psalmvertonung *Tehillim* (1981), der oratorischen *Desert Music* (1982/83) und der Holocaust-Gedenkkomposition *Different Trains* (1988) wieder Werke mit außermusikalischer Referenz.

Auch das Frühwerk von Philip Glass, in dem Phasenverschiebung keine Rolle spielt, lässt sich auf Rileys *In C* beziehen. Die 1968/69 entstandenen Stücke *Two Pages*, *Music in Fifths* und *Music in Contrary Motion* teilen mit *In C* sowohl die modulare Patternform als auch die rigide Beschränkung auf wenige, eine

Zentraltönigkeit suggerierende Tonhöhen. Ganz eigenständig ist der Glass'sche Ansatz dagegen in der Gestaltung der Patterns, die systematisch, mithilfe additiver und subtraktiver Verfahren, auseinander gewonnen sind. In dem für ein Tasteninstrument konzipierten *Two Pages* zum Beispiel (siehe Notenbeispiel 27) wird eine fünftönige, in gleichmäßigen Achteln aufsteigende Figur (T. 1) nach etlichen, in der Anzahl unbestimmten Wiederholungen dadurch erweitert, dass die Töne 1–4 erneut an die Originalgestalt angehängt werden, wodurch ein Gebilde von neun Achteln Dauer entsteht (T. 2). Durch Additionen dieser Art erweitert sich die Figur unter vielfachen Wiederholungen nach und nach, bevor sie auf einem analogen, aber diesmal subtraktiven Weg wieder in ihr ursprüngliches Stadium zurückkehrt.

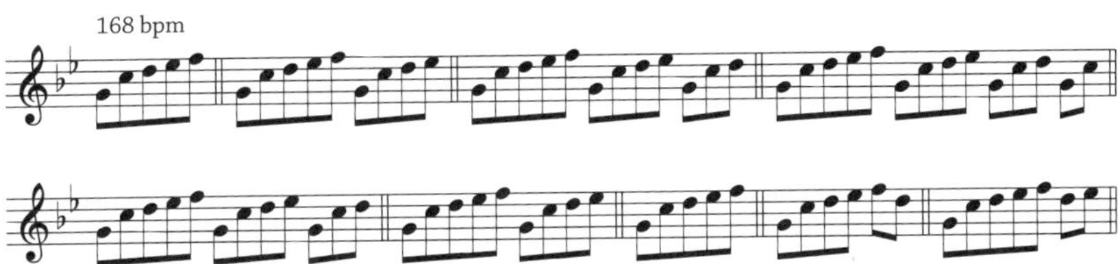

Notenbeispiel 27: Philip Glass, *Two Pages*, Anfang

Durch die zwar systematisch eintretenden, aber in ihren Längen variablen Erweiterungen und Verkürzungen sind Glass' additive Stücke in ihrer Bauweise nicht leicht durchhörbar. Die achttönige Ausgangsfigur von *Music in Fifths* etwa wächst durch sukzessive Anstückelungen von Teilen ihrer selbst im Verlauf von 23 Schritten auf eine Länge von 210 Achteln an, was das Erkennen und die Unterscheidung der jeweiligen Figuren und ihrer Wiederholungen nahezu unmöglich macht, der Musik aber einen hypnotischen Charakter verleiht. Das eng begrenzte Ausgangsmaterial der Komposition – ein fünftöniger auf- und abwärts geführter Skalenausschnitt mit unablässiger Quintverdopplung – steht dabei in starkem Kontrast zu seinen weit ausgreifenden Wucherungen.

Um die Mitte der 1970er-Jahre machten sowohl Glass' als auch Reichs Konzeptionen eine merkliche Wandlung durch. Glass ersetzte die irritierende Unvorhersehbarkeit seiner additiven Prozesse durch homogenere, fließende Formen. Seine insgesamt mehr als vier Stunden dauernde *Music in Twelve Parts* (1971–1974) enthält Passagen, die für an westliche Avantgardepraktiken gewöhnte Ohren von fast provokanter Schönheit sind, darunter nicht enden wollende Flächen reinen Wohlklangs, über denen sich die Patterns kaum merklich verändern. Reich nahm Abschied vom Programm der »Musik als graduellem Prozess« und strebte in seiner *Music for Eighteen Musicians* (1974–1976) – wie Glass in *Music in Twelve Parts* – eine im Vergleich zu früheren Werken größere harmonische Vielfalt an. Dass der Stilbegriff des Minimalismus seit dieser Zeit noch wesentliche Züge ihres Schaffens treffe, haben beide Komponisten verschiedentlich verneint. Und doch sind sowohl Glass als auch Reich bestimmten Techniken treu geblieben, die zum Kernbestand des Minimalismus gehören: der rhythmischen Pulsation, der Aneinanderreihung von Figuren durch vielfache Wiederholungen zu Patterns und schließlich der vergleichsweise langen Verweildauer auf den einmal erreichten (in der Regel konsonanzbestimmten) harmonischen Konstellationen.

Steve Reich: *Six Pianos*

Entstehung: Herbst 1972 bis März 1973, New York • Uraufführung: 16. Mai 1973, John Weber Gallery, New York; Steve Reich and Musicians

Six Pianos gehört zu einer Schaffensphase, in der Reich von seinem Konzept der »Musik als graduellem Prozess« zugunsten einer deutlich freieren formalen Gestaltung abrückte. Im Gegensatz zu späteren Werken sind in *Six Pianos* aber sowohl das Material wie die Verarbeitungstechniken noch von äußerster Reduktion gekennzeichnet, was das Werk zu einem Bindeglied zwischen der frühen, rigide konzeptuellen, und der späteren Schaffensperiode macht.

Abbildung 6 zeigt einen durch Analyse gewonnenen Formplan, gegliedert in die drei von Reich durch römische Zahlen markierten Teile des etwa 24-minütigen, ohne Pause durchlaufenden Werks. Ohne Anspruch auf eine genaue Wiedergabe der Proportionen gibt die Grafik die Veränderungen im zeitlichen Verlauf wieder. Deutlich wird dabei, dass der erste und zweite Teil einen fast identischen Bauplan haben, während der dritte nach einem anderen Grundsatz konstruiert ist. Erkennbar ist darüber hinaus, dass den Ausführenden der sechs Klavierstimmen durchaus unterschiedliche Aufgaben zugedacht sind, was sich auch in der Art und Weise reflektiert, in der die Klaviere laut Partitur auf der Bühne angeordnet sein sollen. Die Aufgabe der Klaviere 1–3, die am weitesten vom Publikum entfernt sind, besteht im Weben eines kontinuierlichen Hintergrundes. Das Ausgangsmaterial (die eintaktigen Figuren a, b, c usw.) wird am Anfang jedes Teils exponiert und jeweils durch den gesamten Teil hindurch festgehalten; so ergibt sich ein viele Hundert Male wiederholtes, aus drei Schichten bestehendes Pattern, das nur zu Anfang jedes neuen Teils durch ein neues Pattern ersetzt wird. Die Partien der zum Bühnenrand orientierten Klaviere 4–6 sind dagegen von deutlich mehr Veränderung gekennzeichnet; sie fügen dem klanglichen Hintergrund der Klaviere 1–3 rascher wechselnde Vordergründe hinzu. In den ersten beiden Teilen gibt es zwei verschiedene Typen solcher Zusätze, die sich nach bestimmten Regeln so abwechseln, dass jeder der beiden Teile I und II wiederum in zwei ähnlich gebaute Hälften zerfällt.

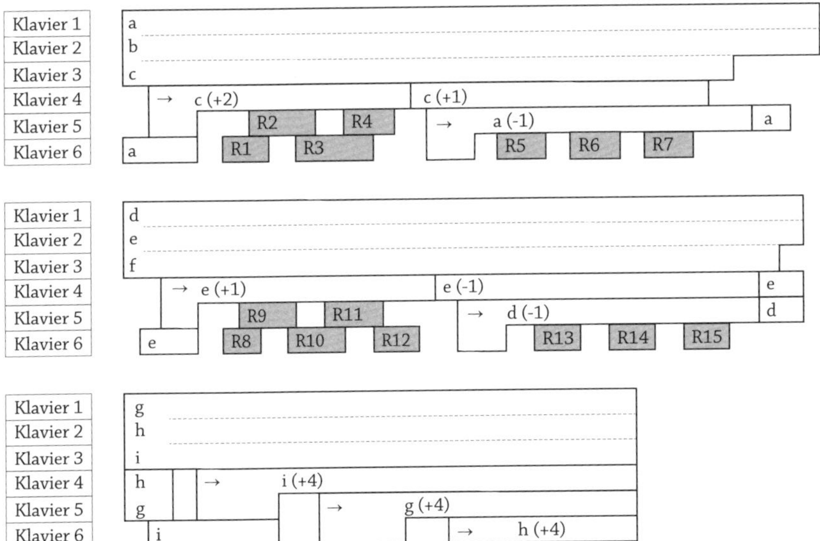

Abbildung 6: Steve Reich, *Six Pianos*, Verlaufsplan

Den ersten Typus von Zusätzen repräsentieren in der Grafik solche Partien, die mit Pfeilen und / oder den Angaben (-1) etc. bezeichnet sind. Hier verfolgt Reich die Idee, dem bereits vorhandenen Gewebe ein weiteres Pattern hinzuzufügen; dabei handelt es sich um eine der drei schon am Grundgewebe beteiligten Figuren in Phasenverschiebung. In Teil 1 wird so dem Ausgangsmaterial (a, b, c) zunächst eine Variante von c hinzugefügt, die gegenüber ihrem Original verschoben ist – die Figur setzt in den Klavieren 4 und 5 gewissermaßen zwei Achtel zu spät ein (+2). Der Pfeil weist auf das Allmähliche dieser Zusätze hin, die in Form eines sogenannten »build up« (so die Partitur) ins Geschehen eingreifen (siehe Notenbeispiel 28, T. 2–9): Die neue Variante von c ist nicht sofort in Gänze vorhanden, sondern baut sich Note für Note auf. Nach und nach, in nicht linearer Reihenfolge und unter beständiger Wiederholung jedes Teilresultats, werden alle Pausen der anfangs »leeren« Stimme mit den Noten der Figur gefüllt, bis diese in Takt 9 vollständig erklingt. Nach dem Abschluss der Build-up-Phase, die sich durch ihre Forte-Dynamik von dem ansonsten durch das ganze Stück hindurch vorherrschenden Mezzoforte abhebt, sinkt die Dynamik des verschobenen Patterns zurück ins Mezzoforte; die neue Stimme geht im allgemeinen, nunmehr verdichteten Gewebe auf. Dort, wo eine zweite Klavierstimme den Build up verstärkt (zum Beispiel in T. 2–9), zieht diese sich nach dessen Abschluss diskret aus dem Geschehen zurück (Klavier 5, Decrescendo in T. 10), um andere Aufgaben zu übernehmen. Nicht alle Zusätze dieser Art werden allerdings über einen solchen Build up eingeführt: An zwei Stellen treten neue kanonische Verschiebungen des Patterns im vierten Klavier auch abrupt ein; diese Momente stehen architektonisch gesehen jeweils in der Mitte der Teile I und II.

Der zweite Typus von Zusätzen, der nur in den Teilen I und II kompositorisch realisiert wird, ist von anderer Art. Reich zielt mit ihnen auf »resultant patterns« ab (frei übersetzt: Kombinationstonfolgen): Melodien, die sich aus den bereits klingenden Teilpatterns heraushören lassen, ohne dass eine der notierten Stimme sie als Ganzes enthielte. Solche Tonfolgen entstehen als Resultat psychoakustischer Vorgänge im Gehirn der Hörenden. Die in der Grafik grau unterlegten Partien des Vordergrundes markieren Passagen, in denen jeweils eine dieser bis dahin nur virtuell im Gewebe enthaltenen Melodien für eine gewisse Zeitspanne aus dem Hintergrund hervorgehoben wird, und zwar dadurch, dass ein:e Pianist:in sie tatsächlich spielt (die erste davon, R1, zeigt Notenbeispiel 28 in T. 12).

Eine Besonderheit minimalistischer Kompositionen war von jeher das Spannungsfeld zwischen einer extremen Reduktion des musikalischen Materials

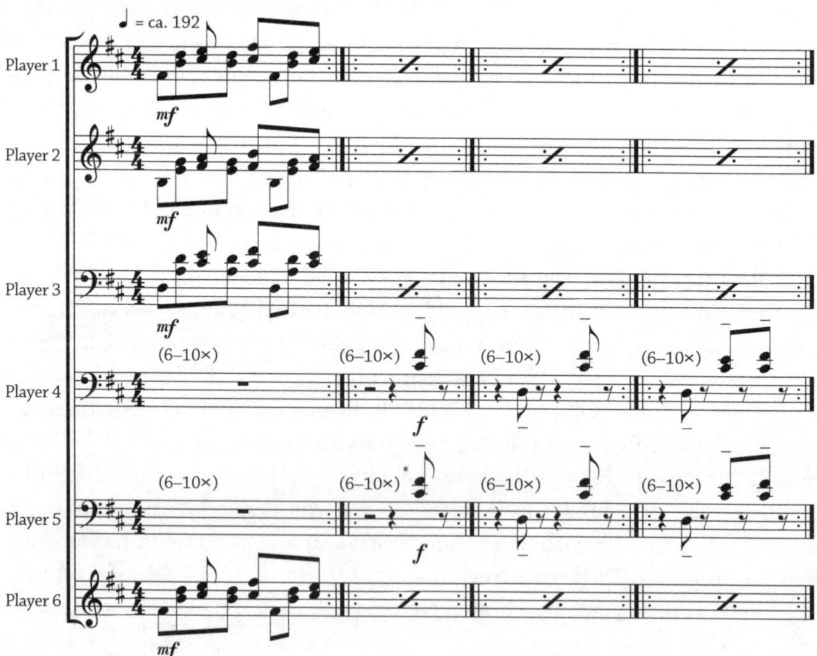

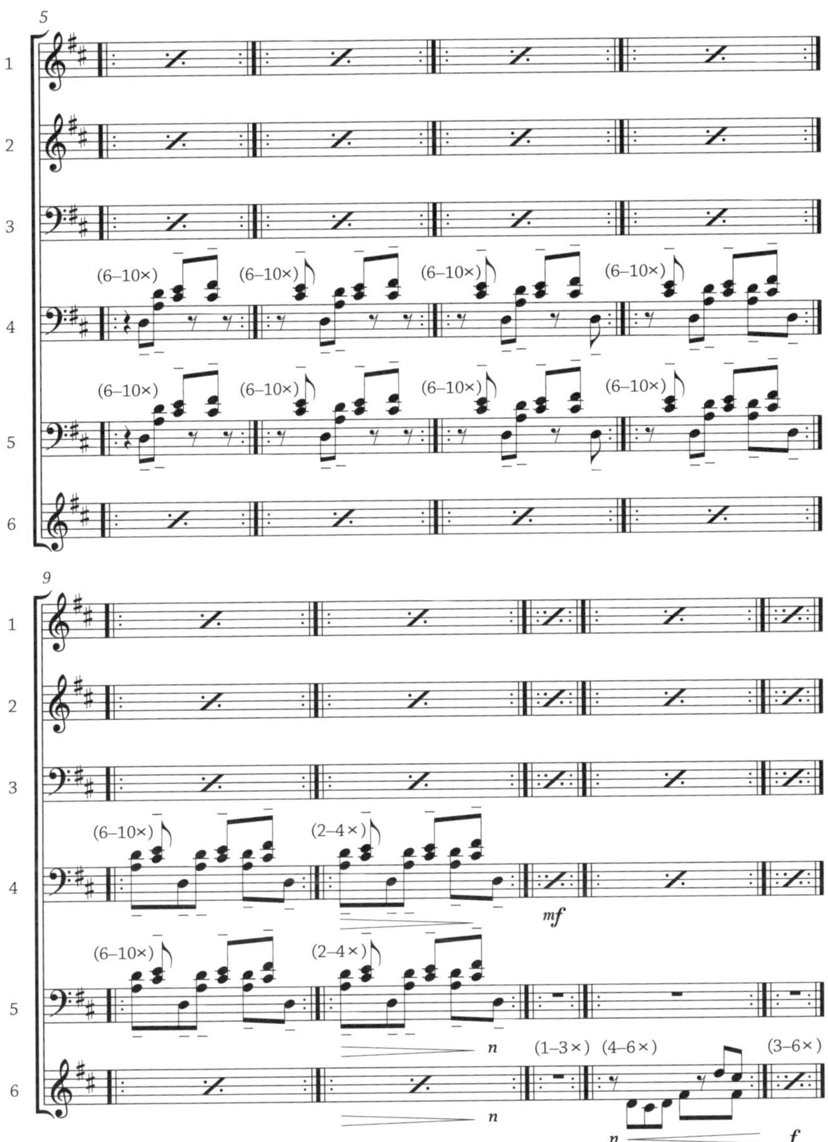

Notenbeispiel 28: Steve Reich, *Six Pianos*, T. 1–13

und dem unerwartet weiten Raum, der sich für die Hörerfahrung dadurch auftut. Und so ist es auch in *Six Pianos*. Melodisch und harmonisch kommt Reich über 25 Minuten nur mit den Tönen der D-Dur-Tonleiter aus, rhythmisch nur mit Achtelnoten und Achtelpausen im gleichbleibenden Viervierteltakt. Das Tempo bleibt von Anfang bis Ende bei Viertel = 192, die Dynamik zentriert sich um den neutralen Wert des Mezzoforte, von einer Entwicklung lässt sich angesichts der hundertfachen Wiederholung des ewig Gleichen nicht sprechen. Kaum zu glauben eigentlich, dass es in dieser scheinbar so gleichförmigen Welt etwas zu entdecken geben soll. Und doch ist es so. Die Begrenzung und die Statik laden ein zum kreativen Hören, zum auralen Wandern in dichten Tonstrukturen. *Six Pianos* tut das auf eine besonders ambitionierte Art und Weise, indem es zunächst fast didaktisch die Möglichkeiten des kreativen Hörens vorführt. Hierzu trägt, wie Reich betont, die Dynamik der Kombinationstonfolgen bei, die ganz allmählich aus dem Nichts (dynamische Angabe *n* in T. 12 des Notenbeispiels) auftauchen, sich bis zum Forte bemerkbar machen, um nach einigen Takten dann wieder kontinuierlich abzuschwellen: »By gradually increasing the volume of these resulting patterns they [the players] bring them to the surface of the music, and by gradually fading out enable the listener to hear these patterns, and hopefully many others, pre-existing in the ongoing four or five piano relationship.«[27] Im dritten Teil nimmt Reich dann alle Didaktik zurück und überlässt die Hörer:innen bei der Erkundung der Wahrnehmungsmöglichkeiten sich selbst. Hier, wo das Gewebe der am Ende sechs übereinandergelegten Teilpatterns am dichtesten geknüpft ist, findet das Gehör die vielfältigsten Möglichkeiten zum Verknüpfen vor und erkennt, dass es dazu auch ohne weitere Anleitung durch eine:n der Pianist:innen in der Lage ist.

Kapitel 5
Stile nach der Moderne: seit 1975

Fülle und Reduktion

Seit etwa der Mitte der 1970er-Jahre läuft auf dem Gebiet der Neuen Musik jeder Versuch einer Geschichtsschreibung ins Leere, der sich an stilistischer Entwicklung oder gar einem »Fortschritt« orientiert. Kompositionsgeschichte ließ sich bis dahin lesen als das graduelle Erschließen von Material und den Möglichkeiten seiner Verarbeitung: Das vielleicht meistverbreitete Narrativ verfolgte eine »Emanzipation der Dissonanz« von Beethoven über Wagner bis zu Schönberg, woran sich im weiteren Verlauf des 20. Jahrhunderts die Emanzipation tendenziell aller anderen Parameter der Kompositionstechnik anschloss. Als Kehrseite der sukzessiven Erweiterung des Möglichen bildete sich gleichzeitig ein wachsender »Kanon des Verbotenen« für solche Ausdrucksmittel aus, die der Neue-Musik-Diskurs als abgebraucht und historisch überwunden klassifizierte. Aus der teleologischen Perspektive dieses Geschichtsbildes konnten bereits manche Tendenzen der 1960er-Jahre – wie Klangkomposition und Minimal Music – als Vorboten einer antimodernen Reaktion empfunden werden, doch verbanden sich mit ihnen immerhin noch stilistische Neuerungen, deren jeweilige konzeptionelle Eigenständigkeit unmittelbar einleuchtete. Danach jedoch erfuhr das Denken über musikalischen Fortschritt eine Veränderung, deren Grundzüge bereits im ersten Kapitel dieses Bandes beschrieben wurden. Auf den Innovationsschub des dritten Jahrhundertviertels folgte eine Phase, die mehr von umfassender Verflechtung des Vorhandenen geprägt war als von erneuernder Umwälzung, und in der der Gedanke einer möglichst reinen Ausprägung von Stil und Idee durch das Bestreben abgelöst wurde, auch vorher Tabuisiertes zu reintegrieren.

Der hier zu beschreibende Abschnitt ab etwa 1975 ist damit der im eigentlichen Sinne »postmoderne« des Gesamtzeitraums, wenngleich der Beginn einer Pluralisierung der Neuen Musik geschichtlich früher anzusetzen ist. Vor allem an das Prinzip des Collagierens, wie es im Umfeld der Klangkomposition der 1960er-Jahre in Gebrauch gekommen war, ließ sich anknüpfen: Mit Blick auf sein Konzept der »Kugelgestalt der Zeit« hatte Bernd Alois Zimmermann 1968 erklärt, »daß angesichts der musikalischen Wirklichkeit Stil ein Anachronismus ist«,[1] und meinte damit Stil als stimmige Konstellation von Materialien und

Techniken, deren erstrebte Reinheit die Verwendung alles anderen, nicht zum Stil Gehörigen ausschloss. Während dieses Konzept des »Stils« (im Singular) an Attraktivität verlor bzw. sogar unhaltbar erschien, geriet nun die Gleichzeitigkeit der »Stile« (im Plural) ins Blickfeld der Komponist:innen, gerade mit Blick auf die von Zimmermann beschworene »musikalische Wirklichkeit«. In den 1960er-Jahren hatten direkte Zitate das Material bereichert, in den 1970er-Jahren wagte man wieder, sich in die Stile der Vergangenheit einzufühlen wie in eine (oftmals scheinbar unvollkommen beherrschte und gerade dadurch wieder ausdrucksfähig gewordene) Fremdsprache. Alfred Schnittkes *Concerto grosso Nr. 1* (1976/77) enthält zwar beiläufig auch direkte Zitate aus historischen Violinkonzerten, vor allem aber konfrontiert es stilistische Anklänge aus unterschiedlichen Epochen miteinander. Hört man den kurzen vierten Satz (»Cadenza«) für zwei Violinen und den attacca anschließenden Anfang des fünften Satzes (»Rondo«) im Zusammenhang, erlebt man einen Absturz in musikhistorische Tiefen: Während die Cadenza über weite Strecken auf expressionistischer Gestik, mikrointervallisch geschärfter Atonalität und aleatorischem Kontrapunkt beruht, lässt ihre pathetische Schlussgeste die Sprachmittel der Neuen Musik zugunsten jener der Romantik für einen Moment weit hinter sich. Zeit zum Einfinden in diese Stilistik bleibt jedoch nicht, denn nach wenigen Takten evoziert der Beginn des Rondos eine noch weiter entfernte, pseudobarocke Ausdruckswelt. Mit seiner von sequenzierender Fortspinnung lebenden Melodik und der Cembalobegleitung erinnert das hier exponierte Thema zunächst an eine Stilkopie, doch bald lässt sich auch dieses Material durch Verfahren der Klangkomposition (Mikropolyphonie, Verdichtung zu Clustern) wieder in den Strudel des späten 20. Jahrhunderts hineinziehen.

Eine solche Koexistenz heterogener Ausdrucksmittel bezeichnete Schnittke als »Polystilistik« und brachte sie mit der veränderten Hörerfahrung und Lebenswelt seiner Gegenwart in Verbindung: »Denn irgendwie fehlt dem Menschen – durch die Fülle der ständigen musikalischen Eindrücke – ja auch allgemein ein einheitliches musikalisches Bewußtsein. Man kann Radio hören, und oben hat jemand den Fernsehapparat laut aufgedreht, nebenan wird Beat-Musik gespielt; man ist sozusagen die Ives-Atmosphäre schon gewöhnt. Und darum denke ich mir, daß es vielleicht meine Aufgabe ist, dieses ganze stilistische Kaleidoskop festzuhalten, um so etwas von unserer Wirklichkeit widerspiegeln zu können.«[2] Bezeichnenderweise war 1977, als Schnittke dies reflektierte, selbst die Erfahrung des Uneinheitlichen kaum noch als »innovatives« Moment der Kompositionsgeschichte zu bezeichnen: Mit der Anspielung auf Charles Ives gedenkt Schnittke des Pioniers einer experimentellen Musik in den USA, der schon am Anfang des 20. Jahrhunderts inkongruente Materialien und Stile neben- und übereinander geschichtet hatte, beispielsweise in seinem Orchesterstück *Putnam's Camp* (ca. 1914–1920).

Im Musikleben wurden Kompositionen wie diejenigen Schnittkes, die sich zumindest streckenweise vertrauter musikalischer Sprachmittel bedienten, zum Teil als erfrischend empfunden gegenüber den Werken einer Avantgarde, die sich weiterhin seriellen und experimentellen Ansätzen der 1950er-Jahre verpflichtet fühlte und »Querfeldein-Kontakte«[3] (Helmut Lachenmann) mit dem bürgerlichen Musikpublikum kompromisslos ablehnte. Der Neue-Musik-Diskurs der 1980er- und 1990er-Jahre war entsprechend gekennzeichnet von Polemik gegen postmoderne Tendenzen, hinter denen man oft eine »antimoderne« Grundhaltung vermutete. Der Komponist Claus-Steffen Mahnkopf etwa warf Ligeti vor, er habe sich bei der Komposition seines Trios für Violine, Horn und Klavier (1982) – das, wenngleich vielfach gebrochen, mit romantischem Waldhornklang und tonalen Gesten arbeitet – »mit der Postmoderne verbrüdert«.[4] Als Legitimation postmodernen Denkens war diesem Autor auch »der pausenlos als Rechtsgrund angeführte Pluralismus« suspekt: »Die Postmoderne ist nämlich mitnichten eine Ästhetik der Toleranz, sondern eine perfide Strategie, den Modernisierungsprozeß dem Vergessen anheimzugeben. Sie ist auch nicht einfach eine Gegenbewegung im zyklischen Wechsel der Ansichten, sondern ein prinzipieller Angriff auf die abendländischen Kompositionsprinzipien schlechthin, die rationale und expressive sind.«[5] Scharfe Angriffe wie dieser sind nach der Jahrtausendwende seltener geworden, dennoch drückt sich das fortdauernde Unbehagen am Postmoderne-Begriff darin aus, dass man ihn bisweilen durch den Terminus einer »Zweiten Moderne« zu ersetzen sucht – einen Begriff, der im Wesentlichen dasselbe meint, aber nicht die vermeintliche Konnotation einer Abschaffung »moderner« Ideale beinhaltet.

Wolfgang Rihm: *Im Innersten*, 3. Streichquartett

Entstehung: April bis Juni 1976 • Uraufführung: Royan (Frankreich), 3. April 1977, Berner Streichquartett

Dass den Werken Wolfgang Rihms der »Nimbus einer vielfach attestierten ›Unanalysierbarkeit‹« (Joachim Brügge) anhaftet,[6] ist nur scheinbar ein Alleinstellungsmerkmal. Die Schwierigkeit, das, was kompositionstechnisch hier passiert, auf sinnfällige Weise zusammenzufassen, ist vielmehr durchaus charakteristisch für das »Danach« einer Moderne, die materialgerechte Stimmigkeit zum Leitstern erklärt hatte: Steht dieses Ideal nicht mehr im Vordergrund, erscheint Analyse leicht als brotlose Kunst. An Rihms Œuvre wird dieser Wandel besonders sichtbar, da er im deutschsprachigen Musikdiskurs der meistbeachtete Komponist der letzten 45 Jahre sein dürfte, während daran gemessen die Menge der ihm gewidmeten kompositionstechnischen Untersuchungen deutlich abfällt. Von Rihm selbst liegt seit 1997 eine zweibändige Schriftenausgabe vor, die jedoch – wiederum zeittypisch – kaum einen Hinweis auf Technik im engeren Sinne enthält, während etwa der um eine Generation ältere Ligeti, obwohl auch er schon um 1960 den technizistischen Geist des Serialismus kritisiert hatte, in seinen Schriften noch Verfahren wie »Klangkomposition« und »Mikropolyphonie« als individuelle Beiträge zum kompositionstechnischen Fortschritt ausstellen konnte. Rihm dagegen betont Spontaneität, Intuition, haptische Momente etwa des Komponierens am Klavier als Kennzeichen seines systemfreien Ansatzes. Wenngleich sie in technischer Hinsicht unpräzise bleiben, lassen Rihms Schriften aber doch manche Rückschlüsse auf seine Poetik zu. Ergiebig für das Verständnis des 3. Streichquartetts sind zumal die von ihm im zeitlichen Umfeld der Werkentstehung lancierten Begriffe des »inklusiven« und des »vegetativen« Komponierens.

Die Gegenüberstellung von »exklusiven« und »inklusiven« Ansätzen geht auf den Vortrag »Der geschockte Komponist« zurück, den Rihm 1978 bei den Darmstädter Ferienkursen hielt: Danach ist ein kompositorischer Ansatz exklusiv, wenn er das Gestaltete stil- und materialbewusst dort beschneidet, wo es »einem idealen puren Kern«[7] zu widersprechen droht. Als Extremfall dieser Haltung eliminierte der Serialismus im Bestreben, eine dem Reihendenken gemäße musikalische Formung zu finden, weitgehend alle diesem Denken widersprechenden Spuren traditioneller Idiome. Inklusives Komponieren lässt dagegen die Widersprüche zu, selbst bis zu dem Punkt, an dem sie als Stilbruch empfunden werden könnten. Ein solcher Fall liegt etwa im zweiten Satz des 3. Streichquartetts vor. Schon durch die Tempoveränderung in Takt 32 deutlich zweigeteilt (vorher Viertel = 100, jetzt Viertel = 60 mit Ritardando zu Viertel = 40), exponiert er in seinen beiden Hälften stilistisch disparate Materialien: scharfe Dissonanzen, sprunghafte Wechsel von Dynamik und Spieltechniken im ersten Teil, tonaler Wohlklang und Pianissimo-Kontinuität im zweiten. Solche Stilbrüche ziehen oft den Vorwurf der »postmodernen Beliebigkeit« auf sich, besonders dann, wenn unter den verwendeten Materialien – wie hier – auch das im kulinarischen Sinne »Schöne« ist: Die zweite Hälfte dieses Satzes ist auch für Liebhaber nachwagnerianischen Klangzaubers ein Genuss – zumindest weitgehend, denn auch diese Ausdruckswelt wird am Ende des Satzes gebrochen, indem sie sich nicht aussingen darf und in fahlen Moll-Akkorden verbleicht. Rihms inklusiver Ansatz lässt die Widersprüche nicht nur zu, sondern sucht sie aktiv auf.

Als Gegenspieler der Inklusivität – die vor allem in der *Auswahl* des Materials waltet – fungiert bei Rihm ein Prinzip, dem er bei der *Verarbeitung* des Materials folgt. In seinen frühen Texten idealisierte er »eine ständig sich erneuernde Musik, die das Hören am Entstehen teilhaben läßt, die sozusagen offenliegt an ihrem generativen Pol, dort wo sie wächst. [...] ›Triebleben der Klänge‹ wurde dies einmal genannt. Vegetatives Komponieren kann man es auch nennen, muß es aber nicht«.[8] Kann sich aber ein »vegetatives« Prinzip, das über die Wachstumsmetapher letztlich eine Nachvollziehbarkeit kompositorischen Handelns suggeriert, überhaupt mit einem »inklusiven« Ansatz vertragen, der Folgerichtigkeit und Stimmigkeit gerade verschmäht?

Auch hierauf gibt der zweite Satz des Quartetts eine Antwort. Dessen erste, dissonante und zerklüftete Hälfte (T. 1–31) lässt sich als eine Folge von drei expressiven Ausbrüchen verstehen, drei wellenartigen Bewegungen, die alle im Pianissimo beginnen und sich dann zu einem turbulenten Fortissimo steigern. Notenbeispiel 29 zeigt die erste Welle (T. 1–6) und den Beginn der zweiten, die sich bis Takt 18 erstreckt; eine dritte Welle umfasst die Takte 18–31.

Wie diese drei Wellen jeweils einer Kulmination zugeführt werden – mit Crescendo, Anheben des Ambitus und rhythmischen Stauungen –, erinnert bei

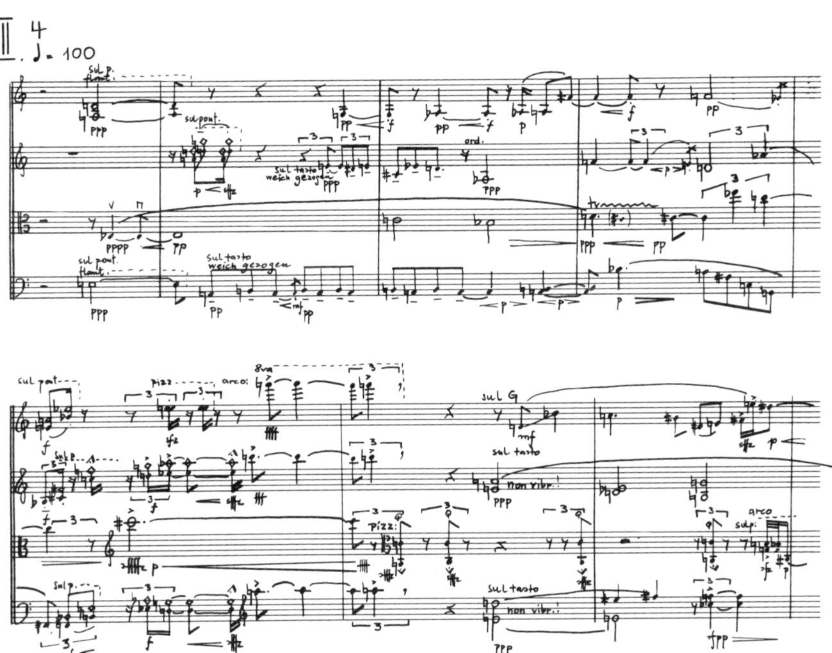

Notenbeispiel 29: Wolfgang Rihm, *Im Innersten*, 3. Streichquartett, zweiter Satz, T. 1–7

näherer Betrachtung sehr an spätromantische Verarbeitungstechniken, während der Gegenstand dieser Verfahren, das Vokabular des ersten Teils, diese Assoziation konterkariert: Da begegnen Cluster, geräuschhafte Klänge wie das Bartók-Pizzicato[9] (T. 6) oder das Spiel hinter dem Steg (T. 21), und vor allem mangelt es an einem Thema. Auch im Inneren der ersten Satzhälfte also wurde nach dem Prinzip der Inklusivität das nicht Zusammengehörige – nämlich das Klangmaterial der Avantgarde und die tabuisierten Techniken der Spätromantik – miteinander verschränkt.

Dass der ganze erste Teil athematisch ist, sollte indessen nicht darüber hinwegtäuschen, dass im Verborgenen eine melodische Gestalt das Anwachsen der Wellen vorantreibt. Sie als »Thema« des Satzes zu bezeichnen, ginge wohl zu weit, auch wenn Rihm sie an einer Stelle fast wie ein Thema behandelt. Gemeint ist eine Intervallkonstellation, in der eine aufwärts springende Sexte von zwei abwärts gerichteten kleinen Sekunden gefolgt wird. Sie ist erstmals dort zu hören, wo in der ersten Welle die melodische Bewegung im eigentlichen Sinne beginnt: Ab Takt 3, auf erste und zweite Violine verteilt, nimmt sie – mit einer vorgeschalteten kleinen Sekunde aufwärts – die Form *(as-)a-fis*^{1}*-f*^{1}*-e*^{1} an. Sie kehrt wieder – und erst das lenkt die Aufmerksamkeit auf sie – am Beginn der zweiten Welle, diesmal nur in der ersten Violine (T. 6 f.): *d*^{1}*-b*^{1}*-a*^{1}*-gis*^{1}. Mit der Ersetzung der großen durch die kleine Sexte (die durch weitere kleine Sextsprünge aufwärts beantwortet wird, T. 8 f. im Violoncello und T. 9 f. in der zweiten Violine) ist ein melodisches Ereignis entstanden, das der Eröffnung von Richard Wagners *Tristan und Isolde* intervallgetreu entspricht, ohne dass es als Zitat bezeichnet werden könnte.

Es ist diese in Takt 6 f. erreichte Version der melodischen Gestalt, die Rihm »fast« wie ein Thema behandelt. Denn kurz vor dem Höhepunkt der zweiten Welle (T. 15) nehmen erste und zweite Violinen diese Tonfolge wieder auf – eine Oktave über ihrer ursprünglichen Lage, rhythmisch abgewandelt und in kanonischer Engführung. Dass Reprisen melodischer Ereignisse in diesem Quartett sehr selten sind, unterstreicht nachdrücklich die Bedeutung der Gestalt, die sich am Anfang der dritten Welle dann ein letztes Mal zeigt, diesmal in einem Stadium der Auflösung: In Takt 18 f. spielt die erste Violine die Tonfolge *a-h-fis*^{1}, in der die Sexte *a-fis*^{1} (Tonhöhen wie in T. 3!) durch die Interpolation des *h* versteckt wird; die Geste ist jedoch unverkennbar durch die beiden anschließenden kleinen Sekunden *fis*^{1}*-f*^{1}*-e*^{1}. Der Wahrnehmung hilft es dabei zweifellos, dass die drei Varianten der Gestalt (T. 3 f., 6 f., 18 ff.) allesamt am Anfang einer neuen Welle stehen. Zwar drängt sich die Gestalt nicht auf, doch enthält sie den Keim der ganzen spätromantischen *Tristan*-Atmosphäre von Sehnsucht und Melancholie, die sich dann – im zweiten Teil – zu der oben beschriebenen Klangzauber-Stelle auswächst.

Wenn Rihm sich im zweiten Teil des Satzes in einer Sprache artikuliert, die als charakteristisch für das späte 19. Jahrhundert gelten kann, so tut er dies also vor einem Hintergrund von Materialien und Techniken, die er, neben vielem anderen, bereits im ersten Teil verwendet hat. Dessen intensive und zerstückelte Dramaturgie umfasst Strategien spätromantischer Musik, und die melodischen Gesten, die die Wellen in Bewegung setzen, könnte man mit Blick auf die Verwandtschaft zum *Tristan*-Motiv als Verkörperung leidenschaftlicher Sehnsucht bezeichnen. Die Sprache des ersten Teils, so sehr sie sich als idiomatisch für Neue Musik geben mag, ist also von romantischem Pathos durchdrungen. Hier enthüllt sich der Zusammenhang des Satzes als vegetativ: Er ist das Ergebnis von Wachstum, auch wenn sich die beiden Teile oberflächlich so sehr unterscheiden wie das Blattwerk und die Blüte ein und derselben Pflanze.

Wenn Schnittkes *Concerto grosso Nr. 1* und Rihms 3. Streichquartett, zwei in den folgenden Jahrzehnten als »typisch postmodern« apostrophierte Werke, über die Integration des Disparaten zu pluraler Fülle gelangten, so wurde die Kompositionsgeschichte im letzten Viertel des 20. Jahrhunderts doch ebenso vom gegenläufigen Trend der Reduktion geprägt. Auffallend ist dabei, welche Bedeutung der Stille als Ausdrucksmittel beigemessen wurde. Das Œuvre von Arvo Pärt praktiziert ab der Mitte der 1970er-Jahre gleich in mehreren Parametern eine Ästhetik der Reduktion: dynamisch durch die Bevorzugung des Piano-Bereichs, melodisch und harmonisch durch die strenge Auswahl weniger Tonqualitäten im Sinne einer kirchentonalen Modalität, schließlich klanglichformal durch eine ruhige Flächigkeit, die an Prinzipien des Minimalismus erinnert (siehe das Beispiel *Fratres*, S. 58). Große Aufmerksamkeit wurde seit den 1980er-Jahren den späten Werken Morton Feldmans zuteil, die – in einigen Fällen mehrere Stunden dauernd – auf jegliche Aktivität und Vielfalt zu verzichten scheinen und in einer durchgängig niedrigen Dynamik vorzutragen sind. Werke wie sein anderthalbstündiges *Piano and String Quartet* (1985) werden nicht vom Puls des Minimalismus zusammengehalten, sondern von aperiodischen, gleichsam hingetupften Klanggesten, kurzen, leisen, in die Stille nachklingenden Fragmenten, die manchmal genau, meist aber nur scheinbar genau, mit subtilen Veränderungen versehen wiederholt werden. Weithin beachtet wurde schließlich noch ein anderes Werk, das vorwiegend an der unteren Grenze der Hörwahrnehmung angesiedelt ist: Luigi Nonos Streichquartett *Fragmente – Stille, An Diotima* (1980) ist schon dadurch von einer rätselhaften Aura umgeben, dass die Partitur 53 fragmentarische Hölderlin-Zitate enthält, die bei der Aufführung nicht vorgelesen werden dürfen und so der Wahrnehmung der Hörenden – nicht jedoch derjenigen der Spielenden – entzogen bleiben. Anders als Feldman, der bei den einmal erreichten Gesten für lange Zeit verweilt, bietet Nono hier eine stark zerklüftete Klangwelt auf, doch ebenso wie bei Feldman ist jede Geste als Auftauchen aus der letztlich alles beherrschenden Stille inszeniert. An dem, was üblicherweise unter postmodern verstanden wird, nehmen Nonos und Feldmans Werke nicht teil, und doch spricht sich auch in ihnen ein Verzicht auf Fortschritt – im Sinne eines innermusikalischen Fortschreitens – aus und eine Hinwendung zum Intuitiven. In Analogie zum Rihm'schen Denken wäre dies eine Musik, die eher als Resultat von Wachsen gedacht ist als von Konstruktion. Auch Sofia Gubaidulina – die 1978 zu Protokoll gab, es gebe »Komponisten, die ihre Werke sehr bewußt bauen«, sie selbst hingegen würde »ihre Werke eher ›züchten‹«[10] – fand in den 1980er-Jahren zum kreativen Umgang mit der Stille. Den ersten Satz ihrer *Sieben Worte* für Bajan, Violoncello und Streichorchester (1982) durchziehen zahlreiche lange Pausen; der neunte Satz der Sinfonie *Stimmen ... Verstummen* (1986) ist als »stummes« Solo für den Dirigenten gestaltet, der nach Partiturvorschrift gestikuliert, während das Orchester weitgehend schweigt; ein Kammermusikwerk von 1991 heißt *Silenzio*. Zugedacht ist der Stille in solchen Werken eine kontemplative und sogar spirituelle Funktion. In einer Zeit, in der eine zunehmende Informationsdichte die Lebensrealität vieler Menschen bestimmt, machen sie diesen ein Angebot zum Innehalten.

Retromanien

Auch die Rockmusik erlebte um die Mitte der 1970er-Jahre einen Wandel. Bis dahin hatte sich die Tendenz zu immer komplexeren Strukturen und Produktionsprozessen fortgesetzt und sogar intensiviert: Alben des Progressive Rock wie Mike Oldfields *Tubular Bells* (1973), *Wish You Were Here* (1975) von Pink Floyd oder *A Night at the Opera* (1975) von Queen sind von einem hohen aufnahmetechnischen Aufwand sowie ausgedehnten und vielteiligen Formen geprägt. Der künstlerische Anspruch, den Rockmusik sich zugelegt hatte, sollte indes in der zweiten Hälfte des Jahrzehnts auf spektakuläre Weise kollabieren. An seine Stelle trat eine Rückbesinnung auf zwei Elemente, die den Rock in seinen Anfängen ausgezeichnet hatten: Tanzbarkeit und Rebellion.

Mit dem Rock'n' Roll als Gründungsmythos des gesamten Genres noch untrennbar verbunden, kam der Tanzfunktion im Progressive Rock schließlich nur noch sekundäre Bedeutung zu. Gleichzeitig bereiteten jedoch afroamerikanische Tendenzen wie Soul und Funk, die am tanzbaren Groove festhielten, einem neuen Mainstream den Boden, der als Disco-Welle in den späten 1970er-Jahren Europa und die USA erfasste und weit darüber hinaus Verbreitung fand. Dabei deutete Disco teilweise Produktionsstandards um, die sich im Progressive Rock etabliert hatten. Donna Summers Song *Love to Love You Baby* (auf dem gleichnamigen Album von 1975) ist fast 17 Minuten lang, verzichtet aber auf formale Komplexität. In der hier realisierten Kontinuität von Rhythmus und Tempo ist die Aufnahme letztlich ein Vorläufer dessen, was man später eine »Extended Version« des üblichen, dreiminütigen Singleformats nennen sollte: die bloße Verlängerung eines einfachen Songs mit dem Ziel, die Dauer des ekstatischen Tanzerlebnisses in den Diskotheken zu steigern. Das gelegentliche Stöhnen der Sängerin unterstreicht die dem Disco-Tanzen implizite Erotik. Rhythmische Kontinuität und Kontrastarmut sind für Disco und ihm folgende Genres der Elektronischen Tanzmusik (Techno, House), die auf ein rauschhaftes Körpererleben abzielten, ebenso konstitutiv, wie der Progressive Rock mit seinem fast hochkulturellen Beziehungsreichtum sie gescheut hatte.

Die andere Tendenz, die in der zweiten Hälfte der 1970er-Jahre das Gesicht der Rockmusik veränderte, war ebenfalls mehr Rückkehr als Neuerung und bestand in den Bestrebungen von Punk und New Wave, dem Rock – damals immer noch vorwiegend eine Musik für Jugendliche und junge Erwachsene – sein rebellisches Wesen zurückzugeben. Auch dieses hatte in den Anfängen, etwa beim frühen Elvis oder den Rolling Stones, die Attraktivität des Rock ausgemacht, bevor es seit der Mitte der 1960er-Jahren von erstarkenden künstlerischen Ambitionen im Umfeld des Progressive Rock in den Hintergrund gedrängt wurde. Die Sex Pistols, eine britische Punkband, schlossen dagegen bereits durch die Art ihres Auftretens jeden Gedanken an einen hochkulturellen Ansatz aus. Indem sie sich als Angehörige der Unterschicht inszenierten und in ihrer Aufmachung einer Ästhetik des Kaputten und des Mülls huldigten, waren sie nicht nur durch ihre Musik einflussreich, sondern auch durch Elemente ihres Lebensstils, von der Sprache bis zur Mode. Musikalisch erkannten solche Bands das provokative Potenzial des betont Kunstlosen: Songs wie *Anarchy in the UK* (1976) und *God Save the Queen* (auf dem Album *Never Mind the Bollocks, Here's the Sex Pistols*, 1977) waren laut, mehr gegrölt als gesungen und im Instrumentalen von nicht virtuosem, aber aggressiv-mitreißendem Spiel klanglich verzerrter E-Gitarren getragen. Von hier aus lässt sich eine Linie ziehen zum – nicht mehr als Punk, sondern als Grunge bezeichneten – Stil der Band Nirvana (Album *Nevermind*, 1991) und zahlloser anderer Musiker:innen bis in die Gegenwart. Für den deutschen Sprachraum fängt der Song *Junge* der Band Die Ärzte (Single, 2007) den zeitlosen Konflikt zwischen den

Generationen um die richtige Lebensführung ein, mit einem Refrain (»Und wie du wieder aussiehst ...«), der klanglich den damals bereits 30 Jahre alten Punk der Sex Pistols beschwört, als unverkennbares akustisches Zeichen für Auflehnung gegen bürgerliche Normvorstellungen.

Dass aus einer so heftigen Rebellion gegen die Kunstfunktion des Rock binnen Kurzem aber wieder eine Tendenz erwachsen konnte, die man als »Art Punk« etikettierte – beispielhaft verkörpert durch den Song *Once in a Lifetime* der Talking Heads (auf dem Album *Remain in Light*, 1980) oder durch das Album *Daydream Nation* (1988) von Sonic Youth –, bestätigt, dass stilistische Wege auch in der Rockmusik seit 1975 alles andere als geradlinig verliefen. Treffender als der Zeitstrahl ist also auch hier die Vorstellung einer kreisförmigen Bewegung, die bereits verworfene Ausdrucksmittel immer wieder aktualisiert und mit anderen kombiniert (Abbildung 7). Um 1990 versuchten Bands des »Britpop« wie Oasis (*Don't Look Back in Anger*, 1995), der wachsenden Faszinationskraft elektronischer Tanzmusik durch den Rückgriff auf den gitarrenlastigen Sound britischer Bands der 1960er-Jahre zu begegnen. 20 Jahre später wurde der Britpop selbst zum Gegenstand eines Revivals, und natürlich hatte es dazwischen auch Versuche gegeben, Ausdrucksmittel von Britpop und elektronischer Tanzmusik zu verbinden. Der Supermarkt der Stile, der in den 1990er-Jahren für das Gebiet der Mode diagnostiziert wurde, hat auch in der Musik rund um die Uhr geöffnet.

Eine neue Dimension gewann die Beschäftigung der populären Genres mit ihrer eigenen Vergangenheit ab den 1980er-Jahren mit der Technik des Sampling, bei der charakteristische Fragmente historischer Aufnahmen aus ihren Kontexten gelöst und – gegebenenfalls zu akustischen Wiederholungsschleifen, sogenannten Loops, gefügt – in neue Aufnahmen integriert werden. Sampling begegnet vor allem in Stilen wie Techno und Hiphop, die stark von elektronischer Klangerzeugung und Repetitionsmustern Gebrauch machen. In solchen Kontexten, in denen Tanzbarkeit oberstes Gebot ist, hat die mit dem Sampling einhergehende Referenz auf die Vergangenheit unterschiedliche Gründe: Oft genug scheint sie dem bloßen Wunsch zu entspringen, sich markante Klangideen anderer Musiker:innen anzueignen, so zum Beispiel in *Safe from Harm* (1991) der Band Massive Attack, das auf ganzer Länge auf einem Sample des Bassriffs von Billy Cobhams *Stratus* basiert, einer Jazz-Funk-Komposition von 1973 (auf dem Album *Spectrum*, dort erstmals bei 3:06). Ein anderer Fall liegt bei dem stilbildenden Hiphop-Song *Planet Rock* (1982) von Afrika Bambaataa and the Soul Sonic Force vor, der an nur zwei Stellen (beginnend bei 0:47 und 1:25 der Single-Version) ein Sample aus dem Song *Trans Europa Express* der Band Kraftwerk enthält (auf deren gleichnamigem Album, dort erstmals

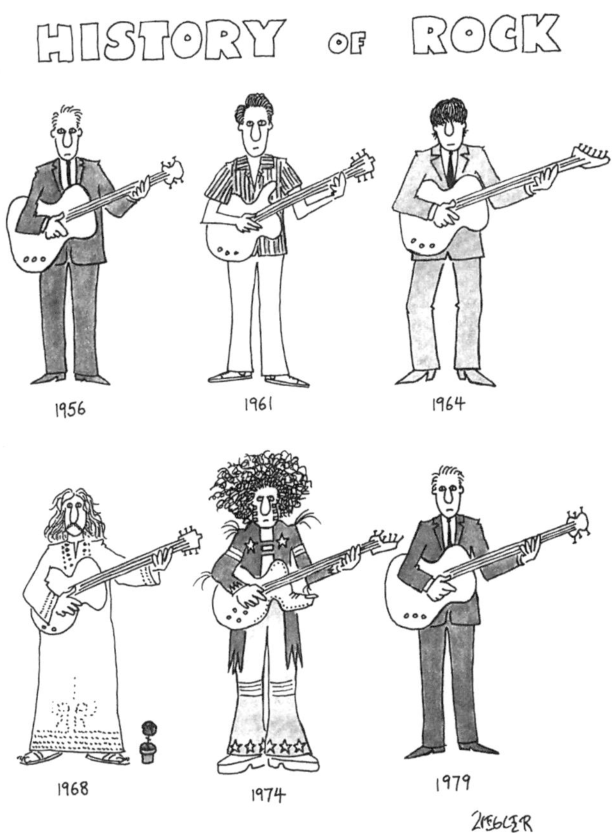

Abbildung 7: Jack Ziegler, *Rock Story*, Cartoon (1979)

bei 1:34). Hier erfüllt das Sample, wenngleich gegenüber dem Original beschleunigt und transponiert, die traditionelle Funktion eines Zitats, das stilistische Verbundenheit würdigt.

Dass im letzten Jahrhundertviertel auch im Jazz das Ideal beständigen Fortschreitens eine Grenze erreicht hatte, drückt sich unter anderem darin aus, dass einige Protagonisten von Jazzrock und Jazz-Funk sich in den 1980er-Jahren von elektrifizierten Besetzungen abwandten und zu den akustischen Wurzeln zurückkehrten, wie etwa Chick Corea in seinem Album *Akoustic Band* (1989). Herbie Hancock hatte zwar 1983 noch das vollständig elektrische Album *Future Shock* veröffentlicht, dessen Single-Auskopplung *Rockit* (mit Sample aus Afrika Bambaataas *Planet Rock*) ihm einen überraschenden Hit unter Popularmusikhörer:innen einbrachte, nicht zuletzt wegen des phantasievollen Musikvideos. Wenn hier die Ausdrucksmittel elektronischer Tanzmusik jene des Jazz fast zur Gänze überdeckten, so brachte das Album *The New Standard* (1995) auch bei ihm eine Rückkehr zum akustischen Klang einer herkömmlichen sechsköpfigen Jazzcombo. Als titelgebende »neue Standards« fungierten dabei allerdings Rocksongs, deren Urheber von den Beatles über Peter Gabriel bis hin zu Nirvana reichten – ein Zeichen dafür, dass die in den 1970er-Jahren erreichte Durchlässigkeit zwischen Jazz und Rock nicht zurückgenommen worden war, sondern nur andere Formen angenommen hatte. Andere Musiker:innen folgten, wie der Pianist Brad Mehldau, der auf den Alben *Songs* (1998) und *Largo* (2002) über Songvorlagen von den Beatles, Nick Drake und Radiohead improvisierte. Gleichzeitig leben die etablierten Jazzstile fort, auch die vorwiegend arrangierten: Die Komposition *Lingus* der Band Snarky Puppy (auf dem Album *We Like It Here*, 2014) schließt an Fusion-Musik der 1970er-Jahre an; Jacob Colliers *Flintstones* (auf dem Album *In My Room*, 2016), das durch ein fast übervirtuoses Arrangement und die ebensolche Multitracking-Ausführung des Vokalisten und Instrumentalisten beeindruckt, orientiert sich an Swing und Bebop der 1930er- und 1940er-Jahre.

Radiohead: *Paranoid Android* und *Idioteque* (Songs)

Entstehung: im Rahmen der Aufnahmesessions zu den jeweiligen Alben – *OK Computer*, Juli 1996 bis März 1997 (für *Paranoid Android*) bzw. *Kid A*, Januar 1999 bis April 2000 (für *Idioteque*) • Uraufführung/Veröffentlichung: *Paranoid Android* wurde erstmals im April 1997 in BBC Radio 1 live gespielt; die Studioaufnahme erschien im Mai desselben Jahres als zweiter Track des Albums *OK Computer* sowie als CD-Single. Das Album *Kid A*, das *Idioteque* als achten Track enthält, kam im Oktober 2000 heraus. Bereits vorher spielte Radiohead den Song auch live (nachweisbar für den 19. September 2000 in der Sendung »Nulle part ailleurs« des französischen Pay-TV-Senders Canal+). Die folgende Darstellung bezieht sich auf die Studioaufnahmen.

Das Bild, das die Songs der britischen Band *Radiohead* um die Jahrtausendwende von der Gegenwart zeichnen, ist nicht eben erbaulich. Wenngleich die Texte oft fragmentarisch anmuten und vielleicht auch nicht auf Kohärenz angelegt sind, umkreisen sie doch unverkennbar das Thema einer sich selbst bedrohenden Menschheit. So entwirft das Album *OK Computer* in verschiedenen seiner Songs die Dystopie einer im technischen Sinne perfektionierten, dabei jedoch entindividualisierten Welt: In *Fitter, Happier* gibt eine computergenerierte Stimme Tipps zur Selbstoptimierung und apostrophiert den so verbesserten Menschen mit kühler Beiläufigkeit als »a pig / in a cage / on antibiotics«. Das Individuum folgt bestenfalls einem standardisierten Streben nach Familie, Haus und Garten und wird eher das langsame Absterben durch berufliche Routine wählen, als einen Ausbruchsversuch aus dem Gewohnten zu wagen (*No Surprises*). Wer all dies als Irrweg erkennt und diese Erkenntnis offen ausspricht, wird weggesperrt (*Subterranean Homesick Alien*). Als Resultat ergeben sich tiefe Persönlichkeitsstörungen, die dem Menschen seine humanen Züge nehmen; das seiner selbst entfremdete Wesen ist am Ende nurmehr menschenartig, ein *Paranoid Android*.

Seit ihrer Gründung 1985 ist die Band Radiohead in unveränderter Besetzung aktiv, die außer dem Sänger und Gitarristen Thom Yorke noch zwei weitere Gitarristen (Jonny Greenwood, Ed O'Brien), den Bassisten Colin Greenwood und den Drummer Philip Selway umfasst. Bis zu *OK Computer* steht Radiohead für einen Gesamtklang, in dem Gitarren dominieren, auch wenn die damals bereits üblichen Möglichkeiten ihrer Verfremdung durch vielfältige elektronische Effektgeräte ausgenutzt werden. Charakteristisch ist daneben besonders die Stimme von Yorke, die Momente des Brüchigen, Instabilen, Verwirrten, aber auch Träumerischen hervorkehrt. Yorkes Gesangsstil, der häufig vom Falsett Gebrauch macht, unterscheidet sich von dem Ideal der stets Kontrolle und Kraft ausstrahlenden männlichen Rockstimme, das bis in die 1970er-Jahre hinein vorherrschte, und reflektiert die schönheitsverweigernden Tendenzen von Punk und New Wave.

Der A-Teil von *Paranoid Android* (bis 2:00) setzt unterschiedliche Facetten dieses Stimmklangs effektvoll ein: In der ersten der musikalisch gleich gebauten Strophen nutzt Yorke sein hohes Register (c^1 bis b^1), in der zweiten sinkt der Ambitus – bei Abwandlung der Melodie – deutlich ab (ab 1:10, g bis f^1). Dass dabei nicht nur die Lage, sondern auch der stimmliche Ausdruck verändert ist – derangiert und gequält in der ersten Strophe, fest, kaltblütig und ironisch in der zweiten –, ist Teil einer Gesamtdramaturgie, die das lyrische Ich allmählich in seinem emotionalen Potenzial freilegt. Dieses Ich manifestiert sich in der ersten Strophe des A-Teils als kleinmütig und klagend (»Please could you stop the noise«), in der zweiten als drohend (»When I am king you will be first against the wall«) und im folgenden B-Teil als gewalttätig (2:00–3:35, »Off with his head man«). Für diesen B-Teil verändert sich die Stimme abermals, diesmal vor allem hinsichtlich ihrer Beweglichkeit: Im Gegensatz zu den Strophen von A, die in synkopierten Viertelnoten und noch größeren Werten voranschreiten, erschließt B zunächst den Achtel-, dann den Sechzehntel-Bereich.

Dieses Anziehen der Schraube vollziehen die Gitarren klanglich mit: Während der A-Teil durch ein fein gewirktes Pattern akustischer und unverzerrter elektrischer Gitarren geprägt ist, führt der B-Teil klangliche Übersteuerung ein (Distortion-Effekt). Anfangs (bei 2:12 und 2:34) nur punktuell als rhythmische Grundierung gebraucht, gelangt dieser Sound bei 2:45 mit einer plötzlichen Detonation an die Oberfläche und bereitet der erwähnten Eskalation des »Off with his head« den Weg. Für den Rest des B-Teils steht der verzerrte E-Gitarrenklang ganz im Vordergrund, mit all seinen Konnotationen von Wut, Kraft und Aggression.

In formaler Hinsicht schließt *Paranoid Android* an Ideale der frühen 1970er-Jahre an. Mit seiner Länge von sechseinhalb Minuten, der multisektionalen Form aus charakterlich konträren Abschnitten (grob: A-B-C-B'), der Einführung eines Gitarrenriffs und dem mehrfachen Metrumwechsel zwischen 4/4 und 7/8 im B-Teil verwendet er Strategien aus der Blütezeit des Progressive Rock. Wie manche langen Songs jener Jahre hält auch *Paranoid Android* noch eine Katharsis bereit, in Gestalt des getragenen C-Teils (3:36–5:38), der angesichts seines Aufbaus mit einer Passacaglia verglichen werden kann: Im Zuge einer viermaligen Durchführung eines achttaktigen harmonischen Modells findet eine allmähliche Verdichtung des Satzes statt. Nach Vokalisen im ersten Durchgang trägt Yorke in den übrigen drei auf geradezu hymnische Weise immer wieder denselben wortarmen Text vor, der auf Beruhigung hindeutet (im Wesentlichen: »Rain down on me from a great height«). Dem Frieden ist jedoch nicht zu trauen: Im vierten Durchgang meldet sich eine zweite Gesangsstimme mit Einwürfen zu Wort, die von außerhalb des Bewusstseins des Sprechers zu kommen scheinen. Hier stößt die Suche nach semantischer Kohärenz vollends an ihre Grenzen, und ausgerechnet im direkten Anschluss an den tröstlichsten Satz des gesamten Textes – »God loves his children« – kehrt der letzte Teil, eine verkürzte instrumentale Reprise von B, zur Angriffslust des verzerrten Gitarrensounds zurück (5:38–6:27).

Für die weitere Entwicklung von Radiohead war dieses Klangbild keine Option mehr. *Kid A*, das nächste Album, stellte die seinerzeit kontrovers diskutierte Eröffnung eines neuen Kapitels der Bandgeschichte dar, indem es die Dominanz des Gitarrensounds brach und elektronische Mittel an seine Stelle setzte. Wenn es den Alben bis zu *OK Computer* gelungen war, Elemente des Progressive Rock mit denen des Punk bzw. Grunge zu verbinden, verschmolz *Kid A* all dies mit Stilen wie Ambient und Techno. Diese Entwicklung ging vorwiegend von Yorke aus, wurde aber von den anderen mitgetragen, wenngleich sie die gesamte Arbeitsweise der Band, ihr Funktionieren als Kollektiv von drei Gitarristen, Bassist und Schlagzeuger, infrage stellte. Selbst Selway musste sich damit abfinden, temporär von einem Drumcomputer ersetzt zu werden.

Beherrscht vom synthetischen Klang des Drumcomputers und von elektronischen Effekten, verzichtet auch *Idioteque* ganz auf Gitarrenparts, und nur Yorkes klagend-verzweifelter Gesang stellt die Brücke zur früheren Klangwelt her. Die Herkunft des Titels ist unklar; während der erste Wortteil auf Idiotie hindeuten könnte, mag der zweite angesichts der Orthographie – und vor allem mit Blick auf die Techno-nahe Stilistik des Songs – darauf berechnet sein, an das französische Wort »discothèque« zu erinnern, das auch im Englischen den Tanz konnotiert. Die wenigen, skizzenhaften Textzeilen Yorkes erhärten derartige Assoziationen jedoch kaum, es sei denn, man imaginiert einen Tanz auf dem Vulkan menschengemachter Katastrophen. Die mehrfach wiederholten Sätze »Who's in a bunker / Women and children first« am Beginn der ersten Strophe beziehen sich wohl auf das Blutbad von al-Amiriya während des Golfkriegs 1991, die gezielte Bombardierung eines Luftschutzbunkers, in dem sich nicht, wie das US-Militär damals annahm, eine irakische Kommandozentrale befand, sondern Schutz suchende Zivilist:innen: Über 400 Menschen starben, darunter zahlreiche Kinder. Die zweite Strophe (»Ice Age coming«) thematisiert dagegen die erwarteten Folgen des Klimawandels, über den aufzuklären Yorke sich auch abseits der Musik bemühte. »We're not scaremongering«, wir wollen keine Panikmache betreiben, heißt es im Text: »This is really happening«. Angesichts dessen, dass sowohl das Blutbad von al-Amiriya als auch der Klimawandel zu den negativen Auswirkungen technischen »Fortschritts« zählen, ist man versucht, die Silbe »-teque« im Songtitel als Variante von »-tech« zu lesen.

Verglichen mit der äußerst differenzierten Architektur von *Paranoid Android* mag *Idioteque* leicht den Eindruck von maschineller Eintönigkeit hervorrufen, doch unterhalb der Oberfläche seines steten Pulses von 140 Vierteln pro Minute enthält der Song Spuren sorgfältiger Formplanung. So hat Brad Osborn in einer Monographie über die Band darauf hingewiesen, dass entgegen dem sich aufdrängenden 4/4-Metrum die Wiederholungsfrequenz des programmierten Schlagzeugpatterns über weite Strecken bei 6/4 liegt.[11] Auch die einzelnen Zeilen von Strophe und Refrain weichen als formale Grundbausteine von der standardisierten Viertaktigkeit ab, sodass sich die Gesamtform, zumindest was die mit Gesang versehenen Abschnitte angeht, als Abfolge fünftaktiger Einheiten darstellt. Definiert wird dieses Maß bei 0:12 durch das Einsetzen einer Akkordfolge, die sich danach viele Male wiederholt, dabei aber nach einem eigentümlichen Plan über das Stück verteilt ist: Abschnitte mit und ohne diese Akkorde halten einander zeitlich ungefähr die Waage; die vier Phasen, in denen die Akkordfolge im Song erklingt, bringen diese nacheinander drei-, sechs-, vier- bzw. fünfmal. Die Assoziation mit der für Serielle Musik typischen Gleichverteilung skalierter Einheiten mag in diesem Techno-nahen Kontext abwegig erscheinen und ist es doch keineswegs.

Denn bei der Akkordfolge handelt es sich um ein Sample aus einem Werk akademischer elektronischer Musik. Paul Lansky komponierte es 1972/73, und da er dabei von dem Material des Wagnerschen *Tristan*-Akkordes ausging, gab er ihm das Textincipit von Isoldes Liebestod als Titel: *mild und leise*. Bei 0:42 erklingt in Lanskys Stück eine Folge von fünf Akkorden, deren letzte vier (in der in Notenbeispiel 30 dargestellten transponierten Form) als Sample in *Idioteque* Eingang fanden. Während diese Gestalt in *mild und leise* nur ein einziges Mal begegnet, wird sie in *Idioteque* zur bestimmenden harmonischen Grundierung der fünftaktigen Formeinheiten.

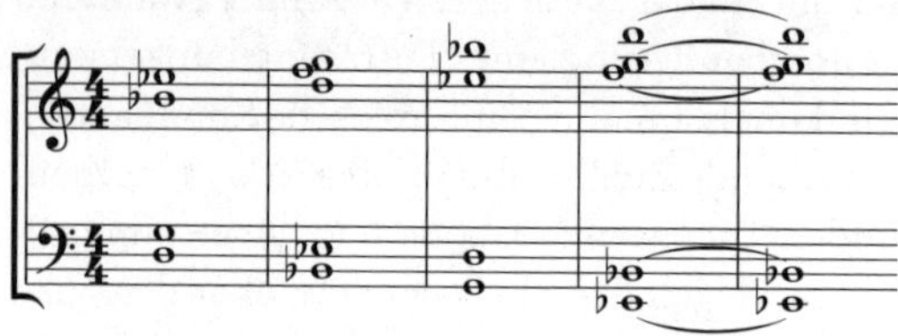

Notenbeispiel 30: Harmonisches Substrat des transponierten Lansky-Samples in *Idioteque*

Lansky, der die Verwendung seines Materials in *Idioteque* ausführlich reflektierte, deutet die Mehrklänge als Verschränkung der Akkorde g-Moll und Es-Dur in unterschiedlichen Umkehrungen, mit hinzugefügtem f^2 als Oberton dort, wo *b* in der kleinen Oktav erklingt. Dass Yorke die Gesangslinie in den Strophen von *Idioteque* vor allem auf den Tonqualitäten *es* und *d* aufbaut, also genau denjenigen, die nur entweder in Es-Dur oder in g-Moll vorkommen, macht Lansky für den Eindruck des kontinuierlichen Schillerns zwischen diesen beiden Akkorden in *Idioteque* verantwortlich; erst am Ende des Songs (ab 4:18) stelle sich die Einheit des Gesamtklangs dadurch wieder her, dass der Gesang über viele Takte auf dem Ton es^1 verharrt.[12]

Vor der Veröffentlichung des Albums machte Jonny Greenwood Lansky eine Aufnahme zugänglich, die den Keim zu *Idioteque* bildete. Diese stellte sich als experimentelle Soundcollage aus Samples unterschiedlicher Herkunft über einem programmierten Schlagzeugbeat dar, aus dem Yorke schließlich einen kleinen Abschnitt auswählte (mit dem Sample aus *mild und leise*) und daraus den Song gestaltete. Diesen Entstehungsprozess brachte Lansky mit dem Wissen darüber in Verbindung, dass die Band nach *OK Computer* in eine Krise geraten war und befürchtete, sich zu wiederholen – ein Motiv, das Lansky aus akademischen Kompositionsdiskursen nur zu vertraut war. »So, the tape Jonny Greenwood sent me, with all kinds of sound mixed together, was very familiar as an attempt to create a kind of chaos out of which something new might arise.«[13] Vielleicht bedarf es eines akademisch geschulten Komponisten wie Lansky, um zu erkennen, wie sich auch im Rock kompositorische Probleme stellen, die man gewöhnlich auf die Neue Musik beschränkt glaubt. Für *Idioteque* stellte Radiohead, um es mit den Worten eines anderen Komponisten, Pierre Boulez, auszudrücken, einen »Versuch mit dem Zweifel« an. Die Elemente dieser Versuchsanordnung sind seit Boulez bekannt (siehe S. 59): »alles in Frage stellen, tabula rasa machen mit dem Erbe und beim Nullpunkt wieder beginnen, um zu sehen, wie man von einem Phänomen aus, das außerhalb der eigenen Erfindung liegt, erneut zu einer Schreibweise kommen könne.«

Im digitalen Zeitalter

Im letzten Jahrzehnt des 20. Jahrhunderts veränderte die Durchsetzung des »Personal Computers« auch die Neue Musik tiefgreifend. Nicht nur hilft er beim Generieren des Kompositionsmaterials (Tonfolgen, Reihen, Rhythmen, Zusammenklänge etc.), sondern auch bei der Herstellung der Partitur wird die Handschrift der Komponist:innen zunehmend durch die Arbeit mit Notensatzprogrammen ersetzt. Schließlich hat sich die Möglichkeit der Verbreitung eigener Werke durch das Internet zu einer effizienten Alternative zur klassischen Verlagsdistribution entwickelt. Die Entwicklung geht hier ähnlich wie in anderen Lebensbereichen hin zu einer immer schnelleren und leichteren Handhabung von Verfahren, für die man früher ein ganzes Rechenzentrum oder ein eigenes elektronisches Studio benötigte.

Ein viel beachtetes Stück der letzten Jahre, Simon Steen-Andersens *Piano Concerto* (2013/14), wäre ohne Computerunterstützung nicht realisierbar gewesen. Sein Material gewann der Komponist aus der kontrollierten Havarie eines Konzertflügels, der in einer leeren Fabrikhalle aus sieben Metern Höhe zum Absturz gebracht wurde. Mit elektronischen Verfahren analysierte Steen-Andersen die hochaufgelöste filmische Aufzeichnung der Havarie und gewann daraus klangliches Material, das er in die analoge Welt des Orchesters zurückübersetzte. Besonderen Reiz bezieht die Komposition aus der Multimedialität, die den Flügelabsturz nicht nur akustisch, sondern auch in filmischer Manipulation umfangreich verarbeitet. Die spektakuläre Konstruktion des Werks ermöglicht zudem humoristische Effekte: In einem Abschnitt des Konzerts ist in stummen Bewegtbildern der Moment der Zerstörung im Wechsel mit den dazu rückläufigen Bildern in Dauerschleife zu erleben; der Flügel stürzt ab, zerschellt am Boden, erlebt eine wundersame Reparatur und fährt wieder hinauf usw., während das Orchester in einer virtuosen Klanggeste den Sound des Berstens – vorwärts wie rückwärts, schneller und schneller – synchron hinzufügt. Die Tatsache, dass der Flügel nach dem Absturz noch teilweise spielbar war, nutzte Steen-Andersen dergestalt, dass er jeden noch möglichen Tastenanschlag sampelte und damit digital verfügbar machte: Während der Solist der Uraufführung, Nicolas Hodges, den intakten Konzertflügel bespielte, zeigte eine neben dem Flügel befindliche Projektionsfläche sein virtuelles Spiegelbild, das vom echten Hodges mittels eines MIDI-Keyboards zum Spielen gebracht werden konnte, wie ein marionettenhaftes Abbild seiner selbst am kaputten Instrument (Abbildung 8).

Überhaupt stellt digitale Klanganalyse das Reservoir dar, aus dem Komponist:innen vielerorts ihr Material beziehen, und letztlich ist Steen-Andersens schöpferische Auseinandersetzung mit dem Geräusch eines zerberstenden Flügels ein Abkömmling jenes frühen spektralistischen Versuchs, bei dem Gérard Grisey aus der Analyse eines Posaunentons das Material für *Les Espaces acoustiques* gewann. Die fortdauernde Faszination des Spektralismus führte in den letzten Jahrzehnten insbesondere dazu, dass Mikrointervalle in Neuer Musik mehr und mehr zu einer Selbstverständlichkeit wurden – fast 100 Jahre, nachdem sie durch den Tschechen Alois Hába, den Russen Iwan Wyschnegradsky und andere erstmals Eingang in die akademische Komposition gefunden hatten. Die Naturtonreihe, jener »Urklang« des Spektralismus, enthält Teiltöne, die von den Tonhöhen der gleichschwebend temperierten Stimmung mehr oder weniger abweichen – wer also den besonderen Effekt des Naturtons im Orchester als Spektralklang rekreieren will, ist auf mikrointervallische Differenzen zur herkömmlichen Intonation angewiesen. Auch an der Verbreitung dieser Technik hat der Computer großen Anteil, denn mit der schrittweisen Verbesserung von Notationsprogrammen wurde die Möglichkeit, Tonhöhen im Viertel-, Sechstel- oder Zwölfteltonsystem erklingen zu lassen und das Gehör daran zu schulen, auch für solche Musiker:innen bequem verfügbar, die in Mikrotonsystemen noch ungeübt sind.

Derart modifiziert lebt Klangkomposition als Genre bis heute fort und fasziniert durch seine Plastizität bisweilen auf eine ähnliche Weise wie ehedem spätromantische Orchestermusik. Georg Friedrich Haas' *in vain* für 24 Instrumente (2000) inszeniert Obertonakkorde als Gegenspieler zu einem negativ konnotierten Mahlstrom temperierter Skalen und bezieht dabei auch die Saalbeleuchtung mit ein: Die für das Ohr immer noch vergleichsweise ungewohnte Schönheit der instrumentierten Spektralklänge wird mit dem verfremdenden Effekt des vollständig abgedunkelten Konzertorts synchronisiert. Haas schrieb

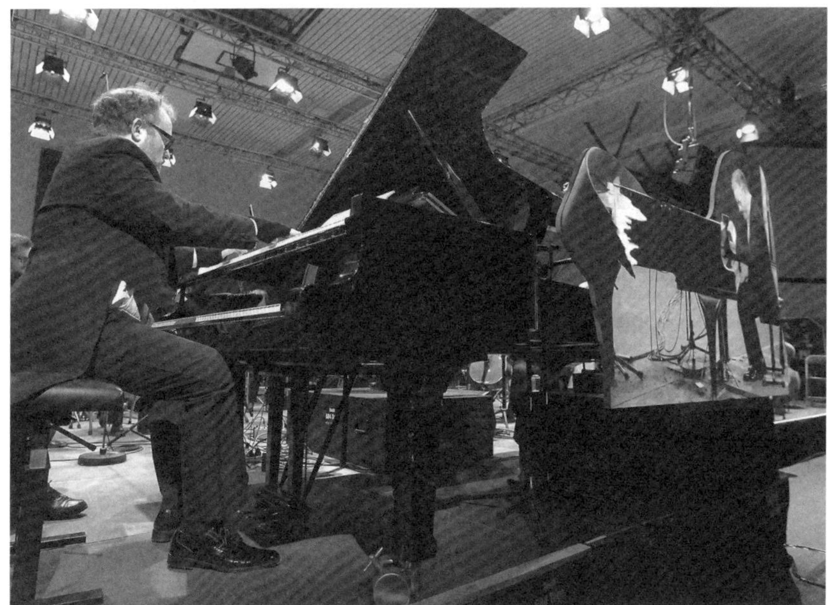

Abbildung 8: Der Pianist Nicolas Hodges mit virtuellem Gegenüber bei der Uraufführung von Simon Steen-Andersens *Piano Concerto*, Donaueschingen 19. Oktober 2014

in vain nach eigenen Angaben »aus Betroffenheit über die schwarz-blaue Koalition« von ÖVP und FPÖ in seinem Heimatland Österreich, die das Wiedererstarken rechtspopulistischer Tendenzen anzeigte; die formale Dramaturgie des fast einstündigen Werks beruht auf der Beobachtung, »dass das, was man überwunden geglaubt hat, zu einem späteren Zeitpunkt wieder auftaucht«.[14] Ohne ein derartiges Programm erkundet Enno Poppes Komposition *Wald* für vier Streichquartette (2010) die Möglichkeiten des Glissandos und mündet im Schlussabschnitt in ein fulminantes fünfminütiges Riesenglissando, das – im Gegensatz etwa zu den Glissandi in frühen Penderecki-Werken – minutiös konstruiert ist: An genau berechneten Punkten des gleitenden Kontinuums finden die 16 Instrumente in leuchtenden Spektralklängen zusammen.[15]

Bernhard Lang: *Monadologie XXXII – The Cold Trip, nach Schuberts Winterreise*

Teil 1 für vier Gitarren und Stimme, Teil 2 (hier behandelt) für Klavier, Laptop und Stimme • Entstehung: 2014 (Teil 1), 2014/15 (Teil 2) • Uraufführung von

Teil 2: Berlin, 13. März 2016, Juliet Fraser (Stimme) und Mark Knoop (Klavier und Laptop)

Das Œuvre des österreichischen Komponisten Bernhard Lang durchziehen umfangreiche Werkreihen: Zwischen 1998 und 2017 entstanden 31 Kompositionen mit dem Obertitel *Differenz / Wiederholung*, der Langs Lektüre von *Différence et répétition* des Philosophen Gilles Deleuze reflektiert; seit 2007 hat Lang außerdem 41 Werke mit dem Obertitel *Monadologie* vorgelegt, der sich auf die gleichnamige Schrift von Gottfried Wilhelm Leibniz bezieht. Beide Reihentitel spielen auf wesentliche Elemente der Lang'schen Kompositionstechnik an, die mit Loops operiert, kleinen musikalischen Zellen, die wie eine Tonbandschleife (Tape Loop) wiederholt werden. Für Lang war aus Deleuzes Schrift vor allem die Erkenntnis bedeutsam, dass Wiederholung und Differenz einander bedingen: Die Besonderheit einer Differenz ist nur wahrnehmbar auf der Kontrastfolie des Wiederholens, aber ebensowenig vorstellbar ist eine Wiederholung ohne (subtile) Differenz. Selbst wenn ein Vorgang bei mechanischer Wiederholung auch in allen Einzelheiten gleich scheint, so verändert sich doch durch die Wiederholung die Wahrnehmung des Vorgangs. So gesehen haben die wiederholten Zellen der Lang'schen Musik Ähnlichkeit mit den Monaden – vorgestellt als in sich kreisende, nach außen abgeschlossene Einheiten, die als Spiegel einer höheren Wahrheit imaginiert werden können. Dabei ist es gerade ihre Wiederholung, die das Erkenntnispotenzial der Einheiten erst ermöglicht. In den Worten der Musikwissenschaftlerin Sabine Sanio: »Ständig tauchen kleine Zellen auf, die einige Male wiederholt werden, als würden sie momentweise stillgestellt, damit man sie genauer betrachten kann.«[16]

Die *Monadologien* unterscheiden sich von den Werken der *Differenz / Wiederholung*-Reihe dadurch, dass ihre Materialien Fundstücke aus bereits existierender Musik sind. *The Cold Trip*, gezählt als 32. Werk der *Monadologie*-Reihe, rekurriert auf Franz Schuberts Liederzyklus *Winterreise* (1827), ein Werk, das mehr als irgendein anderes der älteren Musikgeschichte die Komponisten der letzten 50 Jahre zur künstlerischen Stellungnahme reizte. Vor Lang reichte das Spektrum der Auseinandersetzungen von kompletten Neukompositionen auf Basis der von Schubert verwendeten Gedichte Wilhelm Müllers (Reiner Bredemeyer, *Winterreise* für Bariton, Horn und Klavier, 1984) bis zu der weit ausgreifenden, modernisierenden Bearbeitung des Schubert'schen Originals durch Hans Zender (*Schuberts »Winterreise« – Eine komponierte Interpretation* für Tenor und kleines Orchester, 1993). Langs *Cold Trip* verbindet die Prinzipien der Bearbeitung und der Neukomposition und ist doch weder das eine noch das andere. Die 24 Lieder seines Werks basieren auf den 24 Liedern des

Originals dergestalt, dass nahezu jede komponierte »Zelle« genetisch mit einem oder mehreren Elementen des entsprechenden Schubert-Liedes zusammenhängt. Immer ist es jedoch bloß Fragmentarisiertes, nie das Liedganze, das sich im neuen Stück abbildet. Nur in Ausnahmefällen zitieren die Zellen tongetreu aus dem jeweiligen Schubert-Lied, in der Regel hat Lang sie gegenüber dem Ausgangsmaterial mehr oder weniger verändert. Lang übernimmt also nur vergleichsweise wenig vom Original und überantwortet dieses Wenige dann der Repetition. Der Vorgang bezieht sich direkt auf das Sampling in neueren Tendenzen der Popularmusik, was Lang wie folgt kommentierte: »Die ganze Musikkultur als grosses Sample-Archiv zu sehen und sich frei zu bedienen und das aber in einem postmodernen Kontext neu zu strukturieren, eine neue Grammatik dafür zu entwickeln, das sind Dinge, die ich direkt aus der Popmusik entnehme; wofür ich die Popmusik auch bewundere, weil das dort mit einer unakademischen Leichtigkeit vonstatten geht, auch mit einer Naivität, die immer oder zumindest meistens überzeugend wirkt.«[17]

Eine grundsätzliche Verfremdung wird bereits am Werktitel *The Cold Trip* augenfällig: Lang vertont nicht Müllers deutschsprachige Texte, sondern eigene Übersetzungen in ein einfaches Englisch, ein Idiom ohne historistische Stilfärbung, dafür angefüllt mit Gegenwartsbezügen. Aus dem Anfang von Müllers *Die Post* (»Von der Straße her ein Posthorn klingt. Was hat es, dass es so hoch aufspringt, mein Herz?«) wird in Langs *Mail* die lapidare Feststellung: »You've got new mail. My heart is pumping.« Diese beiden Sätze sind gewollt poesielos: Der erste könnte die standardisierte Benachrichtigung eines E-Mail-Programms sein, der zweite einem Rocksong entstammen (2014 erschien *My Heart Is Pumping to a Brand New Beat* von The Subways). Dem hörenden Bewusstsein erschließen sich solche Möglichkeiten des Gegenwartsbezugs aber erst durch die Wiederholungen, denen Lang die Zellen unterwirft, statt sie – wie üblich – im beständigen Weiterrauschen der Klänge schnell vorbeiziehen zu lassen.

Die Teile 1 und 2 von *The Cold Trip* gehören durch die Kontinuität der gemeinsamen Vorlage offensichtlich zusammen, haben allerdings schon durch die Besetzung unterschiedliche Profile. Die Selbstständigkeit von Teil 2 unterstreichen die nur hier begegnenden Rahmenabschnitte *Zero: Prelude* und *Zero: Epilogue*, die auf einem Ausschnitt der berühmten Frostszene aus Henry Purcells Semiopera *King Arthur* (1691) aufbauen. In dieser Szene erscheint der Genius der Kälte, der mit Zauberkraft gegen seinen Willen herbeibeschworen wurde, und erklärt, sogleich wieder in das Reich von Schnee und Tod herabsinken zu wollen. Die Analogie zum Lyrischen Ich der *Winterreise* ist offensichtlich. Formal wurde der Rahmen zudem wohl nötig, weil *Die Post*, der Anfang des zweiten Teils der *Winterreise*, keinerlei winterliche Metaphorik ausströmt.

Stattdessen kommt also dem *Zero: Prelude* die Aufgabe zu, Temperaturen rund um den Nullpunkt musikalisch zu simulieren, und Langs Übernahme von Purcells vor Kälte erstarrter Singtechnik ist in dieser Hinsicht ungemein effektvoll. Die Begleitung kommt in diesen beiden Rahmenabschnitten allein vom Laptop, über das der Pianist vorproduzierte elektronische Klänge abspielt. Damit sind auch diese als Kältesymbole markiert, ein Eindruck, der sich im weiteren Verlauf des Stücks verfestigt: Denn was vom Laptop kommt, sind Klänge, die jeden Anschein der Imitation »lebendigen« Instrumentalspiels vermeiden und stattdessen an die starren, spröden Soundfiles früherer Computergenerationen erinnern. Auch der Klavierklang erweckt bisweilen solche Assoziationen, vor allem dort, wo ihm mechanische Arpeggien aus wenigen Tönen in weitem Ambitus anvertraut werden (fast durchgängig in *Will o'wisp*, aber auch an zahlreichen anderen Stellen weiterer Lieder; im Notenbeispiel 31 sichtbar in T. 17 f.).

Während Lang bei früheren Monadologien dem Computer auch die Komposition der Loops überließ, kehrte er in späteren Werken der Reihe, darunter auch *Cold Trip*, wieder zur »Handarbeit« zurück, geleitet allerdings von reicher eigener Erfahrung damit, wie die Software in den früheren Werken gearbeitet hatte. In gewissem Sinne ist also auch in den späteren Monadologien die entindividualisierende Instanz des Computers spürbar. Gleichzeitig ist das Resultat in Gestalt von *Cold Trip* als Versuch begreifbar, in Dichtung und Musik der *Winterreise* solche Motive hörbar zu machen, die Müller und Schubert möglicherweise nicht geahnt, zumindest aber nicht gestaltet hatten.

Die Auswahl und die jeweilige Verfremdung der wiederholten – und damit dem aufmerksamen Hören preisgegebenen – Zellen fügen sich zu veränderten Lesarten sowohl der Gedichte als auch der Musik der *Winterreise*. In der Anverwandlung von *Im Dorfe* zum Beispiel, schon bei Schubert / Müller ein Seitenhieb auf die Philister, ist der Zusammenhang von Unfreiheit und Geschäftemacherei grell ausgeleuchtet: Die Singstimme, bereits im Notentext durch die Bezeichnung »Whining ›Bob Dylan‹ voice« als »gesellschaftskritische« Instanz markiert, formt Loops aus den Textfragmenten »rattling their chains« (T. 10–13) und »winnings and gains« (T. 15–18) – ersteres das Geräusch der Kettenhunde, letzteres der Inhalt der Bürgerträume (bei Lang heißt das Lied *Burghers Dreams*). Bei Schubert / Müller ist dieser Zusammenhang kaum angedeutet; Lang stellt ihn dagegen nicht nur durch den Reim heraus, sondern vor allem durch die musikalischen Mittel seiner Loop-Technik: Der Bezug zwischen den beiden Phrasen äußert sich durch das gemeinsame, im Lied nur hier gebrauchte 5/16-Metrum, den identischen Rhythmus – bei umgekehrter Bewegungsrichtung – und den Loop-Abschluss, der aus einem forcierten stimmlosen Einatmen besteht. Details wie diese wären in einer herkömmlichen Liedvertonung kaum bemerkbar

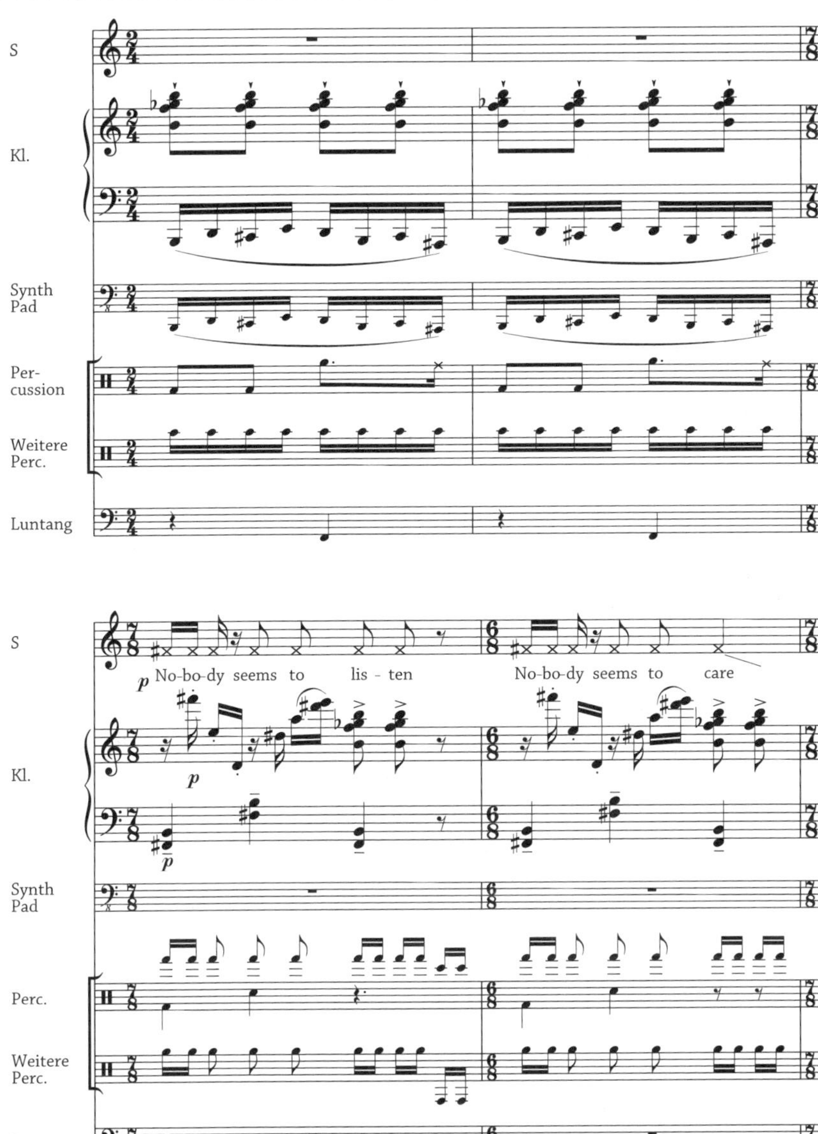

Notenbeispiel 31: Bernhard Lang, *The Cold Trip*, Nr. 24 *The Busker*, T. 15–18. Die unteren vier Systeme geben näherungsweise den Inhalt des Playbacks vom Laptop wieder.

und als Ansatz einer Interpretation wenig belastbar; erst die Vervielfältigung der Loops macht aus dem scheinbar Beiläufigen ein erzählwürdiges Ereignis. Von der Musik Schuberts ist in diesen Takten allein die Klavierbegleitung deutlich hörbar abgeleitet.

Am Ende des Weges wartet nicht der Leiermann, sondern ein Straßenmusiker mit Gitarre (»There is a busker standing at the corner playing his guitar«), auch dies eine Anpassung der Müller'schen Bilder an die Gegenwart von 2014. Müller und Schubert beschlossen die *Winterreise* mit der Möglichkeit, dass Sprecher und Leiermann künftig gemeinsame Sache machen – ein Motiv, an das sich häufig die Deutung knüpft, der Leiermann personifiziere den Tod. Nichts davon findet sich in Langs Komposition, die das Lyrische Ich am Ende die Stelle des Buskers einnehmen und dessen Erfahrung teilen lässt, am Rande der Gesellschaft zu stehen (»I am standing at the corner playing my guitar. Nobody seems to listen, nobody seems to care«). Missachtung, Ausschluss, Entzug menschlicher Wärme können jeden treffen – diese Beobachtung scheint in *The Busker* im Vordergrund zu stehen und auch die Auswahl der musikalischen Ausdrucksmittel zu bestimmen.

Im Grunde arbeitet auch schon Schuberts *Leiermann* mit Loops. Die Bordunquinte *H-fis* (T. 1ff., zum Teil mit Vorschlag *eis* vor der höheren Note), das Drehmotiv von Takt 3, seine in den Dominantklang mündende Fortsetzung in Takt 4, die hinzugefügten Mittelstimmen in Takt 17 ff. und selbst die Gesangslinien: Alles wird in dieser Komposition ausgiebig wiederholt, der Vorstellung des »ewigen Leierns« gemäß, die sich mit der Titelfigur verbindet. Für *The Cold Trip* nimmt Lang eine Schärfung des originalen Materials vor, indem er zunächst das Tempo stark anzieht: Mit Viertel = 92 ist es fast doppelt so schnell wie das Zeitmaß, mit dem Sänger:innen häufig Schuberts Vortragsbezeichnung »Etwas langsam« für den *Leiermann* umsetzen. In diesem »viel zu schnellen« Tempo stellt sich die erste Zelle des Lang'schen Liedes als mechanische Begradigung der Drehfigur aus Schuberts Takt 3 dar: Unterschiedslos werden die Notenwerte – bei Schubert zum Teil Sechzehntel-, zum Teil Achtelnoten – als Sechzehntel wiedergegeben. Auch Schuberts Bordunklang *H-fis* (mit hinzugefügtem Vorschlag *eis*) bezieht Lang in die Motorik ein, indem er ihn in gleichmäßige Achtelrepetitionen auflöst. Schließlich fügt die perkussive Schicht des elektronischen Zuspiels vom Laptop auf der jeweils zweiten Takthälfte den metallischen Schlag eines Luntangs hinzu, der an industrielle Stanzverfahren erinnert (Notenbeispiel 31, T. 15 f.). Wie weit ist all das vom Original entfernt, und doch legt es von diesem eine verborgene Schicht frei. Das Stück hetzt, so wie die Menschen am Busker vorbeilaufen, ohne ihn zu beachten. Mithilfe der Wiederholung wird an solchen Stellen auch diese selbst – in ihrer negativen Eigenschaft des unreflektiert Eingeschliffenen – zum Gegenstand der Kritik. Lang: »Was ich tue, ist zu sagen: Schaut mal hin! Wir sind in einer Schleife. Wir drehen uns im Kreis. Und ich glaube, wenn man das Laufrad erst einmal sieht, dann ist das der erste Schritt zum Ausbruch. Bevor das Laufrad nicht thematisiert ist und in den Raum gestellt ist, hat man keine Chance daraus auszubrechen. Dann läuft man darin immer weiter und glaubt, man bewegt sich auf einer Geraden.«[18]

Diese wenigen Beobachtungen zur Musik der letzten Dezennien müssen hier genügen. Zahllose weitere Beispiele für wieder andere Positionen wären möglich, und neue kommen jeden Tag hinzu. Spätere Generationen werden hier sicher klarer sehen und im Wissen um das uns jetzt noch Bevorstehende, das dann selbst Geschichte sein wird, weitere Schwerpunkte betonen und Epochengrenzen anderswo ziehen. Der Versuch, das geschichtlich unmittelbar Zurückliegende in eine sinnvolle Anordnung zu bringen, ist immer auch Glückssache, erst recht, wenn die Zeit sich zu einer Kugelgestalt zusammenbiegt oder gar zu einem Laufrad.

Rückblickend auf das hier abgeschrittene Terrain erscheint die Kreativität musizierender Menschen im 20. und 21. Jahrhundert ebenso staunenswert wie ihr Bemühen darum, durch Musik die Welt zu erkennen und mitzugestalten. Wenn dieses Buch auch in erster Linie dazu konzipiert wurde, einen Überblick über die wesentlichen Etappen dieses Weges zu schaffen, knüpft sich daran doch die Hoffnung, dass es für seine Leser:innen nur den Ausgangspunkt zu weiteren und ausgiebigen Erkundungen bilden möge. Die Schatzkammern sind gefüllt; sie warten nur auf ihre Entdeckung.

Anhang

Anmerkungen

Kapitel 1

Moderne und Postmoderne als Epochenbegriffe

1 Bekker 1918, 16.
2 Vgl. Stephan 1997, 394.
3 Welsch 1990, 350 f.
4 Vgl. Borio / Danuser 1997.
5 E. T. A. Hofmann: »Wenn von der Musik als einer selbstständigen Kunst die Rede ist, sollte immer nur die Instrumental-Musik gemeint seyn […]. Sie ist die romantisch[s]te aller Künste, – fast möchte man sagen, allein *rein* romantisch.« Rezension von Ludwig van Beethovens Fünfter Symphonie. In: Allgemeine musikalische Zeitung, 12. Jg., Heft 40 und 41 (4. und 11. Juli 1810), Sp. 630–642 und 652–659, hier Sp. 631.
6 Welsch 1990, 351.
7 Reynolds 2011.

Kapitel 2

Grundfragen zur Musik seit 1900

1 Zit. nach Weiss 2018, 119.
2 Brief vom 24. Oktober 1915, zit. nach Debussy / Lesure 1980, 266, 269 (Übersetzung: S. W.).
3 Cocteau 1918/1958, 18, 27 f., 30, 46.
4 Pfitzner 1926, 115.
5 Ebd., 115 f.
6 Aber 1927, 130.
7 Krenek 1948, 22.
8 Ebd., 21.
9 Ebd., 11, 18 und 33.
10 Stearns 1956.
11 Fugellie 2021.
12 Schönberg / Stein 1958, 52.
13 Schönberg 1946/1976, 105.
14 Eisler 1927/1987, 38 f.
15 Eisler 1931.
16 Adorno 1949/1997, 116.
17 Ebd., 124.
18 Taruskin 2001/2004, 364.
19 Lachenmann 1972/1996, 98.
20 Ebd.
21 Asriel 1966, bes. 168 ff.
22 Hofmann 1971, Bildunterschrift vor S. 40.
23 Ebd., 65 und 67.
24 Zit. nach Redepenning 2008, 763.
25 Ebd., 764.
26 Ebd.
27 Zit. nach Fanning 1995, 137.
28 Hentschel 2010, 41.
29 Mahnkopf 1998, 61.
30 Adorno 1949/1997, 40.
31 Cage 1957/1961, 10 (Übersetzung: S. W.).
32 Cage 1959, 117 (Übersetzung: S. W.).
33 Ligeti 1961/2007.
34 Thomas 1961, 524 f.
35 Ligeti 1961/2007.
36 Ligeti 1963/2007, 181.
37 Vogt 1972, 294, 297.
38 Kaufmann 1962/1969, 115.
39 Zit. nach Weiss 2016, 231.
40 Vgl. Ertelt / von Loesch / Wolf 2019–2023.
41 Zit. nach Saremba 2003, 882.
42 Whitesell 2008, 60.
43 So in einer Live-Aufnahme vom 27. Oktober 1967, enthalten auf Joni Mitchells Album *Archives – Volume One: The Early Years*, 2020. Später – auch auf dem Album *Blue* – änderte Mitchell den Text in »he's a non-conformer« ab.

In dieser abgewandelten Form bezieht sich die Zeile halb entschuldigend, halb spöttisch auf den Vater.
44 Zit. nach Mercer 2009, 96 f.
45 Zit. nach Theurich 1977, 171.
46 Strawinsky 1936/1983, 69.
47 Messiaen 1944/1966, 10.
48 Boulez 1977, 61 f.
49 Rihm 1979/1997, 118.
50 Murail 2000, 5 (Übersetzung: S. W.).
51 Kerschbaumer 1978, 104 f. (Hervorhebung in der Vorlage).
52 Zit. nach Brackett 2005, 337.
53 Zit. nach Holden 1986/1999, 50.
54 Rihm 1978/1997, 44.
55 Blume 1958, 16.

Kapitel 3
Stile im Anbruch der Moderne: bis 1945

1 Eisler 1931.
2 Krause [3]1963, 228.
3 Zit. nach Barraqué 1964, 76.
4 Zit. nach Lang-Becker 1982, 12.
5 Kandinsky 1912, 60 und 63.
6 Berg 1930/1981, 297.
7 M. K. 1908, 5.
8 Schönberg ca. 1949/1976, 421 f.
9 Korngold 1910, 1 f.
10 Bartók 1919, 34.
11 Scherliess 1982, 23.
12 Handy 1944, 122.
13 Ebd., 117.
14 Ebd., 120 f.
15 Ebd., 121.
16 Die zweite Aufnahme der ODJB kann von der ersten dadurch unterschieden werden, dass sie in Teil B (zwischen 0:17 und 0:24) einige Glissandi der Klarinette als Einwürfe zwischen den Bestandteilen der Melodie enthält.
17 Adorno 1949/1997, 16.
18 Zit. nach Grosch 1999, 17.
19 Berg 1929/1981, 227.
20 Berg 1930/1981, 298.
21 Webern 1932/1960, 58.
22 Ebd., 57 (»Dabei wird im übrigen komponiert wie zuvor«).
23 Ligeti 1957/2007, 413.
24 Webern 1932/1960, 60.
25 Schönberg 1935/1976, 76.
26 Schönberg / Stein 1958, 179 (Brief vom 27. Juli 1932, originale Hervorhebungen).
27 Stockhausen 1955, 65.

Kapitel 4
Stile im Zenit der Moderne: 1945 bis 1975

1 Boulez 1948/1979, 323.
2 Boulez 1951(a)/1979, 292.
3 Boulez 1951(b)/1979, 69 f.
4 Boulez 1951(a)/1979, 295.
5 Zit. nach Revill 1995, 87.
6 Stockhausen 1957/1964, 70.
7 Zit. nach Motz 1996, 14.
8 Zit. nach Motz 1996, 18.
9 Adorno 1951/1977, 30.
10 Zit. nach Pauli 1971, 112 f.
11 Transkribiert nach der Aufnahme auf der LP *Jazz Journey* des Orchestra U.S.A., Columbia 1963 (bei 17:13).
12 Davis 1989/1990, 272 f.
13 Zit. nach Yudkin 2012, 31. Yudkin diskutiert in diesem Zusammenhang eine Verwechslung der ursprünglichen Namen von *Flamenco Sketches* und *All Blues*, die für den hier gemeinten Sachverhalt aber unerheblich ist.
14 Zit. nach Häusler 1996, 178.
15 Zimmermann 1968/1974, 35.
16 Witold Lutosławski, Vorwort zur Partitur von *Jeux vénitiens* (PWM/Moeck).
17 Für die Violine siehe Arditti / Platz 2019, für weitere Instrumente sowie Stimme die anderen Bände in der Reihe *The Techniques of … / Die Spieltechnik …* (Kassel u. a. 1994 ff.).
18 Murail 2000, 6 (Übersetzung: S. W.).
19 Gérard Grisey, Vorwort zur Partitur von *Périodes* (Ricordi).
20 Lachenmann 1971/1996, 29.

21 Lachenmann 1975/1996, 153.

22 Lachenmann 1982/1996, 168.

23 Halbscheffel 2013.

24 Terry Riley, »Performance Directions« zur Partitur von *In C* (E. R. P. Musikverlag Eckart Rahn).

25 Reich 1971/2002, 66 (Übersetzung: S. W.)

26 Reich 1968/2002, 35 (Übersetzung: S. W.).

27 Steve Reich, »Note by the Composer« zur Partitur von *Six Pianos* (Hendon Music).

Kapitel 5
Stile nach der Moderne: seit 1975

1 Zimmermann 1968/1974, 36.

2 Zit. nach Gerlach 1984, 364.

3 Lachenmann 1971/1996, 22.

4 Mahnkopf 1998, 67.

5 Ebd., 62.

6 Brügge 2004, 8.

7 Rihm 1978/1997, 50.

8 Rihm 1983/1997, 24 und 26.

9 Notiert durch einen kleinen Kreis mit senkrechtem Strichlein unten. Siehe auch Arditti / Platz 2019, 43–45.

10 Zit. nach Gerlach 1984, 163.

11 Osborn 2017, 81 ff.

12 Lansky 2005, 169 f.

13 Ebd., 174.

14 Haas 2008, 44.

15 Vgl. Lemke 2017, 59 ff.

16 Sanio 2010, 64.

17 Lang 2007, 18.

18 Ebd.

Verwendete Literatur

Aber, Adolf: Ernst Krenek: »Jonny spielt auf«. Uraufführung in Leipzig. In: Anbruch 1927, Heft 3, 127–132

Adorno, Theodor W.: Philosophie der neuen Musik. Frankfurt am Main [8]1997 [erstmals 1949]

Adorno, Theodor W.: Kulturkritik und Gesellschaft. In ders.: Kulturkritik und Gesellschaft I. Hg. von Rolf Tiedemann. Frankfurt am Main 1977 (Gesammelte Schriften 10,1), 11–30 [erstmals 1951]

Arditti, Irvine / Platz, Robert HP: The Techniques of Violin Playing / Die Spieltechnik der Violine. Kassel u. a. [3]2019

Asriel, Andre: Jazz. Analysen und Aspekte. Berlin (DDR) 1966

Barraqué, Jean: Claude Debussy. Aus dem Französischen übertragen von Clarita Waege und Hortensia Weiher-Waege. Reinbek bei Hamburg 1964

Bartók, Béla: Selbstbiographie. In: Rheinische Musik- und Theaterzeitung, 20. Jg. (1919), 33 f.

Bekker, Paul: Neue Musik. Berlin [2]1919 [erstmals 1918]

Belz, Carl: The Story of Rock. Second Edition. New York 1972 [erstmals 1969]

Bennighof, James: The Words and Music of Joni Mitchell. Santa Barbara 2010 (The Praeger Singer-Songwriter Collection)

Berg, Alban: Credo [1929]. In ders.: Glaube, Hoffnung und Liebe. Schriften zur Musik. Hg. von Frank Schneider. Leipzig 1981, 227

Berg, Alban: Was ist atonal? [1930]. In ders.: Glaube, Hoffnung und Liebe. Schriften zur Musik. Hg. von Frank Schneider. Leipzig 1981, 297–306

Blume, Friedrich: Was ist Musik? Ein Vortrag [1958]. Kassel u. a. 1959

Borio, Gianmario / Danuser, Hermann (Hg.): Im Zenit der Moderne. Die internationalen Ferienkurse für Neue Musik Darmstadt 1946–1966. Geschichte und Dokumentation. 4 Bde., Freiburg i. Br. 1997

Boulez, Pierre: Missverständnisse um Berg. In ders.: Anhaltspunkte. Essays. Deutsch von Josef Häusler. München 1979, 318–324 [erstmals französisch 1948]

Boulez, Pierre: Schönberg ist tot. In ders.: Anhaltspunkte. Essays. Deutsch von Josef Häusler. München 1979, 288–296 [erstmals französisch 1951(a)]

Boulez, Pierre: Bach als Kraftmoment. In ders.: Anhaltspunkte. Essays. Deutsch von Josef Häusler. München 1979, 60–78 [erstmals französisch 1951(b)]

Boulez, Pierre: Wille und Zufall. Gespräche mit Célestin Deliège und Hans Mayer. Aus dem Französischen übertragen von Josef Häusler und Hans Mayer. Stuttgart 1977

Brackett, David: The Pop, Rock, and Soul Reader. Histories and Debates. New York 2005

Brügge, Joachim: Wolfgang Rihms Streichquartette. Aspekte zu Analyse, Ästhetik und Gattungstheorie des modernen Streichquartetts. Saarbrücken 2004

Cage, John: Experimental Music [1957]. In ders.: Silence – Lectures and Writings. Middletown o. J. [1961], 7–12

Cage, John: Unbestimmtheit. In: die Reihe 5 (1959), 85–121

Cocteau, Jean: Hahn und Harlekin. Aufzeichnungen über Musik, übersetzt von Johannes Piron. München o. J. [1958; erstmals frz. 1918]

Cohn, Nik: Awopbopaloobop Alopbamboom. Pop From the Beginning. London 1969

Collier, James Lincoln: Benny Goodman and the Swing Era. New York 1989

Cook, Nicholas / Pople, Anthony (Hg.): The Cambridge History of Twentieth-Century Music. Cambridge 2004

Covach, John / Flory, Andrew: What's That Sound? An Introduction to Rock and Its History. New York [3]2012 [erstmals 2006]

Danuser, Hermann: Die Musik des 20. Jahrhunderts. Laaber 1984

Davis, Miles / Troupe, Quincy: Die Autobiographie. Aus dem Amerikanischen von Brigitte Jakobeit. Hamburg 1990 [erstmals amerikanisch 1989]

Debussy, Claude: Lettres 1884–1918. Hg. von François Lesure. Paris 1980

Diepgen, Gereon: Innovation oder Rückgriff? Studien zur Begriffsgeschichte des musikalischen Neoklassizismus. Frankfurt am Main 1997 (Bonner Schriften zur Musikwissenschaft 3)

Eisler, Hanns: Über moderne Musik (1927). In ders.: Materialien zu einer Dialektik der Musik. Hg. von Manfred Grabs. Berlin (BRD) 1987, 37–39

Eisler, Hanns: Situation der Musik in der Sowjetunion. In: Das neue Rußland, 8. Jg., Heft 6–7 (1931), 87

Ertelt, Thomas / Loesch, Heinz von / Wolf, Rebecca (Hg.): Geschichte der musikalischen Interpretation im 19. und 20. Jahrhundert, 4 Bde., Kassel / Berlin 2019–2023

Fairclough, Pauline: »Lady Macbeth von Mzensk« und »Katerina Ismailowa«. In: Schostakowitsch-Handbuch. Hg. von Dorothea Redepenning und Stefan Weiss. Berlin / Kassel, Druck in Vorbereitung

Fanning, David: Leitmotif in »Lady Macbeth«. In: Shostakovich Studies. Hg. von dems. Cambridge 1995, 137–159

Frobenius, Wolf: Luigi Nonos Streichquartett »Fragmente – Stille, An Diotima«. In: Archiv für Musikwissenschaft, 54. Jg., Heft 3 (1997), 177–193

Fugellie, Daniela: Im geschützten Raum. Musikförderung des Goethe-Instituts während der Militärdiktatur in Chile. In: Die Musikforschung, 74. Jg., Heft 4 (2021), 352–361

Gerlach, Hannelore: Fünfzig sowjetische Komponisten der Gegenwart. Fakten und Reflexionen. Leipzig 1984
Gieseler, Walter: Komposition im 20. Jahrhundert. Details – Zusammenhänge. Celle 1975
The Greenwood Encyclopedia of Rock History. 6 Bde. Westport 2006
Griffiths, Paul: Modern Music and After. Oxford [3]2010
Grosch, Nils: Die Musik der Neuen Sachlichkeit. Stuttgart 1999
Haas, Georg Friedrich: Komponisten – Ideen und Wirklichkeitserfahrung. In: Österreichische Musikzeitschrift, 63. Jg., Heft 8–9 (2008), 43 f.
Halbscheffel, Bernward: Progressive Rock. Die Ernste Musik der Popmusik, Leipzig 2013
Handbuch der Musik im 20. Jahrhundert. 14 Bde. Laaber 1999–2011
Handy, W. C.: Father of the Blues. An Autobiography. New York 1944
Hansen, Mathias: Arnold Schönberg – ein Konzept der Moderne. Kassel u. a. 1993
Häusler, Josef: Spiegel der Neuen Musik: Donaueschingen. Chronik – Tendenzen – Werkbesprechungen. Kassel u. a. 1996
Hellhund, Herbert: Cool Jazz. Grundzüge seiner Entstehung und Entwicklung. Mainz 1985
Hellhund, Herbert: Jazz. Harmonik, Melodik, Improvisation, Analyse. Ditzingen 2018
Hentschel, Frank: Neue Musik in soziologischer Perspektive. In: Neue Zeitschrift für Musik, 171. Jg., Heft 5 (2010), 39–42
Hiekel, Jörn Peter (Hg.): Zurück zur Gegenwart? Weltbezüge in Neuer Musik. Mainz 2015
Hiekel, Jörn Peter / Utz, Christian (Hg.): Lexikon Neue Musik. Stuttgart / Kassel 2016
Hofmann, H[einz] P.: ABC der Tanzmusik. Berlin (DDR) 1971
Holden, Stephen: Madonna Cleans up Act but Her Music Remains True Blue to Controversy [1986]. In: The Madonna Companion, Two Decades of Commentary. Hg. von Carol Benson und Allan Metz. New York 1999, 48–52
Huber, Nicolaus A.: Luigi Nono, Il canto sospeso VIa, b. In: Luigi Nono. Hg. von Heinz-Klaus Metzger und Rainer Riehn. München 1981 (Musik-Konzepte 20), 58–79
Hunkemöller, Jürgen: Art. »Ragtime«. In: Die Musik in Geschichte und Gegenwart, Zweite Ausgabe. Hg. von Ludwig Finscher, Sachteil Bd. 8. Kassel / Stuttgart 1998, Sp. 57–68
Jones, LeRoi [Amiri Baraka]: Black Music. New York 1967
Kahn, Ashley: Kind of Blue. The Making of the Miles Davis Masterpiece. New York 2000

Kandinsky, Wassily: Die Bilder. In: Arnold Schönberg, mit Beiträgen von Alban Berg [und anderen]. München 1912, 59–64

Kaplan, E. Ann: Rocking Around the Clock. Music Television, Postmodernism, and Consumer Culture. New York 1987

Kaufmann, Harald: Strukturen im Strukturlosen. Über György Ligetis »Atmosphères« [1962]. In ders.: Spurlinien. Analytische Aufsätze über Sprache und Musik. Wien 1969, 107–117

Kerschbaumer, Franz: Miles Davis. Stilkritische Untersuchungen zur musikalischen Entwicklung seines Personalstils. Graz 1978

Knauer, Wolfram: Art. »Jazz«. In: Die Musik in Geschichte und Gegenwart, Zweite Ausgabe. Hg. von Ludwig Finscher, Sachteil Bd. 4. Kassel / Stuttgart 1996, Sp. 1384–1421

Korngold, Julius: Novitäten im Konzertsaale. In: Neue Freie Presse, Wien, 16. 2. 1910. Morgenblatt, 1–3

Krause, Ernst: Richard Strauss. Gestalt und Werk. Leipzig [3]1963

Krenek, Ernst: Selbstdarstellung. Zürich 1948

Lachenmann, Helmut: Musik als existentielle Erfahrung. Schriften 1966–1995. Hg. von Josef Häusler. Wiesbaden 1996; darin:

- Zur Analyse Neuer Musik [1971], 21–34
- Zur Frage einer gesellschaftskritischen (-ändernden) Funktion der Musik [1972], 98
- Selbstportrait 1975, 153 f.
- Accanto [1982], 168–177

Lambert, Eddie: Duke Ellington. A Listener's Guide. Lanham 1999

Lang, Bernhard: »Eine eigene Ästhetik des Unregelmäßigen«. Susanna Niedermayer im Gespräch mit Bernhard Lang. In: Dissonanz, Heft 99 (2007), 16–18

Lang-Becker, Elke: Debussy, Nocturnes. München 1982 (Meisterwerke der Musik 33)

Lansky, Paul: My Radiohead Adventure. In: The Music and Art of Radiohead. Hg. von Joseph Tate. Aldershot 2005, 168–176

Leeuw, Ton de: Die Sprache der Musik im 20. Jahrhundert. Entwicklung, Strukturen, Tendenzen. Aus dem Niederländischen von Frank Berger. Stuttgart 1995

Lemke, Sascha Lino: »Hier ist alles Satz«. Zum »Finale« von Enno Poppes »Wald« für vier Streichquartette. In: Enno Poppe. Hg. von Ulrich Tadday. München 2017 (Musik-Konzepte, Neue Folge 175), 52–72

Ligeti, György: Entscheidung und Automatik in der »Structure Ia« von Pierre Boulez [1957]. In ders.: Gesammelte Schriften, Bd. 1. Hg. von Monika Lichtenfeld. Mainz 2007, 413–446

Ligeti, György: »Atmosphères« [1961]. In ders.: Gesammelte Schriften, Bd. 2. Hg. von Monika Lichtenfeld. Mainz 2007, 180

Ligeti, György: Über »Atmosphères« [1963]. In ders.: Gesammelte Schriften, Bd. 2. Hg. von Monika Lichtenfeld. Mainz 2007, 181–184

Lovisa, Fabian R.: minimal-music. Entwicklung, Komponisten, Werke. Darmstadt 1996

Luftig, Stacey: The Joni Mitchell Companion. Four Decades of Commentary. New York 2000

Mahnkopf, Claus-Steffen: Kritik der neuen Musik. Entwurf einer Musik des 21. Jahrhunderts. Kassel / Stuttgart 1998

Mercer, Michelle: Will You Take Me As I Am. Joni Mitchell's *Blue* Period. New York 2009

Messiaen, Olivier: Technik meiner musikalischen Sprache. Übersetzt von Sieglinde Ahrens. Bd. 1: Text. Paris 1966 [erstmals französisch 1944]

Miller, Jim (Hg.): The Rolling Stone Illustrated History of Rock & Roll. Revised and Updated. New York 1980

M. K.: Konzerte [in der Rubrik »Theater, Kunst und Literatur«]. In: Neues Wiener Abendblatt. Abend-Ausgabe des »Neuen Wiener Tagblatt«, 24. 12. 1908, 4 f.

Morgan, Robert P.: Twentieth-Century Music. A History of Musical Style in Modern Europe and America. New York 1991

Mosch, Ulrich: Kunst als vom Geist beherrschte Magie. Zu einem Aspekt von Helmut Lachenmanns Musikbegriff. In: Helmut Lachenmann. Hg. von Ulrich Tadday. München 2009 (Musik-Konzepte, Neue Folge 146), 76–96

Motz, Wolfgang: Konstruktion und Ausdruck. Analytische Betrachtungen zu »Il Canto sospeso« (1955/56) von Luigi Nono. Saarbrücken 1996

Murail, Tristan: After-thoughts, In: Spectral Music. Aesthetics and Music. Hg. von Joshua Fineberg, Contemporary Music Review, 19. Jg., Heft 3 (2000), 5–9

Nielinger, Carola: »The Song Unsung«. Luigi Nono's »Il canto sospeso«. In: Journal of the Royal Musical Association, 131. Jg., Heft 1 (2006), 83–150

Nonnenmann, Rainer: Angebot durch Verweigerung. Die Ästhetik instrumentalkonkreten Klangkomponierens in Helmut Lachenmanns frühen Orchesterwerken. Mainz 2000

Nyman, Michael: Experimental Music – Cage and Beyond, Second Edition. Cambridge 1999 [erstmals 1974]

Osborn, Brad: Everything in Its Right Place. Analyzing Radiohead. New York 2017

Pauli, Hansjörg: Für wen komponieren Sie eigentlich? Frankfurt am Main 1971

Pfitzner, Hans: Vorwort zur dritten Auflage [von »Die neue Ästhetik der musikalischen Impotenz«]. In ders.: Gesammelte Schriften, Bd. 2. Augsburg 1926, 103–131

Pople, Anthony: Berg: Violin Concerto. Cambridge 1991 (Cambridge Music Handbooks)

Potter, Keith: Four Musical Minimalists: La Monte Young, Terry Riley, Steve Reich, Philip Glass. Cambridge 2000

Redepenning, Dorothea: Geschichte der russischen und der sowjetischen Musik, Bd. 2: Das 20. Jahrhundert. Laaber 2008

Reich, Steve: Music as a Gradual Process [1968]. In ders.: Writings on Music 1965–2000. Hg. von Paul Hillier. New York 2002, 34–36

Reich, Steve: Drumming [1971]. In ders.: Writings on Music 1965–2000. Hg. von Paul Hillier. New York 2002, 63–67

Reising, Russell (Hg.): »Every Sound There Is«. The Beatles' »Revolver« and the Transformation of Rock and Roll. Aldershot 2002

Revill, David: Tosende Stille. Eine John-Cage-Biographie. Aus dem Englischen von Hanns Thenhors-Esch. München 1995

Reynolds, Simon: Retromania. Pop Culture's Addiction to Its Own Past. London 2011

Rihm, Wolfgang: Der geschockte Komponist. In ders.: ausgesprochen. Schriften und Gespräche, Bd. 1. Hg. von Ulrich Mosch. Winterthur 1997, 43–55 [erstmals 1978]

Rihm, Wolfgang: Ins eigene Fleisch ... (Lose Blätter über das Jungerkomponistsein). In ders.: ausgesprochen. Schriften und Gespräche, Bd. 1. Hg. von Ulrich Mosch. Winterthur 1997, 113–120 [erstmals 1979]

Rihm, Wolfgang: Musikalische Freiheit. In ders.: ausgesprochen. Schriften und Gespräche, Bd. 1. Hg. von Ulrich Mosch. Winterthur 1997, 23–39 [erstmals 1983]

Rothwell, Fred: Long Distance Information. Chuck Berry's Recorded Legacy. York 2001

Sanio, Sabine: Improvisieren, Komponieren, Schreiben. Über die Musik von Berhard Lang. In: MusikTexte, Heft 126 (2010), 63–68

Saremba, Meinhard: Art. »Janáček, Leoš«. In: Die Musik in Geschichte und Gegenwart, Zweite Ausgabe. Hg. von Ludwig Finscher, Personenteil Bd. 9. Kassel / Stuttgart 2003, Sp. 871–897

Scherliess, Volker: Igor Strawinsky, Le Sacre du printemps. München 1982 (Meisterwerke der Musik 35)

Schönberg, Arnold: Komposition mit zwölf Tönen [1935]. In ders.: Stil und Gedanke. Hg. von Ivan Vojtěch. Frankfurt am Main 1976, 72–96 [aus dem Amerikanischen übersetzt von Gudrun Budde]

Schönberg, Arnold: Herz und Hirn in der Musik [1946]. In ders.: Stil und Gedanke. Hg. von Ivan Vojtěch. Frankfurt am Main 1976, 104–122 [aus dem Amerikanischen übersetzt von Gudrun Budde]

Schönberg, Arnold: Bemerkungen zu den vier Streichquartetten [ca. 1949]. In ders.: Stil und Gedanke. Hg. von Ivan Vojtěch. Frankfurt am Main 1976, 409–436 [aus dem Amerikanischen übersetzt von Gudrun Budde]

Schönberg, Arnold: Briefe. Ausgewählt und hg. von Erwin Stein. Mainz 1958

Schuller, Gunther: Early Jazz. Its Roots and Musical Development. New York 1968

Stearns, Marshall W.: [Begleittext zur LP] Dizzy Gillespie: World Statesman [USA 1956]

Stenzl, Jürg (Hg.): Luigi Nono. Texte, Studien zu seiner Musik. Zürich 1975

Stephan, Rudolf: Alban Berg, Violinkonzert (1935). München 1988 (Meisterwerke der Musik 49)

Stephan, Rudolf: Art. »Moderne«. In: Die Musik in Geschichte und Gegenwart, Zweite Ausgabe. Hg. von Ludwig Finscher, Sachteil Bd. 6. Kassel / Stuttgart 1997, Sp. 392–397

Stockhausen, Karlheinz: Gruppenkomposition – Klavierstück I (Anleitung zum Hören) [1955]. In ders.: Texte, Bd. 1. Hg. von Dieter Schnebel. Köln 1963, 63–74

Stockhausen, Karlheinz: Nr. 7: Klavierstück XI (1956) [erstmals 1957]. In ders.: Texte, Bd. 2. Hg. von Dieter Schnebel. Köln 1964, 69 f.

Strawinsky, Igor: Erinnerungen [1936]. In ders.: Schriften und Gespräche I. Aus dem Französischen übertragen von Richard Tüngel. Mainz 1983, 25–172

Taruskin, Richard: When Serious Music Mattered. On Shostakovich and Three Recent Books [2001]. In: Malcolm Hamrick Brown (Hg.): A Shostakovich Casebook. Bloomington 2004, 360–383

Taruskin, Richard: The Oxford History of Western Music. Bd. 4: The Early Twentieth Century. Bd. 5: The Late Twentieth Century. Oxford 2005

Theurich, Jutta (Hg.): Briefwechsel zwischen Arnold Schönberg und Ferruccio Busoni 1903–1919. In: Beiträge zur Musikwissenschaft, 19. Jg., Heft 3 (1977), 163–211

Thomas, Ernst: Klang gegen Struktur? Problematische Aspekte auf den Musiktagen 1961. In: Neue Zeitschrift für Musik, 122. Jg. (1961), 524 f.

Thrun, Martin: Neue Musik im deutschen Musikleben bis 1933. 2 Bde. Bonn 1995

Van der Merwe, Peter: Origins of the Popular Style. The Antecedents of Twentieth-Century Popular Music. Oxford 1989

Vogt, Hans: Neue Musik seit 1945. Stuttgart 1972

Webern, Anton: Der Weg zur Komposition in zwölf Tönen (1932). In ders.: Wege zur Neuen Musik. Hg. von Willi Reich. Wien 1960, 45–61

Weiss, Stefan: Der kanonisierte Ligeti. In: Studia musicologica, 57. Jg., Heft 1–2 (2016), 221–237

Weiss, Stefan: Nationale Musik vom internationalen Dirigenten. Arthur Nikischs Beitrag zur Rezeption russischer Musik in Deutschland. In: Russische Musik in Westeuropa bis 1917. Hg. von Inga Mai Groote und Stefan Keym. München 2018, 112–131

Welsch, Wolfgang: Asynchronien. Ein Schlüssel zum Verständnis der Diskussion um Moderne und Postmoderne. In: Bayerische Akademie der Schönen Künste, Jahrbuch 4. Schaftlach 1990, 347–367

Whitesell, Lloyd: The Music of Joni Mitchell. New York 2008

Williams, Katherine / Williams, Justin A. (Hg.): The Cambridge Companion to the Singer-Songwriter. Cambridge 2016

Yudkin, Jeremy: The Naming of Names. »Flamenco Sketches« or »All Blues«? Identifying the Last Two Tracks on Miles Davis's Classic Album »Kind of Blue«. In: The Musical Quarterly, 95. Jg., Heft 1 (2012), 15–35

Zimmermann, Bernd Alois: Vom Handwerk des Komponisten [1968]. In ders.: Intervall und Zeit. Hg. von Christof Bitter. Mainz 1974, 31–37

Register

Abbildungsnachweis

Seite 12 f.: Internationales Musikinstitut Darmstadt; Fotos: Pit Ludwig (Messiaen, Xenakis), Manfred Melzer (Zimmermann)

Seite 24: Ernst Krenek Institut Krems

Seite 80: Stockhausen-Stiftung für Musik / WDR-Archiv

Seite 91: Arnold Schönberg Center – Wien

Seite 159: Irving S. Gilmore Music Library, Frederick and Rose Plaut Archives, Yale University; Foto: Fred Plaut

Seite 168: Lachenmann 1982/1996, 170. © 1996/2015 by Breitkopf & Härtel, Wiesbaden

Seite 197: © Copyright 1997 by Universal Edition A.G., Wien / UE 16638

Seite 203: Jack Ziegler

Seite 211: SWR; Foto: Ralf Brunner